Sahara Rose Ketabi
Entdecke dein Dharma

SAHARA ROSE KETABI

MIT EINEM VORWORT VON DEEPAK CHOPRA

ENTDECKE DEIN
DHARMA

**MIT DER HEILIGEN LEHRE DER VEDEN
ZUR EIGENEN BESTIMMUNG FINDEN**

**AUS DEM AMERIKANISCHEN
VON ULRIKE KRETSCHMER**

allegria

Wir verpflichten uns zu Nachhaltigkeit

• Klimaneutrales Produkt
• Papiere aus nachhaltiger
 Waldwirtschaft und anderen
 kontrollierten Quellen
• ullstein.de/nachhaltigkeit

Die Originalausgabe *Discover your dharma : a vedic guide to living your soul's purpose* erschien 2021 bei Chronicle Prism, San Francisco, CA, USA

MIX
Papier aus verantwor-
tungsvollen Quellen
FSC® C083411

Allegria ist ein Verlag der Ullstein Buchverlage GmbH
ISBN 978-3-7934-2420-8
© der deutschen Ausgabe Ullstein Buchverlage GmbH, Berlin 2021
© der Originalausgabe 2021 by Sarah Rose Ketabi
Vorwort © 2021 by Deepak Chopra
Übersetzung: Dr. Ulrike Kretschmer
Lektorat: Barbara Krause
Umschlaggestaltung: zero-media.net, München,
nach einer Vorlage von Chronicle Books
Titelabbildung: © Aurelie Davis, Collage © by Danielle Noel
Design im Innenteil: Gretchen Scobel
Gesetzt aus der ArcherPro
Satz: Pinkuin Satz und Datentechnik, Berlin
Druck und Bindearbeiten: CPI books GmbH, Leck
www.ullstein.de

WIDMUNG

Dieses Buch ist dir gewidmet –

dafür, dass du das Dharma ehrst,

das in dir lebendig ist, und zulässt,

dass das Flüstern deiner Intuition

lauter ist als der Lärm der Welt um dich herum.

Danke, dass du dir die Frage stellst,

die nur wenige sich stellen, und die Gaben erkundest,

die zu teilen dir in die Wiege gelegt wurde.

Dank dir ist die Welt ein hellerer Ort.

INHALT

VORWORT

. . . .

Das Wort *dharma* stammt aus dem altindischen Sanskrit und lässt sich etwa mit »evolutionärer Impuls des Universums« oder »einzigartige Bestimmung des Individuums im Leben« übersetzen. Dem Gesetz des Dharma zufolge ähnelt das Universum einem Puzzle. Wir alle sind Teil dieses Puzzles, und keines der Teile bleibt übrig. Jeder Mensch wurde mit Gaben geboren, die dem kosmischen Netz des Universums dienen und so zu einem globalen Gleichgewicht führen. Einzig die Angst, das gefährlichste Gedankengebäude des Menschen, hält uns davon ab, diese unsere Gaben zu nutzen. Rumi sagte einst: »Ich will singen, wie die Vögel singen, und nicht darüber nachdenken, wer zuhört oder was derjenige von meinem Gesang hält.« Und genau darum geht es beim Dharma.

Mit *Entdecke dein Dharma* bietet die Autorin Sahara Rose ihren Leserinnen und Lesern eine Orientierungshilfe, wie sie zu ihrer Bestimmung finden können – in einer Welt, die von Informationen überflutet ist, in der alles zugänglich und in der Überforderung ubiquitär ist. Sie spürt die Probleme auf, mit denen viele Menschen heute zu kämpfen haben, und fördert sie mit Einsicht, Verständnis und Humor zutage. Sahara besitzt die einzigartige Fähigkeit, ihrer Generation eine uralte Weisheit zu erschließen, ohne dass dabei deren Bedeutung und Tiefe verloren gingen. Beim Lesen dieses Buchs wird nicht nur unmissverständlich deutlich, dass Sahara ihr Dharma lebt; darüber hinaus ebnet sie ihren Leserinnen und Lesern auf meisterhafte Weise den Weg zum eigenen Dharma. Dies ist ihr drittes Buch, für das ein Vorwort zu schreiben ich das Vergnügen hatte, und mit großer Freude konnte ich beobachten, wie sie mit den Jahren zu der Vordenkerin heranreifte, die sie heute ist.

Entdecke dein Dharma ist ein überaus zeitgemäßes Buch, das uns dabei hilft, unseren Geist zu dekonditionieren, uns an unser Wesen zu erinnern und der Bestimmung zu folgen, der zu folgen wir geboren wurden. Die Welt braucht heute mehr denn je Bewohner, die der Menschlichkeit durch den Weg der Freude und der Erfüllung Auftrieb geben. Dieses Buch entfacht den Funken in jedem von uns, unsere Gaben zu teilen und anderen zu dienen, von Nutzen zu sein. Möge dieses Buch dich an dein grenzenloses Potenzial erinnern und dir dabei helfen, jeden einzelnen Tag im Einklang mit deinem Dharma zu leben.

– DEEPAK CHOPRA

Warum zur Hölle bin ich hier?

Vielleicht ist dir die ewige Frage nach einer schweißtreibenden Yogastunde durch den Kopf geschossen, als du dir ziemlich sicher warst, eine außerkörperliche Erfahrung gemacht und dabei einen monumentalen Sonnenuntergang betrachtet zu haben, den kein Instagram-Filter je hinbekommen würde. Oder aber auf einer peinlichen Familienfeier, bei der dein Onkel versucht hat, eine politische Diskussion vom Zaun zu brechen. Wir fühlen uns von der Frage meist so erschlagen, dass wir uns häufig nur Augenblicke, nachdem wir sie uns gestellt haben, von der ungeheuren Leere, keine Antwort auf sie zu haben, abwenden.

Wir sind beschäftigt damit, Pingpong mit der Welt zu spielen – überquellende Maileingänge und endlose To-do-Listen abzuarbeiten, die sozialen Medien zu füttern und uns mit anderen Stressfaktoren herumzuschlagen –, nur um uns von der einen, großen, ewigen Frage abzulenken: *Warum sind wir hier?* Der Gedanke schwebt über allem, was wir tun, doch nur die wenigsten denken ihn auch zu Ende. Als hätte uns jemand bei irgendeiner Party abgesetzt und wir würden uns fragen, ob es dort Guacamole oder Salsa zu den Nachos gibt, aber nicht, warum wir überhaupt auf dieser Party sind.

Wir verbringen unser Leben damit, beschäftigt zu sein und Zeit totzuschlagen, ohne zu erkennen, dass uns diese Zeit aus einem bestimmten Grund geschenkt wurde. Die bloße Tatsache, dass du auf der Party bist, bedeutet, dass du etwas sehr Wichtiges zu ihr beizutragen hast, und ohne diesen Beitrag ist die Party nicht vollständig. Mehr noch: *Du* bist ohne diesen Beitrag nicht vollständig.

Ich weiß, dass du jetzt vielleicht denkst: »Klar, ich kenne Menschen, die eine Bestimmung im Leben haben, glaube aber nicht, dass das auch auf mich zutrifft.« Ach so: Da hat sich das Universum also vertan und zufällig *nur dich* bei der Vergabe der Lebensbestimmung vergessen? Wenn das so wäre, wärst du dann nicht der am meisten besondere Mensch von allen? Du hast eine Bestimmung im Leben. Wenn du hier bist, dann aus einem bestimmten Grund. Und das Leben ist dazu da herauszufinden, warum.

Wenn du mir bezüglich deiner Bestimmung im Leben nicht glaubst, sage ich dir schon gleich hier, auf Seite 12, was dein Dharma ist: **Dein Dharma besteht darin, das Bewusstsein auf eine höhere Stufe zu heben.** Das ist übrigens auch mein Dharma. Und das deiner Mutter, deiner besten Freundin oder deines besten Freundes, deines Partners oder deiner Partnerin. Wir alle sind hier, um die Schwingung dieses Planeten, den wir Zuhause nennen, zu erhöhen. *Wie* jeder Einzelne das tut, ist jedoch einzigartig. Jeder von uns bringt etwas anderes zur Party mit: der eine die Musik, der andere die Knabbereien, ein wieder anderer die Deko, die Spiele, die Geschichten, die Zaubertricks. Und alle zusammen machen wir daraus die sensationelle Party namens Leben.

Das Dharma ist der authentischste Selbstausdruck überhaupt. **Wer im Einklang mit seinem Dharma lebt, empfindet äußeres und inneres Ich nicht als getrennt.** Dann spiegelt die externe Realität die interne Welt wider, und jeder Aspekt des Lebens ist eine bewusste Entscheidung. So können wir die nie versiegende Quelle der Kreativität, der Leidenschaft und der Inspiration anzapfen, sind Teil des Kosmos, der wiederum ein Teil von uns ist.

Wir haben Ziele, bleiben aber offen für das Mysterium der Reise und vertrauen darauf, dass uns unser Dharma genau dorthin führen wird, wo wir sein müssen. Wir gestatten es uns, uns zu dem zu entfalten, der wir werden, und feiern jede einzelne Phase der Reise in dem Wissen, dass sie uns auf die nächste Phase vorbereitet. Wir fühlen uns lebendig, die Sinne sind erwacht, im Herzen brennt eine ewige Flamme. Das bedeutet es, sein Dharma zu leben.

Die meisten Menschen jedoch leben ihr Leben wie betäubt. Sie essen, sind aber nie satt. Sie scrollen herum, werden aber nie fündig. Sie haben Erfolg, verspüren aber keine Befriedigung. Sie sind im Besitz der Information, gewinnen aber nie Klarheit. Sie verbringen ihr gesamtes Leben damit, nach etwas zu suchen, das die Leere füllt, die einzig das Dharma füllen kann. Nach deinem Geschmack ist es vielleicht, dem Status hinterherzujagen oder der nächsten Spinning-Stunde oder bösen Jungs und Besäufnissen – doch all das lenkt uns lediglich von der Wahrheit ab, wer wir wirklich sind. Und das erkennen wir nur, wenn wir uns auf den Pfad des Dharma begeben.

Seiner Bestimmung im Leben zu folgen, ist die ultimative Form der Selbstliebe. Verschließen wir uns unserer höheren Berufung nicht mehr, manifestiert sich alles, wonach wir gesucht haben, auf ganz natürliche Weise. Die Erfüllung, das Glück, die Fülle, die Klarheit, die Zuversicht, die Würdigkeit und der Frieden, nach denen wir uns gesehnt haben, stellen sich wie von selbst ein, wenn wir in Harmonie mit unserer Wahrheit leben. Dann gibt es kein Streben mehr – du bist einfach du selbst, die ganze Zeit. Das bedeutet es, sein Dharma, die Bestimmung der Seele, zu verkörpern.

Dein Dharma ist deine göttliche Bestimmung auf diesem Planeten, die Essenz deiner Seele, die einzigartige Schwingung, die nur du in die Welt hinaustragen kannst.

Dein Dharma zu entdecken bedeutet, die Wahrheit dessen, wer du bist, zu erkennen. Es ist nicht möglich, diese Wahrheit zu erkennen und sein Leben dann *nicht* so zu verändern, dass man im Einklang mit seinem Dharma lebt. Du kannst nicht ungesehen machen, was das dritte Auge nun einmal gesehen hat. Wer das erst erlebt hat, empfindet alles andere als erstickend.

Mein persönlicher Weg zum Dharma

Ich habe es mir nie zur Mission gemacht, mein Dharma zu entdecken. Wie die meisten anderen Menschen habe auch ich nie viel darüber nachgedacht. Als Kind wusste ich einfach, dass ich anderen auf jede erdenkliche Art und Weise helfen wollte. Das führte mich dazu, freiwillig für verschiedene regierungsunabhängige Organisationen in zahlreichen Entwicklungsländern zu arbeiten: Ich habe in Waisenhäusern in Simbabwe Englischunterricht gegeben, mich in vietnamesischen Fabriken für Menschenrechte eingesetzt und dabei mitgeholfen, Vorschulen in Nicaragua zu bauen. Während meines Studiums klärte ich in den Slums von Neu-Delhi über Gesundheit und Hygiene auf, just zu dem Zeitpunkt, als sich meine eigene Gesundheit plötzlich dramatisch verschlechterte. Ich konnte nichts essen, ohne davon furchtbare Bauchschmerzen zu bekommen, und hatte zwei ganze Jahre lang meine Periode nicht. Ich zog mir andauernd Knochenverletzungen zu, war untergewichtig und litt an Haarausfall. Mein Körper produzierte keine Hormone mehr und katapultierte mich im Grunde in eine Art Perimenopause – im Alter von einundzwanzig Jahren. Ich konsultierte unzählige Ärzte; sie verschrieben mir jeweils eine endlose Reihe von Medikamenten, die ich bis zum Ende eines nur bedingt funktionierenden Lebens hätte nehmen müssen.

Intuitiv wusste ich, dass es für das Ungleichgewicht meines Körpers einen tieferen Grund geben musste, und so nahm ich die Dinge selbst in die Hand. Meine Reise der Selbstheilung führte mich zum Ayurveda, dem ältesten Gesundheitssystem der Welt und der Schwesterwissenschaft des Yoga, das auf der Verbindung zwischen Geist und Körper fußt. Als ich von den drei Doshas der ayurvedischen Lehre las, insbesondere vom Vata-Dosha, dem Luft-Konstitutionstypen, hatte ich das Gefühl, meine Autobiografie zu lesen. Jedes einzelne Ungleichgewicht, mit dem ich zu kämpfen hatte, war dort aufgelistet. Darüber hinaus war auch meine Persönlichkeit bis aufs i-Tüpfelchen genau beschrieben: kreativ, visionär, denkt nicht in Schubladen, ist andererseits aber ängstlich und neigt zum Grübeln. Nie zuvor hatte ich mich so verstanden gefühlt.

In den darauffolgenden beiden Jahren studierte ich ayurvedische Medizin in Indien und fand heraus, wie man sie mit der modernen Ernährungswissenschaft sowie mit Rezepten auf überwiegend pflanzlicher Basis verschmelzen kann. Es war, als erlernte ich von Neuem eine Sprache, die meine Seele schon seit Tausenden von Jahren sprach. Nachdem es mir gelungen war, alle meine gesundheitlichen Probleme aus der Welt zu schaffen und meine Persönlichkeit dahingehend zu verändern, dass ich fortan forscher und geerdeter war (der wahre Grund für das Ungleichgewicht), wollte ich meine Erkenntnisse anderen zugänglich machen, die an ähnlichen körperlichen und geistigen Ungleichgewichten litten wie ich und auch kein Mittel dagegen fanden. Obwohl ich nie ein Buch geschrieben oder auch nur einen Autor oder eine Autorin kennengelernt hatte, machte ich mich zu dieser meiner Reise auf und fand unterwegs mich selbst.

Ich lebte allein in Hütten in Indien und im Dschungel von Bali, schrieb mein Buch und dabei mich selbst um. Dafür musste ich alles hinter mir lassen, auch auf die Zustimmung meiner Familie verzichten, die damit drohte, mich zu verstoßen, sollte ich meinen eigenen alternativen Weg gehen. Das veranlasste mich dazu, meine Gedanken neu zu programmieren, mich von einschränkenden

Glaubenssätzen zu verabschieden und mir klarzumachen, wie sehr ich auf Bestätigung von außen angewiesen gewesen war. Ich wusste damals nicht, ob ich »es« schaffen würde oder wie dieses »es schaffen« überhaupt aussah; mit Sicherheit aber wusste ich, dass der Weg, den ich bisher gegangen war, nicht der war, auf dem ich mich letztlich wiederfinden wollte. So viele Male war ich kurz davor aufzugeben, ein »normales« Leben zu wählen und meine Familie so glücklich zu machen – doch damit, so viel war klar, würde ich meine Seele nicht würdigen. Ich musste mich von dem Bedürfnis nach der Zustimmung meiner Familie verabschieden und – wichtiger noch – stattdessen mich selbst voll und ganz darin bestärken, dem Pfad zu folgen, auch wenn ich keine Ahnung hatte, wohin er mich führen würde.

Diese Jahre waren ein Kampf zwischen fest verwurzeltem Glauben und schlotternder Angst, zwischen Augenblicken vollständiger Klarheit und Momenten tiefster Zweifel, zwischen dem Gefühl des absoluten Einklangs mit mir selbst und dem des totalen Versagens. Doch letztlich haben sie mich zu meinem Konzept des Dharma gebracht. Dass meine Reise so schwierig war, hatte seinen Grund: Es stattete mich mit der Kraft aus, die ich brauchte, um meine Erkenntnisse wirklich mit der Welt zu teilen.

Genau wie du vielleicht so habe auch ich mir öfter ernsthaft Fragen gestellt wie: »Wer bin ich eigentlich?« und »Was, wenn …?«, und es gab Zeiten, in denen ich solchen Fragen tatsächlich das Steuer überlassen habe. Doch all diese Ängste wurden schließlich von den vielen »Stell dir vor« besiegt. »Stell dir vor, du könntest dieses Buch tatsächlich in die Welt hinaustragen. Stell dir vor, wie viele Leben es berühren könnte. Stell dir vor, was es alles bewegen könnte.« Die »Stell dir vor« beendeten nicht nur die Kämpfe, sie entschieden die Schlacht. Ich schrieb zwei Bücher – *Einfach Ayurveda: Mit Leichtigkeit zu Gesundheit und Glück* und *Eat Feel Fresh: Das moderne Ayurveda-Kochbuch für die pflanzliche Ernährung* –, die beide Bestseller wurden. Ich traute mich, auf einer Tagung Deepak Chopra anzusprechen, der daraufhin das Vorwort für die Bücher schrieb (darüber erfährst du in Kapitel 2 mehr). Weil ich mich nach mehr tiefgründigen, spirituellen Gesprächen sehnte, startete ich den *Highest Self Podcast*, der rasch zum Spiritualitätspodcast Nummer eins auf iTunes aufstieg und derzeit auf über sechzehn Millionen Downloads kommt. Und schließlich führten die vielen »Stell dir vor« mich zu meinem Konzept des Dharma.

Der Grund, warum sich Geist und Körper im Gleichgewicht befinden sollten, ist, dass wir dadurch wieder in Kontakt mit unserer Seele treten können. Wirkliches Wohlbefinden entsteht nicht nur durch eine gute Verdauung oder eine reine Haut, sondern auch dadurch, die Wahrheit über sich selbst zu kennen und sein Leben so zu verändern, dass es im Einklang mit dieser Wahrheit schwingt. Ziel der Gesundheit ist es, sich über sie keine Gedanken mehr machen zu müssen und seine Energie stattdessen für die Konzentration auf das Dharma verwenden zu können.

Unsere Träume sind kein Zufall. Wir träumen sie, weil in ihnen unser Dharma verborgen liegt. Du wirst nie eine Idee haben, die du nicht auch zum Leben erwecken kannst. Die Idee hat dich als idealen Träger gewählt, weil du der Mensch bist, der sie in die Tat umsetzen kann. Was allerdings nicht bedeutet, dass dies sofort oder wie von selbst geschehen müsste. **Die Hindernisse, die du überwinden musst, um aus der Vision Wirklichkeit zu machen, sind der Trainingsparcours, den du brauchst, um dein Dharma zu verkörpern und es mit der Welt zu teilen.**

Denn du bist mit einzigartigen Gaben auf die Welt gekommen, die du mit anderen teilen sollst. Diese Gaben sind vielleicht noch nicht voll ausgereift, aber sie sind da und warten darauf, dass du sie nutzt. Möglicherweise bist du dir dieser Gaben sogar bewusst, doch hält dich Angst noch davon ab, sie zu zeigen. Vielleicht ist es aber auch dein Ego, der Wächter deiner Seele, das es dir nicht gestattet, dich an sie zu erinnern. Aber keine Sorge: Du wirst dich an sie erinnern, wenn du dieses Buch liest und die Übungen machst, die ich darin beschreibe. Es geht weniger darum, sein Dharma zu *finden*, als vielmehr darum, sich an sein Dharma zu *erinnern*. In diesem Buch wende ich mich direkt an den Teil von dir, der *weiß*.

Obwohl meine Reise mit dem Ayurveda begann, ist die Geschichte, die ich letztlich wieder und wieder erzähle, die Geschichte hinter der Geschichte – wie ich eine Wirklichkeit erschuf. Ich bin absolut davon überzeugt, dass das Universum mich mit einem der komplexesten, ältesten und mir unbekanntesten Themen überhaupt betraut hat, um anderen etwas zu zeigen: Wenn ich fähig bin, das Ayurveda für mich Wirklichkeit werden zu lassen, kannst du A L L E S wirklich werden lassen.

Das Ayurveda lehrt uns nicht nur, was wir über unsere Gesundheit wissen müssen, es lehrt uns auf einer tieferen Ebene auch, wer wir sind. Es lehrt uns, Geist und Körper in Einklang zu bringen, damit wir uns von den Feinheiten unserer Seele führen lassen können. In diesem Buch erfährst du, wie Doshas – ayurvedische Konstitutionstypen – und Dharma miteinander in Beziehung stehen und wie du dein Dharma durch die Chakras in die Realität umsetzen kannst.

Durch meinen Podcast konnte ich Hunderte von Menschen zu ihrer Dharma-Reise befragen und einige gemeinsame Nenner finden:

Die Dharma-Entdeckungsreise

PHASE 1: BEWUSSTWERDUNG

Dir wird bewusst, dass du mehr aus deinem Leben machen willst als bisher. Du ahnst, dass du eine Bestimmung hast, weißt aber nicht, welche. Du weißt offen gestanden noch nicht einmal, wo du anfangen sollst. Du hast das Gefühl, in diesem Leben irgendwie festzustecken, kannst so aber nicht weitermachen. Du brauchst eine radikale Veränderung. Schmerzen oder Dumpfheit rufen dich dazu auf zu handeln und dein Leben umzugestalten. Nun ist der Same des Dharma auf fruchtbaren Boden gefallen.

PHASE 2: SELBSTVERBESSERUNG

Du machst es zu deiner Mission, dich selbst zu verbessern. Vielleicht praktizierst du fortan Yoga-Asanas, wirst Follower inspirierender Menschen auf Instagram, liest Selbsthilfebücher, hörst dir Motivationsvorträge an oder arbeitest mit einer Meditations-App. Du legst allmählich Angewohnheiten ab, die dir nicht mehr dienlich sind. Diese Phase konzentriert sich eher auf die körperliche und die geistige Ebene statt auf die seelische. Nun wird der Same des Dharma gewässert.

PHASE 3: ERWACHEN

Dein Interesse verlagert sich von der Selbstverbesserung zur Selbsterkenntnis. Dir wird allmählich bewusst, dass du weder dein Körper noch dein Geist bist, sondern eine Seele, die in einem Körper mit Geist lebt. Du willst begierig mehr über spirituelle Themen wie Yoga, Meditation, Ayurveda, Trancetanz, Schamanismus und anderes herausfinden und bist dabei vielleicht auf den Highest Self Podcast gestoßen. Vielleicht reist du allein an spirituelle Orte in Bali, Indien oder Peru oder möchtest das. Deine gesamte Weltsicht verändert sich, als dir bewusst wird, dass einschränkende Glaubenssätze in deiner Familie von Generation zu Generation weitergereicht wurden, und du mit der Heilarbeit beginnst. Möglicherweise erkennen Familie und Freunde dich nicht wieder und halten dich für verrückt. Phase 3 kann eine schwierige Phase sein, in der du dich *sehr einsam fühlst; vergiss dabei aber nie, dass du diese wichtigen Veränderungen in deinem Leben vornimmst, um dich mit deiner Wahrheit in Einklang zu bringen. Allmählich erkennst du, dass es eine ganze Welt an Möglichkeiten gibt, die du bislang nicht wahrgenommen hast. Nun sprießt der Same des Dharma.*

PHASE 4: HÖHERES BEWUSSTSEIN

Du hast dich nun gewissermaßen spirituell geoutet und nicht mehr das Bedürfnis, das, woran du glaubst, verheimlichen zu müssen, um ernst genommen zu werden. Du hast die Übungen gefunden, in denen du dich wiedererkennst, und beginnst, sie anderen zu zeigen, sei es auf Social Media oder deiner Familie, deinen Freunden und deinen Kollegen direkt. Du weißt von deinem Dharma, bist dir aber nicht ganz sicher, was es ist. Du befindest dich noch immer auf der Suche. Es wird zunehmend offensichtlich für dich, dass sich deine momentane Arbeit nicht vollständig mit dem, der du bist, im Einklang befindet. Du setzt dein spirituelles Wachstum fort, etwa durch Schattenarbeit, Ahnenheilung, Pflanzenmedizin und/oder Rückführungen. Du handelst nicht mehr aus einem Opferbewusstsein heraus und weißt jetzt, dass das Leben nicht dir, *sondern* für *dich geschieht. Du hast ein völlig neues Ich entfaltet, und allmählich fragt man dich, wie du das geschafft hast. Nun wächst der Schössling des Dharma.*

PHASE 5: DEM DHARMA FOLGEN

Dadurch, dass du verkörperst, wer du bist, erkennst du den tieferen Sinn dessen, warum *du hier bist. Du erinnerst dich an deine heilige Mission auf diesem Planeten. Plötzlich verlagert sich deine Weltsicht vom* **Ich** *zum* Wir. *Deine spirituelle Praxis wächst im besten Sinne des Wortes über dich hinaus: Sie wird* *zum Fundament, von dem aus du die Menschheit heilst. Du bist vom Kosmos befeuert und hast Anschluss an die universelle Lebenskraft, die durch dich strömt. Du veränderst jegliche Teile deines Lebens, die sich nicht im absoluten Einklang damit befinden, weil du weißt, dass sie dich von deiner Mission abhalten. Du erkennst, dass du hier bist, um zu dienen, um von Nutzen zu sein, und du dienst der Welt, indem du deiner höchsten Freude folgst. Du erkennst, dass du nur das Gefäß für diese kosmische Weisheit bist. Nun verkörperst du wahrhaft dein Dharma und die Wahrheit dessen, wer du bist.*

DER STAND DEINER REISE

Die meisten Leute, die dieses Buch lesen, befinden sich wahrscheinlich gerade in Phase 4, sind also schon recht weit fortgeschritten auf ihrer Reise, sich aber noch nicht sicher, was ihr Dharma ist. Du bist vielleicht auch erst in Phase 3 und im Zuge deines Erwachens auf dieses Buch gestoßen. Oder in Phase 2, in der dich die Lektüre auf die Seelenebene gehoben hat. Möglicherweise befindest du dich jedoch noch in Phase 1, und dieses Buch ist irgendwie bei dir gelandet – herzlichen Glückwunsch, du stehst kurz davor, dein spirituelles Wachstum ausgesprochen rasant zu durchlaufen! Die Phasen sind keineswegs hierarchisch zu verstehen, und nicht jeder macht sie genau so durch; sie sollen lediglich als Orientierungshilfe dienen, wie sich eine solche Dharma-Reise entwickeln kann.

Unerwähnt lassen will ich auch nicht, dass wir zwar mit einem Dharma geboren werden, dieses aber nicht unvermeidlich ist. Das Dharma ist unsere Seelengabe auf diesem Planeten, darüber hinaus hat der Mensch aber auch einen freien Willen. Er kann die Gabe in eine Schublade stecken und diese verschließen, auf dass das Geschenk nie wieder die Sonne erblicke. Tatsächlich wählen die meisten Menschen diese Option: Es ist leichter, so zu tun, als hätte man keine Bestimmung im Leben, als sie gewissermaßen bei den Hörnern zu packen. Er kann sich ihr aber auch hingeben, sie mit anderen teilen und ihr dabei zusehen, wie sie sich vervielfältigt und entfaltet – diese Option empfehle ich. Dein Dharma ist die Gabe, die immer weiter gibt, sobald du beginnst, ihr Aufmerksamkeit zu schenken.

Dieses Buch hat sich die wichtigste Frage im Leben vorgenommen: *Welche Bestimmung hat meine Seele?* Doch dieses Mal ist die Herangehensweise an die Frage neu beziehungsweise uralt. Die Weisheit aus uralten Zeiten feiert ihr Comeback, um uns auf die nächste Stufe unserer Evolution zu führen. Während wir erwachen, erinnern wir uns an die Codes, die wir im Körper tragen und die das Wissen unserer Seelenbestimmung und unseres Daseinsgrunds in sich bergen. Während wir die Ängste, einschränkenden Glaubenssätze und Erwartungen entwirren, die die Außenwelt uns aufgezwungen hat, erkennen wir plötzlich, dass unsere Wahrheit schon immer in uns lebendig gewesen ist. *Du musst dich zuerst von allem lösen, was du nicht bist, bevor du sein kannst, wer du wirklich bist.*

In diesem Buch erfährst du alles über meine ganz persönliche Herangehensweise an die Entdeckung des eigenen Dharma mithilfe der Doshas und Chakras. Du entdeckst deine Dharma-Archetypen und weißt hinterher genau, worauf du in diesem Stadium deines Dharma-Plans deine Energie richten solltest. Ich teile meine Geschichten, Erkenntnisse und Gedanken zur Verkörperung des Dharma mit dir, um dir deinen Weg zu erhellen. Ich habe nicht auf jede Frage eine Antwort, aber ich stelle die Fragen alle, und manchmal finden die Antworten mich. Ich bin nur ein Gefäß für dieses heilige Wissen, das der zugrunde liegenden Energie entstammt, die uns alle miteinander verbindet.

Es gibt viele wunderbare Bücher da draußen, die mehr Informationen zu den historischen und mythologischen Hintergründen der Veden enthalten – diese kann und will mein Buch aufgrund seines Umfangs und aufgrund seiner spezifischen Natur nicht vermitteln. Ich kann dir nur empfehlen, dich anschließend näher mit der vedischen Lehre zu befassen, da es dort noch ungeheuer viel zu entdecken gibt.

Genau jetzt ist der richtige Zeitpunkt, dein Dharma zu entdecken. Wir befinden uns inmitten des größten globalen Erwachens der Menschheitsgeschichte und sind aufgefordert aufzustehen, vorzutreten und zu *leuchten*. Es ist die einzige Möglichkeit, die Erde wieder ins Gleichgewicht zu bringen. Es ist kein Zufall, dass du dieses Buch ausgerechnet jetzt liest. Deine Seele ist bereit zu erstrahlen, wie du es bisher nicht für möglich gehalten hättest.

Hi, ich bin Sahara und freue mich sehr, dir in diesem Leben wieder zu begegnen. Ich verspreche, die Vibes hoch, die Erkenntnisse tief und das Dharma stark zu halten. Lass uns gemeinsam die Schwingung des Planeten erhöhen, okay?

1

Was ist das Dharma?

Wir alle sind auf der Suche nach Glück. Wir suchen es in anderen Menschen, an Orten, in Besitztümern und vielem, vielem mehr – und doch scheinen wir es nicht finden zu können. Wo ist das verdammte Ding nur abgeblieben?

Ich verrate es dir: Es liegt unter den Zweigen seines Baums, der Bestimmung. Denn Glück ist nichts anderes als die Frucht, die die Bestimmung hervorbringt. Diese Frucht kann nicht von allein gedeihen. Wir können das Glück weder ausbrüten noch in einem Labor züchten. Glück ohne seine Wurzeln, den nährenden Baumsaft und die Zweige, an denen es wächst, gibt es nicht. Alle suchen immer nach dem Glück, dabei sollten wir lieber nach seinem Ursprung, der Bestimmung, Ausschau halten.

Hin und wieder erleben wir Augenblicke der Freude, die mit unserer Bestimmung nichts zu tun haben, doch schon bald suchen wir nach etwas anderem, das uns unsere emotionale Taubheit oder unser Leid vergessen lässt. Wahres Glück entspringt immer der Erfüllung. Dann können wir uns alle Bereiche unseres Lebens ansehen und von ganzem Herzen sagen: »Ich lebe meine höchste Wahrheit.«

Das Universum hat ausschließlich gute Absichten und will, dass wir unsere Bestimmung leben. Deshalb hat es das Universum auch so eingerichtet, dass es sich gut (und nicht scheiße) anfühlt, gemäß der eigenen Bestimmung zu leben. Am glücklichsten sind wir, wenn wir das, was uns mit auf den Weg gegeben wurde, zum Wohle aller einsetzen, denn dann ist auch der Kosmos im Gleichgewicht. Glück ist der natürliche Indikator dafür, dass wir uns im Einklang mit unserer Bestimmung befinden, der Kompass, der uns den richtigen Weg weist. Das Glück ist dabei nicht das Ziel, sondern nur ein angenehmer Nebeneffekt. Statt also nach Glück zu suchen, sollten wir nach Erfüllung streben, dann stellt sich Ersteres von ganz allein ein.

Glück ist nicht deine Bestimmung. Glück ist das Nebenprodukt des Lebens im Einklang mit deiner Bestimmung.

Lass uns nun näher erkunden, was Glück ist. Wir jagen ihm in flüchtigen Augenblicken hinterher, dabei sind wir im Herzen doch bereits *ananda* – Glückseligkeit. Glück ist weder eine Fahrt mit der Achterbahn noch ein wildes Rockkonzert (obwohl uns diese Dinge sicherlich glücklich machen können). Glück ist das Gefühl, das zwischen diesen Erlebnissen bleibt, das Wissen, dass sich alle Bereiche des Lebens im Einklang mit der eigenen Wahrheit befinden.

Beim Glücklichsein geht es nicht um Flucht, sondern im Gegenteil darum, dort präsent zu sein, wo man ist. Darum, die Reise zu genießen, und nicht darum, so schnell wie möglich ans Ziel zu kommen. Glück ist noch nicht einmal immer ein Lächeln im Gesicht. Manchmal ist es auch das Feuer im Herzen, das uns zu Veränderungen antreibt. Die Sehnsucht im Inneren, etwas Großes zu schaffen, es Wirklichkeit werden zu sehen, einzig durch unsere Energie. Glück ist, den schwierigen Passagen der Reise nicht aus dem Weg zu gehen, bringen sie uns doch dorthin, wo wir sein sollen. Glück ist, abends mit dem Gefühl einzuschlafen, sein Bestes gegeben zu haben. Dabei zuzusehen, wie wir anderen mit dem Teilen unserer Gaben helfen. Ein Gefäß für die universelle Weisheit zu sein, die uns durchströmt. Die gesamte Bandbreite unserer Emotionen, unser Wesen, unsere Talente, unsere Visionen ... das ist wahres Glück.

Glück ist nicht	Glück ist
Darauf zu warten, dass das Leben »gut« wird	Sich das Leben zu erschaffen, das man sich wünscht
Vor der Wirklichkeit zu fliehen	Die Wirklichkeit zu verändern
Das Ziel	Die Reise
Immer ein Lächeln im Gesicht zu tragen	Manchmal das Feuer im Herzen, das uns zu Veränderungen antreibt
Schwierigkeiten aus dem Weg zu gehen	Sich den Schwierigkeiten zu stellen, die uns unserer Wahrheit näherbringen
Die besten Ideen für sich zu behalten	Andere an den eigenen Gaben teilhaben zu lassen

Die Reise zum Leben deines Dharma macht dich jedoch nicht nur glücklich. Sie vermittelt dir auch das Gefühl der Erfüllung, der Inspiration, der freudigen Erregung – und das Gefühl, getrieben, ängstlich und unvorbereitet zu sein. Alles auf einmal. **Dein Dharma zeigt dir die Tiefe deiner Emotionen, und genau das ist der Sinn des Lebens: sich beim Experiment Mensch in voller Ganzheit zu erleben.** Ein Mensch zu sein ist schwer, doch ist die Bestimmung die Mühe der Reise wert. Durch sie hört die Mutter nie auf, Mutter zu sein, durch sie kämpft der Kranke um sein Leben, durch sie setzt sich der Heiler unermüdlich für andere ein, durch sie erscheint der Lehrer jeden Tag zum Unterricht. Die Bestimmung ist unsere Lebenskraft.

Kinder fragen unablässig nach dem Warum. »Warum ist der Himmel blau? Warum gehen Ameisen im Gänsemarsch?« Wann haben wir aufgehört, so zu fragen?

Irgendwann im Leben waren wir plötzlich zu beschäftigt, um die wichtigen Fragen zu stellen, etwa: »Warum sind wir hier?«

und »Wie können wir unsere Zeit auf diesem Planeten am besten nutzen?« Stattdessen haben wir unsere banale Realität akzeptiert, nicht wissend, dass in den Fragen der Schlüssel zu unserem größten Erwachen liegt. Das, was uns glücklich macht, macht uns aus einem bestimmten Grund glücklich. **Das Glück sind die ausgestreuten Brotkrümel, die uns den Weg zu unserem Dharma weisen.**

Jeder Mensch kommt mit einzigartigen Gaben auf die Welt, die nur er mit anderen teilen kann. Und genau das ist die freudvollste Erfahrung, die man als Mensch machen kann. Sehen wir das Leben als Gelegenheit, uns hervorzutun, unsere Gaben erstrahlen zu lassen und dabei auch noch Freude zu empfinden, bekommt das Leben plötzlich eine viel tiefere Bedeutung.

Deshalb ist das Entdecken des eigenen Dharma die wichtigste Arbeit, die wir tun können.

Vielleicht hast du den Ausdruck »Lichtarbeiter« schon einmal gehört – ein Lichtarbeiter ist jemand, der es sich zur Aufgabe gemacht hat, mehr Licht auf den Planeten zu bringen –, ich allerdings sehe uns als *Sonnenwesen*. Wir arbeiten für niemanden, sondern sind hier, um die Sonne zu verkörpern, die allen Wesen innewohnt. Entdecken wir unser Dharma, begegnen wir unserer Sonne. Teilen wir es mit anderen, dehnen sich unsere Strahlen aus und heilen die kollektiven Schatten der Welt. Es gibt keine Trennung zwischen dem, was wir sind, und dem, das herbeizuführen und zu erschaffen unsere Aufgabe ist. Wir leben unseren vollsten Selbstausdruck, strahlen mühelos unsere Großartigkeit aus. Das erweckt naturgemäß auch die Sonne in anderen, die nun erkennen, dass sie den Polarstern, den sie suchten, schon immer in sich trugen. Jeder erhebt sich als eigene Galaxie, und alle halten wir uns am Himmel an den Händen. Danke, dass auch du auf den Ruf des Sonnenwesens geantwortet hast.

DHARMA – WAS GENAU IST DAS?

Das Sanskritwort *dharma* hat mehr als sechzehn verschiedene Bedeutungen, ich meine damit aber immer die Bestimmung der Seele. Das Dharma ist das große Warum, der Grund, warum wir hier sind mit all unseren Gedanken, Bedürfnissen und Wünschen. Jeder von uns wird mit einer einzigartigen Bestimmung geboren, und bei der Erfahrung als Mensch geht es darum, sich an diese Bestimmung zu erinnern.

Um das zu verstehen, musst du dir als Erstes klarmachen, dass du weder dein Körper noch dein Geist, sondern deine Seele bist. Du lebst in deinem Körper und hast ein Betriebssystem namens Geist, doch weder das eine noch das andere bist *du*. Du bist das Bewusstsein, das im Inneren lebendig ist.

Die zweite für dieses Buch zentrale Prämisse ist das Prinzip der Reinkarnation, der Wiedergeburt. **Du hast deine Inkarnation auf diesem Planeten aus einem ganz bestimmten Grund gewählt, und zwar aus dem, dich an die Wahrheit dessen, wer du bist, zu erinnern.** Die vedische Spiritualität versteht uns als Seelen, die über Zeit und Raum hinweg existieren und dabei vielfältige Leben durchlaufen. Im Laufe jedes einzelnen Lebens lernen wir wichtige Lektionen, die unsere Seele voranbringen. Wir wählen die Inkarnation auf diesem Planeten, weil er unsere »Erdenschule« ist – der einzige Ort im Kosmos, an den Seelen gehen können, um zu wachsen.

Vor der Inkarnation haben wir uns bestimmte Seelenlektionen ausgesucht, die uns darauf vorbereiten, unser Dharma, die Bestimmung unserer Seele, zu verkörpern. Deine Seele hat diesen Körper, diese speziellen Lebensumstände, diese Eltern und diesen Zeitpunkt zur Inkarnation gewählt, weil all dies exakt der Umgebung entsprach, die deine Seele brauchte, um ihr Dharma verkörpern zu können. Wir treten mit der Absicht, uns an die Wahrheit dessen, wer wir sind, zu erinnern, ins Maya, ins Illusionäre, ein und stimmen einer vorübergehenden Amnesie zu: der Geburt in dieser spezifischen menschlichen Hülle, bei der wir die Magie dessen, was wir im Innersten sind, vergessen. **Die Reise der Erinnerung bereitet uns auf die Verkörperung unseres Dharma vor.**

Allerdings fällt uns das Erinnern in dieser Erdenschule, in der die Angst im Großen und Ganzen das Kommando übernommen hat, sehr schwer. Als Kind sind wir uns unserer Magie noch bewusst. Wir haben große Träume und entschuldigen uns dafür nicht. Doch allmählich nehmen die Ängste vor unserem Umfeld und der Gesellschaft zu. Vielleicht hat man dir gesagt, du seist verrückt, hättest den Bezug zur Realität verloren, oder man hat dir Angst vor der eigenen intuitiven Fähigkeit eingebläut. Wir überlassen unsere Macht anderen, die behaupten, uns besser zu kennen als wir uns selbst. Wir trauen unseren kreativen Impulsen nicht mehr, sprechen unsere Wahrheiten nicht mehr aus. Wir sind nur noch ein Schatten dessen, was wir einst waren.

Erinnere dich an eine Zeit in deinem Leben, als du absolut frei warst. Vielleicht bist du nackt draußen herumgelaufen, hast Märchen über mystische Wesen geschrieben oder aus Kräutern und anderen Pflanzen Zaubertränke gebraut. Das ist die Wahrheit dessen, wer du bist, und sie liegt immer noch in dir verborgen. Du musst dich nur an sie erinnern.

Dein Dharma ist in dir verschlüsselt. Deine Berufung besteht darin, dich daran zu erinnern, wer du bist.

Dein Potenzial ist grenzenlos. Wenn du wüsstest, wie viel Macht du wirklich hast, würdest du darüber lachen, je an dir gezweifelt zu haben, und sei es auch nur für einen kurzen Augenblick. Du würdest erkennen, dass alles, was du dir je gewünscht hast, dich ebenfalls wollte. Und der Grund, warum du es dir gewünscht hast, war, dass es immer schon dein gewesen ist – du hast es durch die vorübergehende Amnesie nur vergessen.

Deine Seele hat dieses Leben vor der Geburt gewählt, weil es die Erfahrung ist, die zum Erfüllen deines Dharma gebraucht wird. Vielleicht hat sich deine Seele schwierige Eltern oder Umstände ausgesucht, weil nur diese dir die Kraft, die Geduld und das Gewahrsein schenken können, die du brauchst, um dein Dharma zu leben. Das Heilen, das du in diesem Leben vollbringst, heilt nicht nur dich selbst, sondern deine gesamte Erblinie.

Ich beispielsweise entstamme einer Ahnenlinie, in der die Unterdrückung der Frauen, Kinderehen und mangelnde Entwicklungschancen Tradition hatten. Also wurde ich als Frau mit einem ausreichend hitzigen Temperament wiedergeboren, um dem alten Paradigma ordentlich in den Hintern zu treten, mit Leib und Seele meiner Bestimmung zu folgen und Frauen daran zu erinnern, dass sie Göttinnen sind. Und auch du bist ein Teil deiner Erblinie, dessen Aufgabe es ist, ererbte Wunden zu heilen. Das ist eine Menge Arbeit, lohnt sich aber, versprochen. **Denk immer daran: Du bist der größte Traum deiner Ahnen.**

Nimm dir nun einen Augenblick Zeit und denke über deine Vorfahren nach.

Was haben sie durchgemacht?

....

....

Welcher rote Faden zieht sich durch die Geschichte deiner Familie bis weit in die Vergangenheit hinein?

....

....

Gibt es generationsübergreifende Traumata, die immer weitergereicht wurden?

Wie lässt du sie in diesem Leben an die Oberfläche treten,
sodass sie geheilt und umgewandelt werden können?

Wir sind jedoch nicht nur mit belastendem Gepäck unserer Vorfahren auf die Welt gekommen, sondern auch mit ihren Gaben. Sie kommen vielleicht direkt von deinen Eltern oder von deinen Großeltern oder vielleicht auch von Ahnen, die lange vor dir auf der Welt waren und mit denen du möglicherweise weniger vertraut bist.

Was hast du von deiner mütterlichen Linie gelernt?

Was hast du von deiner väterlichen Linie gelernt?

Wie verkörperst du den lebenden Traum deiner Vorfahren heute?

Von meiner Mutter habe ich die Gabe der Lebenslust geerbt, von meinem Vater die Entschlossenheit – Yin und Yang in perfekter Balance. Mein Nachname, Ketabi, bedeutet wörtlich übersetzt »Buch« auf Farsi, Hindi, Arabisch und Urdu, meine Vorfahren waren Verleger. So ist es kein Zufall, dass es mein Dharma ist, Bücher zu schreiben und meine Erkenntnisse mit anderen zu teilen.

Vielleicht fragst du dich jetzt: »Warum werden wir mit vorübergehender Amnesie geboren, die uns unser Dharma vergessen lässt, wenn das Universum doch will, dass wir es leben?« Weil der Zweck der Erfahrung, ein Mensch zu sein, in der Reise der Erinnerung an das Dharma besteht. Diese Reise erschließt und bereitet die Kraft, die Weisheit, die Stärke und die Verletzlichkeit vor, die du brauchst, um dein Dharma wahrhaft zu verkörpern. **Du wirst wissend geboren, bist aber erst durch die Reise der Erinnerung bereit, dein Dharma wirklich zu leben.**

Wir wollen alle dasselbe, aber nicht alle auf dieselbe Art und Weise. Wir alle wollen Liebe, Erfüllung, Freiheit, Frieden und Freude erfahren. Dennoch ist die Art, wie jeder Einzelne diese Dinge erfährt, einzigartig. Und das soll sie auch sein, damit wir als Spezies Diversität erleben – dies ist der Schlüssel zum Glück. Der Urgrund allen Seins (das Bewusstsein, das Universum, Gott / Göttin, wie immer du es nennen möchtest) hätte jede Pflanze gleich erschaffen können, erschuf aber Frühlingskirschblüten und Sommerhortensien und Herbstsonnenblumen und Winterrosen. Jede Pflanze blüht in einzigartigem Selbstausdruck, jede zu ihrer Zeit, damit sich die ganze Welt an ihrer spezifischen und vergänglichen Schönheit erfreuen kann. Und genau so ist es mit dem Dharma. **Ebenso wie wir die Vielfalt der Pflanzen brauchen, um sie wertschätzen zu können, brauchen wir die Vielfalt des Dharma, um dieses würdigen zu können.** Nicht nur die Natur, auch wir sind so geschaffen, dass wir zu unserer jeweils eigenen Zeit und auf unsere jeweils eigene Art und Weise blühen.

In unserer Welt neigen wir dazu, eine Blume zu vergöttern (wer wäre nicht gern die rote Rose?), bis zu dem Punkt, an dem Lilien und Orchideen versuchen, ihre Blütenblätter umzufärben, ihren Duft und ihre Blütenform zu verändern, um danach wie die rote Rose auszusehen. Doch wir sind nicht alle dazu bestimmt, rote Rosen zu sein, Göttin sei Dank – rote Rosen welken wahnsinnig schnell. Wir sind dazu bestimmt, uns an der Vielfalt zu erfreuen.

Du bist als die einzigartige Blume auf die Welt gekommen, die du bist, damit du deinen unverkennbaren Ausdruck mit der Welt teilen kannst. Wir müssen die Art hören, wie nur du Dinge erklären kannst, die Kreationen sehen, die nur du kreieren kannst, das Werk lesen, das nur du so zum Ausdruck bringen kannst, die Ideen kennenlernen, die nur du haben kannst, die Unterstützung erfahren, die nur du anderen geben kannst. Andernfalls wird immer eine Lücke bleiben, die zu füllen du geboren wurdest.

Stell dir vor, das jetzige Leben wäre eine Castingshow, bei der alle, wirklich alle dasselbe auswendig gelernte Lied vortragen, im selben Outfit erscheinen, dieselbe Frisur haben würden. Wir bereiten uns unser gesamtes Leben lang auf diesen Augenblick vor – und dann sind die Zuschauer so gelangweilt, dass sie beim Applaudieren einschlafen. Weil sie das Lied geschätzte sieben Milliarden Male gehört haben. Diese Vorstellung von der Realität ist derzeit gar nicht so weit entfernt.

Wir sind geboren, um bei der Castingshow unser eigenes, von unserer Seele geschriebenes Lied vorzutragen, im eigenen, handgeschneiderten Outfit, auf unsere eigene verrückte Weise. Wir wurden mit diesem WOW-Faktor geboren. Stattdessen aber versuchen wir alle, dasselbe Lied zu trällern. Wir sind darauf konditioniert zu vergessen, wer wir wirklich sind, und mühen uns unser Leben lang damit ab, einer Rolle gerecht zu werden, die wir nie spielen sollten. Höchste Zeit also, mit den Gaben, die zu teilen wir geboren wurden, zur Castingshow anzureisen!

Die Welt braucht Vielfalt. Hätte jeder Mensch dasselbe Talent, wäre es kein Talent mehr. Es wäre nur noch #basic. Erst die Tatsache, dass Tara mit ihrer einzigartigen Stimme singt, dass Rosie Yoga lehrt, wie nur Rosie Yoga lehren kann, dass Alyson auf einzigartige Weise höheres Wissen channelt und dass Cassandras vegane Gerichte einen so unvergleichlichen Geschmack haben, macht diese Dinge cool! Es ist die Vielfalt, die uns an bestimmten Dingen reizt.

Jeder, der jetzt denkt: »Aber an mir ist nichts einzigartig!«, hat nur vergessen, wer er ist. Niemand kommt als Klon eines anderen Menschen auf die Welt. Und du musst noch nicht einmal etwas tun, um einzigartig zu sein – die Einzigartigkeit ist ein inhärenter Teil deiner Natur.

Deine Bestimmung ist es nicht, gemocht zu werden. Deine Bestimmung ist es, eigenartig zu sein.

Mit diesen Worten aus einem Traum im Ohr bin ich eines Nachts aufgewacht, klar und deutlich hallten sie nach. Ich dachte über den Ursprung des Wortes »eigenartig« nach, über die übertragene Bedeutung von komisch oder seltsam hinaus. Dann bedeutet eigenartig nach eigener Art – Dharma pur. Unsere Eigenartigkeit ist unser göttlicher Ausdruck. Eigenartig zu sein bedeutet, auf seine ganz eigene Weise zu ticken. Das größte Hindernis der meisten Menschen auf dem Weg zu ihrem Dharma besteht in ihrer Angst, zu sichtbar zu werden. Doch genau das will das Dharma. Deine Bestimmung ist es nicht, von jedem gemocht zu werden, den Stempel der Zustimmung aufgedrückt zu bekommen und ein gewöhnliches Leben zu führen. Das Gewöhnliche steht dir nicht besonders. Deine Bestimmung ist es, außergewöhnlich zu sein, aus dem Rahmen zu fallen, dein skurriles, exzentrisches, bizarres, magisches, geheimnisvolles Du zu sein.

Sein Dharma zu entdecken ist die natürliche Folge davon, seine Wahrheit zu entdecken. Aus diesem Grund nehmen so viele Menschen nach spirituellen Erfahrungen einschneidende Lebensveränderungen vor. Sich einfach wieder an die unbefriedigende Arbeit zu machen, fühlt sich dann an, wie in einen Käfig eingesperrt zu sein, wo einem doch gerade erst klar geworden ist, dass man ein Jaguar ist. Für den, der sein wahres Potenzial erkannt hat, fühlt sich alles Geringere verwerflich an. Unsere Wahrheit können wir in einem Wimpernschlag erkennen – unser Leben entsprechend auszurichten, das ist der Punkt, an dem das #werk beginnt.

DAS DHARMA IST EIN LEBENSLANGER PROZESS

Dein Dharma zu entdecken ist keine einmalige Angelegenheit; es bedeutet, es immer wieder aufs Neue in Einklang mit dem Leben zu bringen. Weißt du erst, wie sich das Dharma anfühlt, weißt du augenblicklich auch, wie es sich *nicht* anfühlt, und kannst entsprechende Veränderungen oder Feinjustierungen vornehmen. Dann verharrst du nicht länger in einer Situation, die dir nicht mehr dienlich ist; du spürst sofort, dass etwas nicht stimmt, und reagierst umgehend.

Das #werk unseres Lebens ist es, unsere äußeren Umstände fortwährend so umzugestalten, dass sie unserer Wahrheit entsprechen. Je besser du dich im Inneren kennst, desto mehr verändert sich deine äußere Realität. Zunächst umgibst du dich vielleicht mit hoch schwingenden Menschen oder setzt Familienmitgliedern Grenzen. Dann suchst du dir vielleicht einen neuen Job oder ziehst um. Im Laufe deines Lebens erkennst du dich selbst immer mehr, und das Einzige, das du tun musst, ist, dem Inneren auch im Außen gerecht zu werden. Eine kleine Veränderung vorzunehmen, damit sich alles wieder richtig anfühlt. Wie bei einer unbequemen Yogastellung, bei der man nur ein wenig nach links rutschen muss, und schon ist sie nicht mehr unbequem.

Die Wahrheit ist etwas Ewigwährendes, doch deine Version

von ihr entwickelt sich im Laufe deines Lebens immer weiter.
Deine Wahrheit heute wird angesichts aller Umstände deines Lebens anders sein als deine Wahrheit von vor einigen Jahren. Die Menschen um dich herum verändern sich, die Gesellschaft ist im ständigen Wandel, deine Karrierelandschaft verlagert sich. Deshalb kannst du keinen Grenzpfahl in den Boden rammen und sagen: »Jetzt hab ich's: Jetzt bin ich auf dem Terrain der Wahrheit.« Denn der Boden, in den du deinen Pfahl gerammt hast, bewegt sich. Selbst wenn du dich nicht verändern würdest, was unmöglich ist – die Welt um dich herum tut es.

Ich schreibe das, weil viele glauben, mit dem Entdecken des Dharma sei es getan: Die Arbeit ist erledigt, jetzt wird Party gemacht. Man kann aber auch sein Dharma entdecken und sich im Handumdrehen auf dem Weg dorthin wiederfinden. Du entwickelst dich weiter, ebenso wie die Manifestation deines Dharma. Solange du dich immer wieder in deiner Wahrheit verankerst, wirst du stets wissen, was der nächste Schritt ist, auch wenn er weit entfernt scheint.

Das Universum schubst uns durch Begeisterung und Neugier immer sanft in Richtung unseres Dharma. Wir müssen diesem Schubsen gegenüber offen bleiben. Die meisten Menschen sind so beschäftigt, dass sie dichtmachen, wenn das Universum ihnen sagt: »Googele das mal, melde dich zu diesem Workshop an, lerne etwas von jenem Menschen.« Deine Aufgabe aber ist es zuzuhören. Ehre deine Neugier, als sei sie ein Edelstein, den das Universum dir geschenkt hat. Sie birgt die Information, die du brauchst, um auf die nächste Stufe zu gelangen. Manchmal ist diese nächste Stufe keine ausgewachsene Karriere. Manchmal musst du nur etwas lernen, etwas erleben, etwas ausprobieren.

Manchmal verlangt es das Dharma von uns, etwas geduldig jahrelang zu tun, um dadurch Erfahrungen zu sammeln; erst danach sind wir so weit, das Gelernte mit anderen zu teilen. Stell dir vor, du würdest Küchenchef in einem Restaurant, ohne vorher das Kochen erlernt zu haben. Manchmal hilft uns die Fähigkeit, die wir durch ein bestimmtes Interesse erlangt haben, bei anderen Aspekten unseres Dharma. Kochen zu lernen lehrt uns Geduld, Vorausplanen und Improvisieren – Fähigkeiten, die auch für eine Karriere als Lebenscoach nützlich sein können. Es ist nicht immer ein direkter Weg vom Hobbykoch zum Küchenchef; manchmal kochen wir auch einfach nur gern und haben Spaß dabei!

Heiße die neuen Interessen, die das Universum dir schickt, willkommen! Vielleicht interessierst du dich plötzlich seltsamerweise für alles Gestrickte, und vielleicht ist das genau die Fähigkeit, die du später irgendwann einmal für dein Dharma brauchst. Vielleicht gründest du ein neuartiges nachhaltiges Strickwarengeschäft oder strickst Pullis für deine Kolleginnen und Kollegen, vielleicht kultivierst du damit aber auch nur die Fähigkeit, im Hier und Jetzt aufzugehen. Versuche nicht, das bis ins Letzte zu ergründen – dabei zerbrichst du dir nur den Kopf. Ein Beispiel: Etwa zu der Zeit, als ich dieses Buch schrieb, leitete das Universum mich an, endlich etwas zu unternehmen, um meinen Traum, als DJ aufzutreten, zu verwirklichen. Das war beileibe nicht die »richtige« Zeit dafür: Ich hatte zu tun wie nie zuvor in meinem Leben. Ich musste dieses Buch schreiben, gründete gerade meine Mitglieder-Community Rose Gold Goddesses und steckte mitten in einem stressigen Umzug, der nicht lief, wie er sollte. Dennoch: Ich ging auf das Schubsen des Universums ein und meldete mich zu einer DJ-Ausbildung an. Wann immer ich zum Unterricht musste, dachte ich an all das, was ich zu tun hatte, ging aber trotzdem hin. Und kam vor Aufregung strahlend zurück.

Heute nutze ich meine DJ-Erfahrung, um das Heilen und das Leben des Dharma zu erleichtern – mittels Tanz-Workshops, in denen Frauen wieder in ihrem Körper ankommen und sich mit ihrem Göttinnenwesen verbinden können. Im ersten Monat der

Corona-Quarantäne 2020 war ich jeden Tag auf Instagram live zu sehen, wo ich meine Community anleitete, ihre Angst wegzutanzen und zu ihrem Herz zurückzufinden. Ich bekam Tausende von Nachrichten, in denen Menschen davon berichteten, die Tänze hätten ihnen aus tiefen, dunklen Depressionen und sogar Suizidgedanken herausgeholfen. Hätte ich das Schubsen des Universums ignoriert und mich nicht an der DJ-Schule angemeldet, wäre ich nicht dazu in der Lage gewesen, buchstäblich Leben zu retten und einen wichtigen Teil meines Dharma zu aktivieren: die spirituelle Reise ekstatisch, freudvoll und verspielt zu gestalten. Wir alle sind Kanäle, durch die die Botschaft des Göttlichen in uns fließt. Unterbrich den Fluss nicht! Vertraue deinen Interessen. Sie sind Anleitungen deiner Seele.

Wofür interessierst du dich in diesem Augenblick?

....

....

Was würdest du gern tun, hättest du nicht das Gefühl, keine Zeit dafür zu haben?

....

....

Wann wirst du anfangen, es zu tun?

....

....

Nun müssen nicht all deine Interessen in eine berufliche Karriere münden. Beim Entdecken des Dharma geht es *nicht* darum, seine

Hobbys zu Geld zu machen. In unserer heutigen, unternehmerisch geprägten Zeit beginnen wir schon nach einer einzigen Tanzstunde, von einer Laufbahn als Backup-Tänzer tagzuträumen. Aber immer mit der Ruhe: Du kannst Dinge auch einfach tun, weil sie dir Spaß machen; sie müssen nicht immer gleich in deinem Lebenslauf landen.

Beim Dharma geht es darum zu *teilen*. Vielleicht tust du etwas sehr gern, möchtest das aber für dich behalten. Und das ist auch völlig in Ordnung so. Ich beispielsweise liebe Yoga, will mich aber nicht bei den verschwitzten Leuten unter #justsaying auf Instagram einreihen. Würde ich das wollen, könntest du allerdings darauf wetten, dass ich mich schon morgen für eine Yogalehrerausbildung anmelden würde.

Dein Dharma liegt in den Dingen, die du aus tiefstem Herzen mit anderen teilen möchtest, wovor du aus Angst aber noch zurückschreckst. Vielleicht hast du das Gefühl, noch zu unerfahren darin zu sein, zu wenig darüber zu wissen, zu alt, zu jung oder was auch immer zu sein, als dass andere dir zuhören würden. In diesem Buch erfährst du, wie du diese Angst überwinden kannst. Ist der Wunsch zu teilen vorhanden, dann hat er auch etwas mit deinem Dharma zu tun.

WARUM DEINE FAMILIE VIELLEICHT KEIN INTERESSE AM DHARMA HAT

Die Vorstellung vom Dharma ist uralt und neu zugleich. Wenn du an deine Eltern denkst: Leben oder lebten sie ihr Leben gemäß ihrem Dharma? Wussten sie überhaupt, was das Dharma ist? Und deine Großeltern? Ist ihnen jemals in den Sinn gekommen, eine Bestimmung im Leben zu haben? Und was ist mit deren Eltern? Und den Eltern der Eltern deiner Großeltern?

Unsere modernen Vorfahren – also unsere Vorfahren aus den vergangenen tausend Jahren oder so – hatten wahrscheinlich keine Vorstellung vom Dharma. Es wird weder in der Schule gelehrt, noch wird dieses Wissen innerhalb der einzelnen Gemeinschaften weitergegeben. Deine »Bestimmung« war es zu heiraten, Kinder zu haben und so viel Geld zu verdienen, dass du damit deine Familie ernähren kannst. Du hattest eine Verpflichtung gegenüber deiner Familie und der weiteren Gemeinschaft um sie herum, nicht gegenüber deinem höchsten Selbst. Man hat dich gelehrt, Opfer zu bringen, nicht, Fragen zu stellen.

Mittlerweile feiert die Vorstellung von der Bestimmung im Leben ein dringend benötigtes Comeback. Wir erwachen, erinnern uns an unser volles Potenzial und wenden uns vermehrt Themen aus alten, mystischeren Zeiten zu. Unsere Großeltern hatten keine Vorstellung vom Dharma – unsere Ur[100]-Großeltern schon. Tief in unserem Inneren wissen wir, dass sich als Mensch zu erleben nicht ausschließlich darin bestehen kann, im Leben irgendwie klarzukommen. Wir sehnen uns nach Tiefe, Bedeutung, Bestimmung. Als eine der ersten Generationen der Moderne, die eine höhere Bestimmung quasi einfordern, müssen wir die Gegenreaktion derjenigen in Kauf nehmen, die im alten Paradigma aufgewachsen sind und unsere Sehnsucht nach Wahrheit nicht verstehen können.

»Welche ›Wahrheit‹ suchst du denn? Die Wahrheit ist: Das Leben ist hart, und niemand arbeitet gerne – aber so ist es nun einmal.« Das hat man mir gesagt. Doch ich wusste, dass ein Teil von mir sterben musste, damit ein anderer leben konnte. Und in der Schlacht, bei der sich entscheiden sollte, wer leben und wer sterben sollte – mein heutiges Ich, mein potenzielles zukünftiges Ich –, wusste ich genau, auf welcher Seite ich stand.

Jemandem, der ums nackte Überleben kämpft, zu erzählen, man sei auf der Suche nach der eigenen Bestimmung im Leben, ist wie sich über Konzertplätze zu weit hinten bei jemandem zu beschweren, der noch nicht einmal Karten bekommen hat. Es ruft Schuldgefühle auf der einen und Wut auf der anderen Seite hervor.

Der Großteil unserer Eltern hatte nie auch nur die Chance, sich nach ihrer Bestimmung im Leben zu fragen. Deshalb verstehen sie auch nicht, wonach wir eigentlich suchen. Die Suche wirkt wie ein Luxusproblem, ist aber unser grundlegendes Geburtsrecht. Niemand sollte ein Leben führen müssen, in dem er oder sie keinerlei Kontrolle über die eigenen Entscheidungen hat. Jemanden daran zu hindern, gemäß seiner Bestimmung zu leben, nur weil man selbst sie nicht gelebt hat, macht jedoch alles nur noch schlimmer.

Wir leben in einer Zeit, in der wir unsere Rollen neu definieren. Meist versteht die Familie das nicht, geschweige denn, dass sie uns dabei unterstützen würde. In den meisten Fällen findet sich das Dharma auch auf keiner Optionsliste der Karriereberater wieder.

Aber ob du es nun glaubst oder nicht: Es ist tatsächlich möglich, seine Träume zu verwirklichen, das ist kein Mythos! Deine einzige Verantwortung in diesem Leben besteht darin, den Neigungen deiner Seele zu folgen. Du schuldest dieses Leben nur dir selbst. Nicht einmal deinen Eltern – obwohl sie dich auf die Welt gebracht haben. Du bist ein souveränes Wesen, und dieses Leben ist voll und ganz das deine.

Nach meiner gesundheitlichen Krise und nachdem ich nach dem Studium nach Indien gezogen war, verspürte ich den Drang, nach Bali zu gehen. Ich besorgte mir ein One-Way-Flugticket und wollte zunächst zwei Wochen bleiben. Daraus wurden sechs Monate, während derer ich einen Gedanken nach dem anderen von meinem Bewusstsein ablöste. Sie waren dort schon so fest verwachsen, dass ich tatsächlich geglaubt hatte, sie seien meine. Gedanken wie: »Mit dem, was du gern tust, wirst du nie deinen Lebensunterhalt verdienen können«, »Nur wenige schaffen es, ihre Bestimmung zu leben; der Rest kann über einen sicheren Job froh sein und sollte realistisch bleiben« und »Ich könnte niemals so frei sein und tun, was mir Spaß macht – meine Familie würde mich umbringen«.

Ich hatte den sehnsüchtigen Wunsch, ein modernes Ayurveda-Buch zu schreiben, um Menschen, die es brauchten, Menschen wie mir, dieses uralte Heilwissen näherzubringen. Allerdings hatte ich keinerlei Erfahrung mit der Verlagswelt und kannte auch niemanden, der sie hatte. Und dennoch fühlte sich diese Berufung für mich wahrhaftiger an als alles andere jemals zuvor.

Für mich – für meine Eltern definitiv nicht. »Wann kommst du wieder und suchst dir einen normalen Job?«, fragten sie mich. Zuerst spielte ich es herunter; das sei nur etwas Vorübergehendes, und nach meiner Bali-Zeit würde ich zurückkommen und ein »ganz normaler Mensch« sein. Doch je mehr ich trancetanzte und atemarbeitete, desto klarer wurde mir, dass dies meine Wahrheit *ist*. Meine Spiritualität ist nicht dazu bestimmt, auf der Ersatzbank zu sitzen. Sie macht mich aus.

Das war der Schlüssel zu generationenlanger Ahnenschuld, die sich in mir festgefressen hatte. Wie viele andere Kinder lebte auch ich praktisch für die Anerkennung meiner Eltern. Aber nach Bali und Indien zu ziehen, um ein Buch über Ayurveda zu schreiben, ohne Autorenvertrag oder Businessplan? Unvorstellbar.

In der Folge wurde die Kommunikation zwischen uns immer angespannter. »Wir haben alles für dich geopfert, damit du in Amerika aufwachsen kannst und Chancen hast, die wir nie hatten. Wir haben dir alles gegeben – und das ist jetzt der Dank? Das ist das EGOISTISCHSTE, das du überhaupt tun kannst, einfach nach Bali gehen, ohne die geringste Rücksicht auf uns zu nehmen. Du kommst AUGENBLICKLICH zurück. Schluss mit diesen Kindereien. Höchste Zeit für dich, auf den Boden der Tatsachen zurückzukehren!«

Ich befand mich an einem der schönsten Orte auf Erden und machte gleichzeitig eine der schwierigsten Zeiten meines Lebens durch. Ich taumelte zwischen Wut und Traurigkeit hin und her, zwischen Schuld und Selbstvertrauen, zwischen Vorwürfen und

Vergebung, und versuchte herauszufinden, ob den eigenen Weg zu gehen wirklich egoistisch, verrückt und falsch ist, oder ob »egoistisch« nur ein weiteres Wort ist, das von der Gesellschaft nicht korrekt definiert wird, damit es sich falsch anfühlt, sich für sich selbst zu entscheiden.

Ich hätte leichter an mich glauben können, hätte ich damals schon gewusst, dass ich »es schaffen« würde. Doch das war fraglich. Vielleicht hatten meine Eltern recht, als sie sagten, der Versuch, Autorin zu werden, sei eine brotlose Kunst und ich würde als Shortsverkäuferin am Strand enden (äh ... das habe ich tatsächlich gemacht – und es ist gar nicht so schlecht). Vielleicht war ich ja wirklich größenwahnsinnig, hatte den Bezug zur Realität verloren, war eine Träumerin, die es eines Tages bereuen würde, das Risiko eingegangen zu sein und nicht den sichereren Weg gewählt zu haben. Vielleicht würde ich eines Tages zurückblicken und über mich selbst lachen – wie dumm ich doch gewesen war zu glauben, ich sei etwas Besonderes. Damals fragte ich so ziemlich jeden, den ich kennenlernte: »Wissen deine Eltern, dass du hier bist? Was halten sie davon?« Manche antworteten, sie seien in Begleitung ihrer Eltern dort, andere, sie hätten seit zwanzig Jahren keinen Kontakt mehr zu ihnen.

Die familiären Spannungen verschlimmerten sich. Man drohte mir, mich in eine psychiatrische Anstalt einweisen zu lassen, nachdem ich erzählt hatte, dass ich gemeinsam mit einem Schamanen unter einem Wasserfall meditierte und dabei zusehen konnte, wie die negative Energie ans Wasser abgegeben wurde und wie sie dieses dabei staubig grau verfärbte. Je mehr ich mich meinen Eltern gegenüber öffnete, desto mehr schlossen sie mich mit ihrer Angst und ihrem Widerstand ein. Ich »ruinierte ihr Leben«, indem ich mein eigenes lebte. Diese Spannungen, so wurde mir allmählich klar, konnte ich durch Yoga nicht auflösen. Irgendwann musste ich in die Vereinigten Staaten zurück und von Angesicht zu

Angesicht mit ihnen sprechen; dafür aber musste ich unerschütterlich genug an meine Wahrheit glauben, damit ihre Ängste nicht wieder welche in mir auslösten.

Als ich nach Boston, in die Stadt meiner Kindheit, zurückkehrte, kam ich mir wie in einem Kuriositätenmuseum vor, das voller Dinge war, die ich früher einmal gekannt hatte, die jetzt aber so gar nicht mehr zu mir passen wollten. Mein Fleisch mag dasselbe gewesen sein, meine Seele jedoch war eine ganz andere. Am gesellschaftlichen Standard gemessen hatte ich nichts – keinen Job, keine Sicherheit, keine Stabilität. Im Inneren aber war ich einem Teil von mir begegnet, von dem ich noch nicht einmal gewusst hatte, dass er existiert. Und diesen Teil wollte ich auf gar keinen Fall wieder gehen lassen.

»Eines Tages werde ich spirituelle Bücher schreiben wie Deepak Chopra, die jungen Frauen meiner Generation den Weg weisen«, erklärte ich meinen Eltern.

»Du spinnst. Du bist größenwahnsinnig! Was glaubst du, wer du bist? Du bist kein Arzt. Du bist kein Experte. Wenn du unbedingt den Mund aufmachen und anderen helfen willst, solltest du vielleicht erst mal deinen Doktor machen. Das hast du jetzt von all den Hippies um dich herum!«, war ihre Antwort.

Ich kann mich noch gut an unsere bislang traumatischste Auseinandersetzung erinnern. Damals fühlte sie sich wie ein Angriff auf mein innerstes Wesen an, aber heute, von einem höheren Standpunkt aus, erkenne ich, dass meine Eltern aus Liebe heraus gehandelt haben. Mein Vater wollte mich beschützen, indem er versuchte, mich von dem abzuhalten, was er für einen Fehler oder eine Gefährdung meiner Sicherheit hielt. Der Unterschied bestand darin, dass diesmal kein kleines Mädchen seinem Ball hinterher auf die Straße rannte, sondern eine erwachsene Frau ihr eigenes Leben leben wollte. Beim nächsten hitzigen »Was willst du denn nun mit deinem Leben anfangen«-Gespräch erklärte ich: »Ganz bestimmt keinem normalen Job nachgehen!«, woraufhin mich mein Vater in hilfloser Wut anschrie, ich sei eine »Versagerin« und »nicht seine Tochter«, denn etwas so Undankbares hätte er nie großziehen können.

Das saß. Der Mensch, den ich meine gesamte Kindheit über zu beeindrucken versucht hatte, hatte mich soeben praktisch für tot erklärt. Heute weiß ich, dass er mich vor einem Leben voller »Unwägbarkeiten« schützen wollte, mit allen Mitteln, auch wenn er mich damit verletzte. Damals aber war alles, was ich wusste, dass mir seine Worte beinahe das Herz zerrissen. Ich rannte in mein Kinderzimmer, der einzige Ort, an dem ich allein sein konnte, knallte die Tür hinter mir zu und brach schluchzend auf dem Boden zusammen. *War das alles eine Lüge? Sagen sie dir als Kind, du sollst deinen Träumen folgen, und dann wirst du erwachsen und tust es einfach als Bockmist ab? Glaubte ich immer noch an einen Weihnachtsmann, den es gar nicht gab?* Die Tränen strömten mir übers Gesicht, der Teppich war schon ganz nass, und meine Kuscheltiere starrten mich mitleidig an.

Und plötzlich: Leere. Ich fühlte nichts – und darin alles. In den Augen meiner Eltern war ich bereits eine Versagerin. Meine größte Angst war Wirklichkeit geworden. Für meine Eltern war ich so gut wie tot. Also musste ich auch nicht mehr für ihre Anerkennung leben. Nur noch für meine eigene. In diesem Augenblick wurde ich frei.

Auf einmal fühlte ich mich im Inneren ganz leicht. Ich bin verdammt noch mal ein souveränes Wesen! Es spielt im Grunde keine Rolle, was meine Eltern sagen oder denken, weil ich mir das gar nicht anhören muss! Ich muss niemandem, absolut niemandem meine Entscheidungen erklären! Sie wollen mich nicht in ihrem Leben? Auch gut! Denn *ich* will mich in meinem Leben, mein wirkliches Mich, mein ganzes *Mich*! Und in diesem Augenblick wurde ich zu *Leg-dich-bloß-nicht mit-mir-an-Sahara*.

Ich ging nach draußen und schüttelte mir schamanisch jegliche stagnierende Energie aus dem Leib, vor den Augen der Nachbarn. Meine Eltern schüttelten nur missbilligend den Kopf und dachten wahrscheinlich schon wieder über die Psychiatrie nach.

Einige Tage später sagte ich zu ihnen: »Ich gehe nach Indien zurück«, dieses Mal jedoch ohne auch nur eine Spur von Zögern oder Fragen in der Stimme. »Ich werde in Goa mit meiner Freundin aus Bali ein Retreat über die Göttinnenweisheit geben.«

»Ist das dein Ernst? Du fängst schon wieder mit dem Unsinn an?«, entgegnete mein Vater.

»Richtig. Nächste Woche geht's los.«

Dieses Mal war die Energie anders, als könnten sie meine neu entdeckte Verankerung spüren, der sie nichts anhaben konnten, egal, was sie sagten. Ihre Worte prallten an mir ab, und ich wusste, ich war nun endlich auf dem Weg dorthin, wo ich sein sollte.

Und los ging es nach Indien, wo ich in den darauffolgenden Monaten blieb, ganz und gar präsent, ohne mich ständig zu fragen, ob ich dort auch sein »durfte«.

Ich hatte die Kind-Eltern-Bindung lösen müssen, die mich glauben gemacht hatte, ich bräuchte von meiner Familie immer noch den Stempel der Zustimmung, bevor ich weitermachen konnte. Als ich mich von dieser Bindung gelöst hatte, tauchte ich erst wirklich in meine Seelenaufgabe ein. Ich verschwendete keine Zeit mehr damit, mich zu fragen, *ob* ich meinem Dharma folgen könnte, und begann stattdessen damit, es tatsächlich zu *tun*.

Du wirst nicht herausfinden, was dein Dharma ist, wenn du auf der Ersatzbank sitzen bleibst, wenn du nur den Zeh ins Wasser steckst und auf die perfekte Gelegenheit wartest. Du musst den Sprung wagen und dafür musst du dich abschnallen, musst den Sicherheitsgurt lösen, der dich zurückhält. Ich richtete meine Aufmerksamkeit auf das Schreiben, nicht mehr auf das Erklären. Ich schrieb ein Buch namens *Eat Right for Your Mind-Body Type*, verdiente als Gesundheitscoach Geld, finanzierte die Redaktion und den Satz meines Buches und arbeitete mich allmählich in den Prozess des Büchermachens ein.

War das Buch auf Anhieb ein Erfolg? Nein. Es wurde von dreißig Verlegern abgelehnt, die mir dieselben Ängste entgegenhielten, die ich selbst auch gehabt hatte: Ich sei zu jung / unerfahren, niemanden interessiere mein Buch, ich sei keine Ärztin, Ayurveda sei einfach kein Thema. Doch im Innersten meines Herzens wusste ich, dass dieses Buch dazu bestimmt war, bei Barnes & Noble in den Regalen zu stehen.

Durch eine Reihe von Synchronizitäten bekam die Literaturagentin, die sich um meinen Misserfolg gekümmert hatte, von einem Verlag die Anfrage, ob sie einen Ayurvedaexperten kenne, der den offiziellen *Idiot's Guide to Ayurveda* – auf Deutsch unter dem Titel *Einfach Ayurveda: Mit Leichtigkeit zu Gesundheit und Glück* erschienen – schreiben könne. Der ursprünglich vorgesehene Autor hatte zwei Monate vor dem Abgabetermin hingeschmissen, weil es ihm zu viel geworden war. Also brauchten sie auf die Schnelle jemand anderen, der ein Vierhundert-Seiten-Buch über Ayurveda aus dem Hut zauberte, von A bis Z. Die Agentin schlug mich vor und bekam zur Antwort: »Ich weiß nicht, sie ist noch sehr jung [ich war damals vierundzwanzig]. Lass sie doch mal ein Inhaltsverzeichnis und ein Probekapitel schreiben; wir lesen es, und dann sehen wir weiter.«

An diesem Tag ging ich zu Barnes & Noble und las jeden *Idiot's Guide* quer, den ich finden konnte. Ich blieb die ganze Nacht auf, um das Inhaltsverzeichnis und das Probekapitel zu schreiben. Zwei Tage später hatte ich einen Vertrag. Die beiden Jahre, die ich auf *Eat Right for Your Mind-Body Type* verwendet hatte, hatten mich perfekt auf dieses Projekt vorbereitet. Ich arbeitete fleißig zwei Monate lang daran, schrieb sechzehn Stunden am Tag, während die Weisheit durch mich floss. Es war nicht *das* moderne

Ayurveda-Buch, das ich hatte verfassen wollen, aber jetzt hatte ich zumindest einen Fuß in der Tür. Anschließend lernte ich so viel ich konnte über die Präsentation von Büchern, stellte mein Buch in Podcasts vor und machte aus ihm einen Bestseller. Als es auf dem Markt war, bekam ich endlich die Chance auf *mein* Buch, das ich *Eat Feel Fresh* nannte, nach dem Blog, den ich mit neunzehn angefangen und mit dem meine Reise begonnen hatte.

Einen Plan hatte ich nicht, aber ich folgte meiner Begeisterung und blieb dran. Wer ins Auto steigt, muss das Ende der Autobahn nicht sehen können. Er muss einfach losfahren, das Universum wird ihm dann schon auf halbem Weg entgegenkommen.

Ich würde diese Jahre um nichts in der Welt missen wollen, denn sie haben mich stark gemacht und leistungsfähig. Rückblickend weiß ich, dass der Urgrund die Situation für mich geschaffen hat, da sie mir den Mut verliehen hat, den ich für meine heutige Arbeit brauche. Ich hatte mich von den Teilen meines Selbst lösen müssen, die immer noch für die Bestätigung von außen lebten, und hatte sie durch meine eigene Bestätigung ersetzen müssen. Ich hatte an mich glauben müssen, weil die, auf deren Meinung ich den größten Wert legte, nicht an mich glaubten. Den Mut aufzubringen, ich selbst zu sein, auch ohne die Unterstützung meiner Eltern, schenkte mir die Kraft, meine Arbeit denjenigen zugänglich zu machen, die vielleicht von denselben Zweifeln geplagt werden. Beim Entdecken des Dharma geht es nicht darum, immer zu wissen, wohin man geht, sondern darum, dem zu folgen, was sich zu diesem Zeitpunkt richtig anfühlt. Das ebnet dem Dharma den Weg.

Durch meine Dharma-Reise wurde mir klar, dass es vielen Menschen deshalb so schwerfällt, ihr Dharma zu entdecken, weil sie glauben, ihres Dharma nicht würdig zu sein. Die Generation vor uns hat den Krieg erlebt, und wir haben ihre Ängste übernommen. Wir leben das Leben in dem Gedanken: »Wie schaffe ich es zu überleben?«, statt: »Wie kann ich mich weiterentwickeln?« Wir müssen erkennen, dass unsere jetzige Realität eine ganz andere ist als ihre und dass wir ganz wir selbst sein können. Ihre harte Arbeit und ihre Opfer haben es uns ermöglicht, uns ums Überleben keine Gedanken machen zu müssen, und dafür müssen wir ihr ewig dankbar sein. Heute erinnern sich sogar ältere Generationen daran, dass auch sie ein Dharma haben. Es ist nie zu spät – ebenso wie es nie zu früh ist.

Ich möchte hier gerne einen Vergleich zur Bedürfnishierarchie des Psychologen Abraham Maslow ziehen. Nur wer sein Überlebensbedürfnis befriedigt hat, kann sich solchem Luxus wie dem Finden der wahren Bestimmung im Leben widmen. Doch was ist mit Menschen, die in einer sorgenfreien Umgebung aufgewachsen sind? Sie wollen mehr. Für sie ist nicht der Gehaltsscheck das Wichtigste im Leben, können sie doch sehen, dass dieser ihren Eltern nur Unzufriedenheit und Stress eingebracht hat.

Wenn du das Gefühl hast, deinen Eltern einen sicheren Job zu schulden, damit sie glücklich sind, dann mach dir bitte klar, dass du deinen Eltern nicht deine Zukunft schuldig bist – die schuldest du dir ganz allein. Deine Eltern werden sich mit der Tatsache abfinden müssen, dass du ein souveränes Wesen bist. Das ist im Übrigen die kosmische Lektion, für die sie sich angemeldet haben, untersteh dich also, sie davon abzuhalten. Bremse dich aus Angst vor Missbilligung nicht selbst in deinem Vorankommen, denn dann missbilligst du dich bloß selbst – und du selbst bist der Mensch, mit dem du immer wirst leben müssen. Beide beteiligte Parteien haben eine Menge Lektionen zu lernen. Außerdem wirst du nie das liebende Kind sein, für das du dich hältst, wenn du dir dein Dharma verwehrst, denn das wirst du deinen Eltern immer übel nehmen. Und wer weiß? Vielleicht ermutigst du sie ja sogar dazu, ihr Dharma ebenfalls zu entdecken!

Für die Generationen vor uns lag Erfolg nicht im Erfüllen der eigenen Leidenschaft, sondern im Ergreifen etablierter Berufe. Wer da auch nur minimal aus der Reihe tanzte, setzte seine Karriere aufs Spiel. Heute sind die, die sich auszeichnen, diejenigen, die beim Aus-der-Reihe-Tanzen einen ganzen Ballsaal für sich in Anspruch nehmen. Wir leben in einer neuen Welt, die sich beständig weiterentwickelt, und es ist uns überlassen, ob wir auf den Zug aufspringen oder am alten Paradigma festhalten wollen, das seine besten Tage hinter sich hat.

Unsere Eltern mögen zwar nicht mit der Möglichkeit aufgewachsen sein, ihr Dharma zu entdecken und zu leben, doch das bedeutet noch lange nicht, dass es egoistisch wäre, wenn wir das tun. Jede Generation macht einen weiteren Schritt nach vorn, und wir dürfen uns auf die Möglichkeiten, die unseren Eltern und Großeltern zur Verfügung standen, nicht beschränken. Sie haben das Beste aus dem gemacht, was sie hatten. Wir haben heute Zugang zu viel mehr, und unsere Kinder werden Zugang zu noch mehr haben.

Heute können wir durch das Internet Informationen schneller verbreiten als jemals zuvor. Wir können von überall auf der Welt aus arbeiten, eine eigene Marke gründen, Nachrichten teilen und mit anderen gemeinsam Neues erschaffen. Wir sehen, wie Freunde und Bekannte ihren Träumen folgen, und das inspiriert uns, es ihnen gleichzutun. Alle Informationen, die wir je brauchen könnten, sind da – nun brauchen wir nur noch Authentizität.

Wer seine Wahrheit lebt, ermutigt dadurch andere dazu, dies ebenfalls zu tun. Wir spulen jetzt mal sechs Jahre vor, und was sehen wir? Meine Eltern sind inzwischen meine größten Fans. Sie empfehlen meine Bücher unermüdlich weiter und sind stolz auf meine Zeitschriftentitel. Doch damit nicht genug: Mittlerweile kennen sie ihre Doshas, haben es mit Trancetanz versucht und sind zu meinen Workshops und Retreats gekommen. Die Spannungen zwischen uns sind verschwunden, und wir lieben einander heute mehr denn je, weil unsere Beziehung auf gegenseitigem Respekt fußt. Sie wäre heute nicht so, wie sie ist, hätte es nicht die Veränderung gegeben, die sie durchmachen musste. Dadurch dass ich diese Geschichte hier erstmals öffentlich erzählt habe, habe ich mich endlich von den alten Wunden aus jenen Jahren gelöst, habe sie so transformiert, dass sie nun andere heilen können. Werden wir Herr unserer Geschichten, befreien wir uns von ihnen und erkennen, dass wir die Macht haben, unsere eigene Geschichte zu schreiben.

FÜR ÜBERFLIEGER
KURZ ZUSAMMENGEFASST

Du bist mit einem Dharma auf die Welt gekommen, weil du dieses mit anderen teilen sollst. Du sollst es mit anderen teilen, weil wir dich brauchen. Wir brauchen dich, weil die Welt Probleme hat. Die Welt hat Probleme, weil die Menschen ihr Dharma nicht leben. Die Menschen leben ihr Dharma nicht, weil sie es vergessen haben. Und sie haben es vergessen, weil sie Angst davor haben, anders zu sein, was den Menschen um sie herum unangenehm sein könnte. Allerdings verstehen wir heute allmählich, dass es ein Mythos ist, wenn behauptet wird, das Leben müsse gewöhnlich sein. Stattdessen erinnern wir uns daran, wer wir sind und wie wir unseren Selbstausdruck teilen sollen.

Das alles mag neu für dich klingen, aber glaub mir: Das ist es nicht. Deine Seele weiß, was los ist, und allein die Tatsache, dass du das liest, aktiviert schon dein Zellgedächtnis. Vielleicht liest du diese Seite in ein paar Monaten noch einmal und verstehst sie vollkommen neu. Es mag dir jetzt zu hoch sein, aber es ist bereits in deinem Herzen angekommen. Wenn du aufhörst, zu denken und zu analysieren, und anfängst, zu vertrauen und zuzuhören, wird all das Sinn ergeben. Aber stress dich nicht: Es wird ohnehin geschehen. Alles, was du tun musst, Sonnenwesen, ist, deiner Begeisterung zu folgen.

2

Kriya + Karma:
Der Weg zum Dharma

Stell es dir mal so vor: Du wurdest auf einer Schnellstraße geboren. Am Ende dieser Schnellstraße liegt dein Dharma. Und wie bei Disney World finden sich die ersten Hinweisschilder darauf schon drei Bundesstaaten vorher. Du weißt, was kommt, und bist wahnsinnig aufgeregt, aber eben noch nicht ganz da.

Während du die Schnellstraße entlang auf dein Dharma zufährst, wirst du von vielen verschiedenen Ausfahrtsschildern in Versuchung geführt. Auf einem steht beispielsweise: »Wenn du hier abfährst, wirst du Börsenhändler und verdienst einen Haufen Geld!« Auf einem anderen steht vielleicht: »Hier entlang, dann wirst du Arzt und machst deine Eltern glücklich.« Und auf einem wieder anderen steht etwa: »Schönheit bleibt nicht ewig – werde also jetzt Model und mach etwas aus deinem guten Aussehen, solange du noch kannst.«

Es ist leicht, vom Kurs abzukommen. Und wer weiß? Vielleicht haben die Schilder ja recht. Vielleicht gibt es dieses Dharma-Land gar nicht, und es ist alles nur Hokuspokus, den man dir als Kind erzählt hat. Nur Promis können ihre Träume verwirklichen, normale Leute nicht.

Dann siehst du, wie deine Freunde von der Schnellstraße abfahren, einer nach dem anderen. Und sie tun das mit einer solchen

Zuversicht! Aus Andy, dem Astronauten, wird Andy, der Buchhalter. Aus Ilia, dem Erfinder, wird Ilia, der IT-Manager. Und aus Hilary, der Pferdetrainerin, wird Hilary, die Personalassistentin. Das sind nicht gerade megageile Jobs, aber hey, da gibt es Boni. Und sie sind sicher.

Du bist also in Versuchung. Du beginnst, nach rechts auszuscheren, spürst plötzlich aber einen kleinen Stoß. Einige Sekunden lang droht das Auto außer Kontrolle zu geraten. Und du hörst eine Stimme, die sagt: »Was machst du denn da? Du bist dazu bestimmt zu heilen!«

Du drehst das Radio lauter und steuerst auf die nächste Ausfahrt zu, bis du auf einmal mit der Leitplanke kollidierst und dein Auto zu Schrott wird. Du bist völlig fertig. Es war, als hätte dir eine höhere Macht ins Lenkrad gegriffen. Was tatsächlich auch geschehen ist.

Das war das Karma. Die meisten Menschen denken bei dem Wort »Karma« an Justin Timberlakes Song »What Goes Around ... Comes Around«. Das ist zumindest eine Interpretation. Karma bedeutet aber auch Tat, und nach dieser Definition ist Karma eine begrenzte Aktion des Universums mit dem Ziel, dich wieder in Einklang mit deinem Dharma zu bringen.

Das Karma ist die Leitplanke auf der Schnellstraße. Hörst du nicht mehr zu, erinnert es dich zunächst mit einem kleinen Schubser an deine Bestimmung. Hörst du immer noch nicht, folgen ein Klopfen, ein leichter Schlag und schließlich eine Kollision. Es spricht immer lauter zu dir, bis du ihm endlich wieder Aufmerksamkeit schenkst. Es ist eine Warnung, aber eine Warnung aus Liebe, denn das Universum will dir helfen. Das Karma will uns nichts Böses, es beschützt uns, damit wir bei unserer Wahrheit bleiben.

Stell dir jetzt vor, du fährst an einem Sonntag die Dharma-Land-Schnellstraße entlang, der Tempomat ist eingeschaltet, andere

Autos sind nicht unterwegs. Du singst lauthals bei deinen Lieb-lingssongs mit, die Straße ist frei. Du beschleunigst, und bevor du es dich versiehst, machst du im Dharma-Land Selfies mit Minnie Mouse. Das Gefühl, das du bei alldem hast, nennt man Kriya oder Flow, eine unbegrenzte Aktion, die dich in Richtung deines Dharma katapultieren soll.

Im Kriya öffnet sich dir eine Tür nach der anderen, und eines führt zum nächsten. Du begegnest den richtigen Menschen zur richtigen Zeit, beständig bieten sich Chancen und günstige Ge-legenheiten. Du sitzt quasi auf dem Beifahrersitz deines Lebens und vertraust vollkommen darauf, dass der Fahrer, das Universum, dich genau dorthin bringt, wo du sein musst. Es läuft, Baby!

Und ob du es nun glaubst oder nicht: Genau so sollen wir unser Leben leben! Aus irgendeinem obskuren Grund aber haben wir uns kollektiv der falschen Geschichte angeschlossen, der, die uns weismachen will, das Leben sei dazu bestimmt, eine Anein-anderreihung unglücklicher Ereignisse zu sein, nur weil so viele Generationen vor uns im Karma lebten. Widerfährt uns etwas Gu-tes, wappnen wir uns innerlich schon gegen das Schlechte, das ja unweigerlich folgen muss.

Dabei ist es in unserer Erfahrung des Menschseins gar nicht vorgesehen, dass wir uns im Stillstand, stecken geblieben und nur halb lebendig fühlen. Der Normalzustand sollte das Kriya sein; das Karma sollte nur dann in Aktion treten, wenn etwas nicht stimmt. Befinden wir uns im Einklang mit unserem Dharma, treibt uns das Universum auf Arten und Weisen in seine Richtung, die uns nie einfallen würden. So sollte das Leben gelebt werden.

Das Kriya in Aktion

Ich lese Bücher von Deepak Chopra schon, seit ich zwölf bin, sie haben mich auf diesen Weg geführt. 2017 besuchte ich eine Veranstaltung im Rahmen der Yoga and Science Conference in New York City und dachte so bei mir: »Wenn jetzt Deepak Chopra auf die Bühne käme ...« Kurz vor der Mittagspause sagte der Moderator plötzlich: »Und hier ein Hallo von unserem Sponsor Deepak Chopra!« Dieser ging tatsächlich auf die Bühne und winkte kurz den Leuten zu, die bereits den Raum verließen, um essen zu gehen. Ich blieb wie angewurzelt stehen. Das war vermutlich meine einzige Chance, ihn je persönlich zu treffen, und ich musste ihm unbedingt für seine Arbeit danken. Wie von einer höheren Macht gelenkt steuerte ich durch die hinausströmenden Menschen auf ihn zu, direkt auf die Bühne, wo er immer noch stand. Er sah mich an, und ich spürte, wie meine Lippen Worte wie etwa die folgenden formten: »Hallo, Dr. Chopra. Ich bin ein Riesenfan Ihrer Arbeit, sie hat meinen Weg ungeheuer beeinflusst. Ich habe vor Kurzem ein Buch geschrieben, *Einfach Ayurveda: Mit Leichtigkeit zu Gesundheit und Glück*, das den Millennials Ayurveda wirklich näherbringt. Das würde ich Ihnen wahnsinnig gerne zeigen.« Ich hatte keinerlei Erwartungen – das Buch sollte ein paar Tage später auf den Markt kommen. Ich war nur einfach dankbar dafür, meinem Helden zu begegnen.

Am nächsten Tag war ich gerade unterwegs zu einem Meeting, als ich einen Mann sagen hörte: »Kann mir bitte jemand über die Straße helfen?« Ich drehte mich um; auf dem Gehweg stand hilflos ein kleiner Mann mit dunklerer Hautfarbe. Dann hörte ich eine Stimme in meinem Kopf: »Sahara, wenn du dich für einen so guten Menschen hältst, dann hilf ihm.« Ich war schon halb über die Straße und spät dran, weshalb ich im Gehen etwas aß (nicht besonders ayurvedisch von mir), hielt aber inne. Ich ging zu ihm hinüber: »Ich helfe Ihnen, Sir. Wo wollen Sie hin?«

»Zwei Blocks die Straße runter, zur U-Bahn, bitte.« Ich verabschiedete mich davon, pünktlich zum Meeting zu kommen, ließ ihn sich unterhaken und spazierte mit ihm die betriebsame Straße hinunter. Er erzählte mir von seinem Leben. Wie sich herausstellte, war er ein Flüchtling aus dem Irakkrieg. Auch über seine Kinder sprachen wir. Ich führte ihn die Treppe zur U-Bahn hinunter und brachte ihn bis in den wartenden Zug. Kurz bevor sich die Türen schlossen, fragte ich noch: »Ach ja: Wohin sind Sie denn unterwegs, Sir?« – »Zur Universität«, antwortete er. »Ich bin Physikprofessor.«

»Wow«, schoss es mir durch den Kopf, »das hätte ich nicht gedacht.« Zufrieden mit meinem »Humans of New York«-Erlebnis sah ich auf mein Handy: Deepak Chopra hatte mir eine Mail geschrieben, in der er um Rückruf bat. Ich war völlig aus dem Häuschen. Am Telefon bot er mir an, ihn am Montag bei seiner Vorlesung in San Diego zu treffen; da ich am nächsten Tag nach L. A. zurückfliegen wollte, war das Timing perfekt. Nach seiner Vorlesung sagte er, mein Buch hätte ihn beeindruckt, bot großzügig an, ein Vorwort dafür zu schreiben, und fragte mich, ob ich Mitglied seiner Fakultät werden wolle. Ich musste mich kneifen, um mir klarzumachen, dass das, was ich gerade erlebte, kein Traum war. Auf einen Schlag hatte sich mein ganzes Leben verändert: vom sehnlichen Wunsch eines selbst verfassten Buchs bis zu dem Angebot meines Helden, einen Beitrag dazu zu leisten.

In diesem Augenblick wurde mir auch klar, dass der alte Mann, dem ich geholfen hatte, gar kein Mann, sondern ein Engel gewesen war. Ein Test des Urgrunds. Würde ich einen Menschen auch dann respektieren, wenn er kein berühmter Autor war und mich im Gegenteil sogar von meiner Tagesordnung abhielt? Ich hatte Ja gesagt, und das wiederum hatte alle Folgeereignisse in Gang gesetzt.

Zudem war es ebenfalls kein Zufall, dass sowohl der Mann als auch Deepak Chopra Akademiker sind und noch dazu beide Physiker.

Und es kam noch besser. Danach erwähnte Deepak in einem Facebook-Live-Video über bedeutungsvolle Synchronizitäten meinen Namen. (Heilige Scheiße – wie geil ist das denn?) Daraufhin *musste* ich ihm einfach eine Mail schreiben.

»Hey, Dr. Chopra. Ich habe vor Kurzem Ihr Video über bedeutungsvolle Synchronizitäten gesehen. Ich fand es toll, habe aber eine Frage. Ist das Leben *immer* dazu bestimmt, im Flow gelebt zu werden? Oder sollen auf Zeiten der Umwandlung Zeiten folgen, in denen nichts geschieht, damit die beiden einander ausgleichen können?« Senden. Herzklopfen, weil ich gerade eine Mail an Deepak Chopra geschrieben hatte, so mal eben nebenbei.

Antwort: »Sahara, ist das Leben nicht im steten Flow, stimmt etwas nicht.«

Bumm! Paukenschlag! Spielwende!

Kriya ist das neue Normal.

Dass ich bisher dachte, Gutes kann nie lange anhalten, ist genau der Grund dafür, dass es bisher auch nie lange angehalten hat. Wahrscheinlich hat sich das Universum gedacht: »Okay, wenn du deine gesamte Zeit damit verbringst, über Schwierigkeiten nachzudenken – hier hast du sie, die Schwierigkeiten!« **Unsere Gedanken erschaffen unsere Wirklichkeit.**

Was aber, wenn wir fortan denken würden: »Es läuft wirklich toll im Augenblick und wird auch weiter toll laufen! Ich danke dir, Universum, dass du immer so großzügig bist!«? Wenn wir so denken, werden Wunder zur Normalität und Stagnation zur seltenen Ausnahme. Und selbst wenn einmal Schwierigkeiten vor der Tür stehen, wissen wir, dass es sich bei ihnen nur um eine Lektion des Kosmos handelt, die uns auf unserer Reise voranbringen wird.

So denke ich noch heute. Das Leben ist dazu bestimmt, im Kriya gelebt zu werden, im Zustand des Flow, des göttlichen Flusses. In

dem Augenblick, in dem du das Gefühl hast, vom Pfad abzuwei-
chen – und das passiert jedem von uns hin und wieder, egal, wie
viele Meditationsstunden schon hinter uns liegen –, kannst du
dir das bewusst machen und dich wieder in Einklang mit deinem
Dharma bringen.

Fühlst du dich vom Kriya zum Karma abschweifen, bringen
dich diese Mantras wieder in deine Mitte zurück:

- Ich danke dir, Universum, für diesen harten Tag, mit dem
du mich an meine Grenzen erinnert hast! Ich freue mich auf
künftige Gelassenheit.
- Ich danke dir, Universum, für diese schwierige Situation, mit
der du mich ermutigst, schon früh zu meiner Wahrheit zu stehen! Ich spreche sie nun klar und überzeugt aus.
- Ich danke dir für das göttliche Aufblitzen von Teilen meiner
selbst, die ich bislang nicht gesehen habe. Ich gehe meinen
Weg mit Wissen und Mut.
- Ich danke dir dafür, dass du mir meine Grenzen aufgezeigt
hast. Ich erkenne sie an und bringe ihnen Wertschätzung entgegen, während ich weiter voranschreite.

Lektionen über Lektionen über Lektionen. Und das Beste daran:
Sie führen dich zu deinem höchsten Selbst.

Dharma und Karriere
sind nicht dasselbe

Das Dharma ist viel mehr als das, es reicht viel tiefer. Deine Arbeit
ist ein Tropfen Wasser, das Dharma ist der Ozean. Es ist weder
ein Titel, noch kannst du es deinem LinkedIn-Profil oder deinem

Lebenslauf hinzufügen. Beim Dharma geht es um das Schwingen mit der eigenen Frequenz, der einzigen Frequenz, in der wir senden können. Dein Dharma ist die Rolle, die du in diesem Stück namens Leben spielst und die alle deine Stärken, deine Leidenschaften und deine Begabungen vereint.

Stell dir dein Dharma als dein Unternehmensleitbild vor und deine Karriere als Angebot, das du machst. Ein Beispiel: Ist es dein Dharma, Opfern sozialer Ungerechtigkeit zu helfen und diese zu beschützen, kann sich das in einem Beruf etwa als Rechtsanwältin, Aktivist, Dokumentarfilmerin oder Gründer einer gemeinnützigen Organisation manifestieren. Die berufliche Laufbahn, die sich am meisten an deinem Dharma ausrichtet, spiegelt es wider, doch ist das Dharma weit mehr als nur das.

In unserer heutigen Kultur sind Burn-out, Stress und ein gelinde gesagt unliebsamer Job die Norm. All das bedeutet jedoch, dass wir nicht im Einklang mit unserem Dharma leben. An Burn-out leidet nur, wer nicht auf seine Wahrheit hört. Wer das tut, verfügt über ein Reservoir an grenzenloser Energie, Kreativität und Inspiration.

Entdeckst du dein Dharma, wird sich alles ändern, was ihm widerspricht, unter Umständen auch deine berufliche Laufbahn. Denn es ist schlichtweg unmöglich, den wahren Grund, warum wir hier sind, zu erfahren und dann den Großteil unseres Lebens mit etwas zu verbringen, das mit diesem Grund nicht das Geringste zu tun hat. Dem Pfad zum eigenen Dharma zu folgen, muss nicht unbedingt bedeuten, sich beruflich sofort entscheidend zu verändern, doch wird sich die Art und Weise unseres Auftretens in der Welt dabei unweigerlich weiterentwickeln.

Dein Dharma beginnt vielleicht als Hobby und geht dann allmählich in etwas über, von dem du deinen Lebensunterhalt bestreiten kannst. Vielleicht hilfst du anderen gern bei Beziehungsproblemen und erkennst Jahre später, dass du Beziehungscoach werden willst. Das Hobby zum Beruf zu machen, hebt das Ganze auf die nächste Stufe. Trotzdem ist das Ziel nicht, den perfekten Job zu finden. Das Ziel ist, deine Wahrheit zu finden und zu erkennen, dass sich dein Leben einzig darum dreht, dieser Wahrheit Ausdruck zu verleihen.

Viele Menschen fühlen sich schuldig, wenn sie Geld für etwas verlangen, das sie gern tun, und häufig wird unterschwellig erwartet, dass Heiler ihre Arbeit kostenlos verrichten. Dieser einschränkende Glaubenssatz hält unglaublich viele davon ab, ihrem Dharma zu folgen und der Welt die Heilung zu schenken, die sie braucht. Würdest du einem Arzt erzählen, er solle kein Geld für seine Hilfe verlangen und allein von der Güte seines Herzens leben? Würdest du einer Künstlerin sagen, sie solle dir ihr Bild umsonst überlassen, weil es ihr Spaß gemacht hat, es zu malen? Wahrscheinlich nicht. Warum also etwas anderes von irgendeiner anderen Art von Heiler erwarten? Mit offenen Rechnungen kann keiner seine Miete bezahlen. Sein Dharma zu lieben und es zum Heilen anderer zu nutzen, sollte die Norm sein. Im Laufe unseres Erwachens sollten wir die Zeit, die Mühe, die Liebe und die Hingabe, die in jedes Dharma eingeflossen sind, allmählich immer mehr erkennen und wertschätzen.

Ohne finanziellen Rückhalt kommt man in unserer heutigen Gesellschaft nicht weiter. Die Zeit und das Engagement, die wir auf unser Handwerk, unsere Kunst verwenden, erfordern Energie, die wir irgendwoher beziehen müssen. Damit wir unser Dharma auf die nächste Stufe heben können, müssen wir aufhören, uns beim Geldverdienen schuldig zu fühlen. Dann erfährt nicht nur unsere Energie mehr Wertschätzung, dann können wir auch unsere Zeit effektiver nutzen, um uns voll und ganz auf unser Dharma zu konzentrieren. Kein Geld zu verlangen hilft niemandem – es sei denn, man fühlt sich wirklich dazu berufen, nichts in Rechnung zu stellen, etwa benachteiligten Menschen, die sich die Hilfe einfach nicht leisten können.

Es ist nicht nur das, was wir tun, sondern auch die Energie, mit der wir es tun, die unser Dharma ausmachen. Häufig wird befürchtet, das eigene Dharma hätte keinen »Platz« mehr, wenn andere einem ähnlichen Dharma folgen. Was wäre aber, würde ein Schriftsteller sagen: »Oh Mann, da hat schon jemand ein Buch geschrieben, da ist auf dem Markt bestimmt kein Platz mehr für meins.« Nur weil es noch andere Selbstliebe-Coaches gibt, bedeutet das noch lange nicht, dass diese mit allen arbeiten könnten, die mehr Selbstliebe brauchen. Ein Mensch allein kann nicht alle Probleme der Welt lösen; jeder ist für eine ganz spezifische demografische Gruppe bestimmt, und zwar die, zu der er die beste Verbindung hat.

Selbst wenn zwei Menschen denselben Gedanken äußern, können die Art und Weise, wie sie ihn äußern, und die Energie, mit der sie ihn äußern, völlig verschieden sein. So könnte ein Lehrer beispielsweise sagen: »Es ist wichtig zu meditieren, um die Gedächtnisleistung zu verbessern«, während eine Aktivistin es vielleicht so formuliert: »Wir müssen alle meditieren – für den Weltfrieden.« Beide setzen sich für dieselbe Sache ein, doch aus völlig unterschiedlichen Motiven heraus. Deshalb ist das Dharma nicht, *was* wir tun, sondern *warum* und *wie* wir es tun. Auf diese sogenannten Dharma-Archetypen werden wir in Kapitel 6 noch näher eingehen.

Die verschiedenen Phasen unseres Lebens können verschiedene Archetypen in uns aktivieren; diese Archetypen verkörpern wir so lange, bis sie uns nicht mehr dienlich sind. Ein Kind zu haben etwa kann die Ernährerrolle aktivieren, die sich wieder legt, sobald das Kind ein gewisses Alter erreicht hat. Unser Dharma ist unser kosmischer Ausdruck, mit dem wir eine Million verschiedene Dinge tun können. Wie wir unser Dharma manifestieren, unterliegt unserem freien Willen. Es besteht jedoch immer darin, die einzigartige Manifestation dessen zu sein, der wir sind und der nur wir sein können.

Aus diesem Grund ist es so wichtig, sich nicht mit anderen zu vergleichen und dem eigenen Dharma nicht zu folgen, weil ein anderer einen ähnlichen Pfad beschritten hat. Die Betonung hier liegt auf ähnlich: *Niemand* kann tun, wozu du bestimmt bist, auf die Art und Weise, auf die nur du es tun kannst. Es gibt zig Yogalehrer auf der Welt, doch jeder von ihnen übt die Praxis anders aus. Es gibt zig Schauspieler auf der Welt, doch jeder von ihnen zeichnet sich durch seine ganz eigene Art und Weise aus. Wir können den exakt selben Vortrag halten, das exakt selbe Lied singen, die exakt selbe Rolle spielen – doch all das wird jedes Mal anders beim Gegenüber ankommen.

Vielleicht siehst du dir nun verschiedene berufliche Laufbahnen in den Social Media an, um dein Dharma zu finden. Überraschung! Dort wirst du es nicht finden. Kein anderer da draußen lebt dein Dharma, denn kein anderer da draußen ist du. Du kannst dich inspirieren lassen, natürlich, deine einzigartige energetische Signatur aber wird immer eine andere Frequenz haben als die deines Vorbilds.

Beim Verkörpern des eigenen Dharma geht es ebenfalls nicht darum, von allen gemocht zu werden. Wir sind gar nicht dazu bestimmt, mit allen anderen zu harmonieren, weil wir ja auch nicht allen anderen helfen können. Stattdessen sollten wir uns auf diejenigen konzentrieren, mit denen wir harmonieren, und darauf, diesen so gut wir nur können zu helfen.

Wir müssen unsere Sprache sprechen, damit unsere Leute uns finden können. Und wenn das, was ich bisher geschrieben habe, bei dir Widerhall gefunden hat, dann gehörst auch du zu meinen Leuten. Wenn du alte Weisheit ebenso sehr liebst wie Hip-Hop aus dem neuen Jahrtausend, gehörst du zu meinen Leuten. Wenn du liebend gern Mantras chantest und in unpassenden Augenblicken hin und wieder das F-Wort sagst, gehörst du zu meinen Leuten. Sagt dir das alles nichts und willst du das Geld für dieses Buch zurück, gehörst du nicht zu meinen Leuten. Und auch das ist absolut cool (ich hoffe, du kriegst dein Geld zurück).

Wenn wir versuchen, so zu sprechen, dass wir den Freundinnen unserer Schwiegermutter gefallen, klingen wir wie ein billiger Grußkartenspruch. Du musst du selbst sein, auch wenn du dabei polarisierst. Manche werden sich dann von dir abwenden, aber wen wirst du gewinnen? Genau: deine Leute.

DU BIST ALS G. GEBOREN – UND MIT G. MEINE ICH GURU

Im Mutterleib war noch alles in Ordnung. Du warst dir all deiner vergangenen Leben, deiner Gaben und deiner Superkräfte noch bewusst. Dann kamst du auf die Welt und hast sie vergessen (sorry – Teil der Abmachung). Das Geheimnis dieses Lebens besteht darin, dass du dich daran erinnern musst, wer du bereits bist.

Deine Seele kennt dein Dharma, doch darüber angesammelte Schichten der Angst, des Urteilens, der Unsicherheit und des Zweifels haben zum Vergessen geführt. Wie ein Löwe, der in Gefangenschaft aufgewachsen ist, dessen Biologie aber noch weiß, wie man in freier Wildbahn brüllt, jagt und überlebt. Wie Simba, bevor Nala zurückgekommen ist.

Und so machen wir uns auf, nach Antworten zu suchen, die wir bereits in uns tragen. Der Grund unserer Suche nach dem Dharma ist, dass unsere Seele versucht, uns zu erwecken. Kein Karrierecoach, Guru, Therapeut oder Lehrer kennt die Antworten. Alles, was sie tun können, ist, Fragen zu stellen, die uns dabei helfen, uns zu erinnern.

Es ist der Prozess des Erinnerns, des Sammelns von Erfahrungen, der uns *werden* lässt. Du bist zwar mit deinem Dharma auf die Welt gekommen, doch bereiten erst die Erfahrungen, die du auf der Reise zur Erfüllung deines Dharma machst, dich darauf vor, es zu verkörpern.

Als Kind haben wir noch einen viel freieren Zugang zu unserem wahren Ich als im Erwachsenenalter. Dann sind wir ohne Angst oder Zögern noch ganz authentisch wir selbst: Wir singen, wir spielen, wir erschaffen, wir stellen infrage, wir lernen. Irgendwann jedoch erzählt man uns, dass Lernen bedeutet, sich Informationen einzuprägen, die uns weder interessieren noch relevant für uns sind. Man bringt uns bei, um erfolgreich zu sein, müssten wir Daten und willkürliche Fakten auswendig lernen und die schriftliche Division beherrschen – während all das nicht das Geringste mit unserem Dharma zu tun hat.

Das macht unserem natürlichen Lernprozess den Garaus, bringt unseren Fortschritt zum Stillstand. Um es im Leben zu etwas zu bringen, so denken wir, müssten wir still sitzen und den Mund halten, damit uns die Lehrerin mit dem Fleißbienchen belohnt. Mit unserer Neugier legen wir auch unsere Macht ab, die Liebe am Lernen tauschen wir gegen die Angst zu versagen ein. Und genau deshalb nennt man die Schule eine Einrichtung. Sie erzieht uns zu Robotern und lehrt uns, die Bedürfnisse der Geschäftswelt zu erfüllen. Sie ist so konzipiert, dass sie Arbeiter und keine Anführer hervorbringt. Die Geschichte unseres Erziehungssystems zeigt uns, dass unsere Schulen auf den Erfordernissen der industriellen Revolution fußten: Sie sollten Menschen heranziehen, die beinahe rund um die Uhr und für einen Hungerlohn in Fabriken arbeiteten, und keine Menschen, die Fragen oder gar Forderungen stellten. Doch das ist keine Erziehung, und meiner Meinung nach ist unser Schulsystem der Hauptgrund dafür, dass so viele Menschen ihr Dharma nicht kennen. Um in der Schule erfolgreich zu sein, müssen wir uns von einem großen Teil unserer Intuition und unserer Kreativität trennen, und dabei sind gerade sie es, die die Magie möglich machen.

Doch es gibt auch eine gute Nachricht: Wir können Intuition und Kreativität zurückgewinnen, und zwar durch aktive Dekonditionierung. Auch ich bin ein Produkt des gemeinen Schulsystems und war trotzdem in der Lage, mich wieder mit der intuitiven Weisheit zu verbinden, die mich durchströmt. In diesem Buch erfährst du, wie auch du dich von alten Programmierungen lösen und zu deinem wahren Ich zurückfinden kannst.

Zunächst müssen wir das Falsche, das wir gelernt haben, wieder verlernen. Das kann verdammt angsteinflößend, aber auch ungeheuer befreiend sein. Wir wurden von unseren Eltern an unsere Lehrer, an unsere Professoren, an unsere Chefs weitergereicht und haben immer bei anderen nach Anerkennung und Orientierung gesucht. Wir sind es durch und durch gewohnt, dass uns eine Autoritätsperson sagt, was wir als Nächstes tun sollen, dabei folgt Letztere auch nur dem, was ihr gesagt wurde. Wir sind darauf konditioniert, uns an die Regeln zu halten, fragen uns aber nie, wer diese Regeln eigentlich aufgestellt hat. Wir handeln aus Angst heraus. **Doch wir müssen die Richtung wiederfinden, die in uns bereits vorgegeben ist.**

Gewöhn dich also daran, nicht zu wissen, was als Nächstes kommt! Dein Dharma zu entdecken bedeutet, dich in einen freien Fall zu begeben, von dem du nicht weißt, ob er auf einem Federbett oder einer Betonplatte endet, bei dem du aber darauf vertraust, dass es Ersteres sein wird. Du bist verwirrt? Gut! Dann bist du schon auf dem besten Weg. Denn Verwirrung schafft Platz für Möglichkeiten. Sie ist ein viel höherer Zustand als Teilnahmslosigkeit oder eine falsche Zielsicherheit, die dich nicht zu deinem Dharma führt. Es ist besser, *nicht* zu wissen, wohin man geht, als zu wissen, dass man die falsche Richtung eingeschlagen hat. Man hat mich schon verwirrt genannt, weil ich so viele neue Dinge ausprobiert habe, doch eines Tages habe ich den Spieß einfach umgedreht: Ich war nicht verwirrt – ich war neugierig. **Wenn du Verwirrung in Neugier verwandelst, erschließt du dir das Reich der Möglichkeiten.** Beim Entdecken deiner Wahrheit testest du neue Potenziale.

Die meisten Menschen haben so viel Angst davor, vorübergehend nicht zu wissen, dass sie nie wirklich wissen. Sie bleiben lieber bei ihren vertrauten, sicheren Jobs, als den Gedanken zuzulassen, dass es da draußen noch mehr geben könnte. Sie sind von dieser Möglichkeit derart überfordert, dass sie lieber so tun, als gäbe es sie nicht. Auf einer gewissen Bewusstseinsstufe wird der Aufenthalt im Swimmingpool jedoch so ungemütlich und beklemmend, dass man gar keine andere Wahl mehr hat, als aufs offene Meer hinauszuschwimmen. Gibst du dich dem Unbekannten hin, schaffst du den Raum, den du brauchst, um letztendlich wahrhaftig zu verstehen.

Die einzige Möglichkeit zu wissen ist, *nicht* zu wissen. Wir wollen in zwölf Schritten zu einem Leben voller Glück, Reichtum, Bestimmung, Liebe, Sex und trainierten Bauchmuskeln gelangen, und das alles zum einmaligen Preis von 99,99 Dollar! Aber so funktioniert das Dharma nicht. Niemand kann dir garantieren, dass du ankommen wirst, weil niemand weiß, wohin deine Reise geht. Das findest du selbst auch erst durch die Reise heraus.

Jeder Schritt auf dem Weg ist die Voraussetzung für den nächsten Schritt – und Schummeln gilt nicht. Deine Erfahrungen schaffen Gelegenheiten. Wir wollen »es schaffen«, dabei ist »es schaffen« ein Resultat des Prozesses, der erforderlich ist, damit wir »es schaffen«. **Die Reise zu deinem Dharma ist deine einzigartige Vorbereitung auf die Verkörperung deines Dharma.**

Das eigene Dharma zu leben ist deshalb ein Pfad, der seltener betreten wird, weil man dazu Mut und Hingabe braucht. Auf einer bestimmten Bewusstseinsstufe ist es jedoch unmöglich, den Pfad *nicht* betreten zu wollen. Wie eine Stimme im Kopf, die lauter und lauter wird, bis du schließlich Ja sagst.

Wir können uns mit den Umtriebigkeiten des Alltags ablenken, doch ist ein Leben ohne Dharma wie Essen ohne Salz. Selbst wenn unser Dharma bedeutet, weniger »Spaß« zu haben, schenkt es uns größere Freude, als jeder Tag am Strand oder jeder Brunch das je könnten. Dharma ist Freude pur. Was nicht heißt, dass wir fortan nichts mehr tun wollten, was außerhalb unseres Dharma liegt, diese Dinge haben einfach nur keine so hohe Priorität mehr. Sie befeuern dich, damit du mehr Energie für dein Dharma hast, und nicht umgekehrt.

Manchmal ist es am schwersten, Abstand vom Dharma zu nehmen und dem normalen Leben nachzugehen, weil man das, was man tut, mit so großer Leidenschaft tut. Dass du im Dharma bist, weißt du, wenn du an deinem Laptop klebst, so sehr bist du im Flow. Das Dharma ist besser als jede Droge, jeder Tanz, jedes Date. Im Dharma wünschst du dir, nicht schlafen zu müssen und deine gesamte Freizeit dem Dharma widmen zu können.

Zählst du die Minuten, bis es vorbei ist,
    ist es nicht dein Dharma.

Vergisst du die Zeit über dem, was du tust,
    ist es dein Dharma.

Würdest du lieber etwas anderes tun,
    ist es nicht dein Dharma.

Räumst du ihm Priorität über allem anderen ein,
    ist es dein Dharma.

Ein Dharma zu haben ist, wie ein Baby zu haben. Es weint, schreit, spuckt, macht die Windeln voll und hält dich die ganze Nacht lang wach. Das ist nicht immer leicht, spaßig oder freudvoll, sondern kann sich im Gegenteil manchmal als verdammte Last entpuppen. Trotzdem liebst du dein Kind über alles. Du bleibst bereitwillig die Nacht über mit ihm auf, verbringst jede wache Minute mit ihm und machst es zum Mittelpunkt deiner Welt. Und genau so fühlt sich auch das Dharma an. Dem Lächeln deines Babys entspricht das Wachstum deines Dharma. Jeder Entwicklungsmeilenstein erfüllt dich mit so großer Freude, dass es jede Mühe wert macht. Es lässt dich erkennen, dass das, was du erschaffen hast, so viel größer ist als du.

Wenn dir dein Reptiliengehirn Mist erzählt

Unser Gehirn besteht aus zwei Teilen: dem niederen »Über-lebens«gehirn und dem höheren »Universal«gehirn. Ersteres wird auch als Reptiliengehirn bezeichnet und hat uns dabei geholfen, bis heute zu überleben. Es hält beständig danach Ausschau, was in einer gegebenen Situation potenziell alles schiefgehen kann. Es ist der Teil des Gehirns, der dich deinen gesamten Urlaub lang an eine bestimmte Arbeitsmail denken lässt. Es konzentriert sich auf eventuelle Schwierigkeiten, die möglicherweise dein Über-leben gefährden könnten. Es lässt dich so lange über eine Wolke am königsblauen Himmel nachgrübeln, bis daraus ein Gewitter geworden ist. Der Job unseres niederen Gehirns ist es, uns abzusi-chern. Und gemäß deinem niederen Gehirn entspricht Sicherheit der Gleichförmigkeit. Deshalb bevorzugt es Situationen, die dich genau dort lassen, wo du bist.

Dein höheres Gehirn, der präfrontale Kortex, konzentriert sich hingegen auf Einigkeit, Freude, Ausdruckskraft und Glückselig-keit. Es ist der Teil des Gehirns, der unser Dharma bereits kennt; da er jedoch leiser ist als unser Reptiliengehirn, können wir sein Flüstern leichter überhören. Die meisten Menschen nutzen nur rund fünf Prozent des Potenzials ihres höheren Gehirns. Das nie-dere Gehirn, das Reptiliengehirn, hat uns den Zugang zu unserem höheren größtenteils versperrt, weshalb wir die meisten Entscheidungen auf der Basis unseres Überlebens und nicht auf der Basis unseres Dharma treffen.

Das höhere Gehirn sieht das Gesamtbild. Es weiß, dass du nicht nur sicher sein wirst, wenn du deinem höchsten Pfad folgst, sondern auch erfüllt. Es weiß, dass du aus einem bestimmten Grund auf der Erde bist und dass alles in einen göttlichen Zusammenhang eingebunden ist.

Auf das höhere Gehirn zu hören, erfordert Vertrauen. Wir können die Funktion dieses Teils unseres Gehirns mit Praktiken wie Meditation, Yoga, Tanz, Klangbädern und Atemarbeit stärken. Je mehr es dir gelingt, mit deinem höheren Gehirn zu denken, desto klarer wird alles.

Ein Beispiel: Schläfst du manchmal abends ein, gestresst von einer Situation, die du tagsüber erlebt hast, und wachst du am nächsten Morgen auf, ohne noch immer negative Gefühle bezüglich der Situation zu haben? Diese hat sich nicht geändert – aber deine Denkweise hat es. Im Schlaf klären wir jegliche Konditionierung und lassen den Geist zu seiner Basiseinstellung zurückkehren, und diese Basiseinstellung ist die der Liebe und des Mitgefühls. Deshalb wachen wir jeden Morgen mit dem Gefühl der unbeschriebenen Tafel auf, die wir dann entweder mit unserem heutigen Meisterwerk bemalen oder mit Gedanken von gestern beschmieren können.

Die meisten Menschen denken mit dem niederen Gehirn an ihre Bestimmung im Leben und konzentrieren sich auf die »Waswäre-Wenns« statt auf die Möglichkeiten – auf »Und wenn ich es nicht schaffe?« statt auf »Stell dir vor, ich würde es schaffen!« Unser Reptiliengehirn will, dass wir bei unserer Routine, bei unseren eintönigen Jobs und in unserer Komfortzone bleiben – auch wenn diese unserer höchsten Berufung nicht dienlich sind –, weil sie zumindest einen gewissen Grad an Sicherheit garantieren. Ginge es nach unserem Reptiliengehirn, würden wir unser ganzes Leben bei Mutti zu Hause verbringen. Der Wunsch nach Garantie ist unser ganz normales menschliches Verlangen nach Kontrolle, das uns in unseren Möglichkeiten allerdings enorm einschränkt. Auf diese Weise geben wir unsere Macht auf, gemeinsam mit dem Universum unser Schicksal zu bestimmen. Dein Dharma ist kein Wanderweg, auf dem sich Tausende von Wanderern tummeln. Für dein Dharma musst du von der Hauptstraße runter in unwegsames Gelände, auf einen Trampelpfad, den du mit jedem einzelnen deiner Schritte erst formst.

Das Flüstern des höheren Gehirns ermutigt uns dazu, uns aus unserem Kokon zu schälen und in Schmetterlinge zu verwandeln, auch wenn uns dies zunächst Unbehagen bereitet und wir uns dabei unsicher fühlen. Dein höheres Gehirn weiß, was dich nach deiner Verwandlung erwartet: Freiheit, Selbstausdruck, Erfüllung. Dein niederes Gehirn aber funkt pausenlos dazwischen und kräht nach der Reiseroute, nach Empfehlungen anderer Kunden, nach einer Geld-zurück-Garantie und nach einer Rücktrittsversicherung, noch bevor du die Reise überhaupt angetreten hast.

Je mehr du dich dem Unbekannten öffnest, desto leichter wirst du dein Dharma finden. Was daran liegt, dass dein Dharma erst erschaffen werden muss – es wird durch deine Reise gestaltet.

Dein Dharma ist wie ein sich beständig verändernder Sonnenuntergang, der sich in immer neuen Farben und Formen zeigt. Es ist in einem Augenblick Perfektion und im nächsten Augenblick eine andere Art der Perfektion. Und ebenso wie sich ein Sonnenuntergang Minute für Minute immer spektakulärer wandelt, so präsentiert sich auch dein Dharma in immer neuer göttlicher Schönheit. Die Gesellschaft, in der wir aufgewachsen sind, will uns auf alles vorbereiten, doch auf das Dharma kann man sich nicht vorbereiten. Vielleicht entdeckst du dein Dharma nicht sofort, doch werden die Dharma-Samen in deinem Geist wachsen und gedeihen, wenn du sie mit Gedanken und Taten wässerst.

DER PFAD ZUM DHARMA

Wovon fühlst du dich angezogen?

....

....

Was sagt das über deine Energie aus?

....

....

Wovon hast du dich in deiner Kindheit angezogen gefühlt?

....

....

Was hat das über dich ausgesagt?

....

....

Wie haben sich die Dinge, von denen du dich angezogen gefühlt hast, verändert?

....

....

DEINE SCHWINGUNG

Während deines allmählichen Aufstiegs zu einer höheren Bewusstseinsstufe strahlst du deine Energie auf die Menschen um dich herum ab. Ich nenne das den Dominoeffekt der Schwingung.

Befindest du dich in einem Zustand hoher Schwingung, erzeugen deine Energie und deine Taten einen natürlichen Welleneffekt. Und auch wenn du dich in einem Zustand niedriger Schwingung befindest, geht diese Energie auf andere über. Dazu die folgenden beiden Szenarien.

Szenario 1

Du stehst morgens auf, meditierst, machst dir einen Tee und gehst zur Arbeit. Dein Kollege hat vergessen, dir rechtzeitig etwas zu schicken, doch statt auszuflippen, lächelst du und sagst: »Mach dir keine Gedanken. Schick's mir einfach, wenn du dazu kommst.«

Erleichtert und dankbar für dein Mitgefühl kehrt dein Kollege an seinen Schreibtisch zurück. In seinem Zustand hoher Schwingung beschließt er, die Neue im Büro zum Mittagessen einzuladen. Das freut diese wiederum so sehr, dass sie abends zu Hause ihrem Freund erzählt, wie nett doch alle im Büro sind und wie sie sich bemühen, ihr den Einstieg in den neuen Job so angenehm wie möglich zu machen.

Der Freund, der sich Sorgen gemacht hatte, ob es seiner Freundin am neuen Arbeitsplatz wohl gefallen würde, ist nun seinerseits erleichtert und weit weniger angespannt. Als er später seine Mutter anruft, spricht er voller Mitgefühl und Liebe mit ihr. Das rührt seine Mutter so sehr, dass es ihr trotz ihrer Krankheit schon viel besser geht. Sie führt daraufhin ein längeres und freudvolleres Leben – und warum? Weil du deinen Kollegen nicht zur Minna gemacht hast. Toll, oder?

Szenario 2

Du stehst morgens auf, hektisch, weil du verschlafen hast, und stürzt völlig zerzaust aus dem Haus und in den nächsten Coffeeshop. Das Warten in der langen Schlange nervt dich so sehr, dass du deine Bestellung runterratterst, ohne auch nur von deinem Handy aufzublicken – was dem Barista natürlich nicht entgeht.

Der ist nun seinerseits so genervt und von der Arbeit abgelenkt, dass er deine Bestellung durcheinanderbringt, was dazu führt, dass du ihm vor aller Augen eine Szene machst, die sich gewaschen hat. Daraufhin steigt die Anspannung in dem ohnehin schon chaotischen Coffeeshop, nun ist jeder genervt. Jeder Kunde und jede Kundin verlässt den Laden gestresster, als er oder sie ihn betreten hat, und nimmt diese Stressenergie mit in sein oder ihr jeweiliges Büro.

Du blaffst deinen Kollegen an, weil er eine bestimmte Arbeit schon am Tag zuvor hätte erledigen müssen. Die Neue im Büro muss alleine zu Mittag essen und weint deswegen abends zu Hause. Ihr Freund ist am Telefon zu seiner Mutter recht barsch, was nicht nur deren Krankheit verschlimmert, sondern auch ihr Leben verkürzt. Und dieser Dominoeffekt wiederholt sich in Büro um Büro überall in der ganzen Stadt.

Zwei völlig unterschiedliche Ergebnisse also, für die du bis zu einem gewissen Grad mitverantwortlich bist, und sei es auch nur aus der Distanz. Wir sind *immer* verantwortlich für die Schwingung, die wir weitergeben. Der Zustand positiver Schwingung hat mehr Einhörner, Regenbogen, Freude und Lachen zur Folge, während sich der Zustand negativer Schwingung wie Smog ausbreitet und die Menschen trauriger, einsamer und dumpfer macht.

Jeden einzelnen Augenblick entscheidest du dich für eine Schwingung. Für welche wirst du dich entscheiden?

PASSEN DU UND DEIN DHARMA HINSICHTLICH EURER SCHWINGUNG ZUSAMMEN?

Du willst endlich wissen, was dein Dharma ist, das spüre ich ganz deutlich. Doch passt ihr hinsichtlich eurer Schwingung auch zusammen? Sag du es mir. Angenommen, dein Dharma wäre die

Person in den Social Media, mit der du im echten Leben so gern befreundet wärst. Käme diese Person dann auf einen Besuch bei dir vorbei und würdest du ihr erzählen, wie genervt du von deinem ganzen Leben bist, dass nichts, aber auch gar nichts so läuft, wie es laufen sollte, und dass du wohl der beklopteste Mensch auf dem Planeten sein musst, sonst wäre dein Leben nicht so beschissen – würde dein Dharma dann zum Essen bleiben wollen? Wir wollen von Menschen mit einer hohen Schwingung umgeben sein – und müssen dafür selbst ein Mensch mit hoher Schwingung sein. Das Gleiche gilt für dein Dharma. Es hat keine Lust, bei dir abzuhängen, wenn du nur darüber jammerst, was heute alles schiefgelaufen ist. Es taucht auf, wenn du auftauchst – aus deinem Jammertal.

Du kannst dein Dharma nur in dem Ausmaß erfüllen, in dem du hinsichtlich eurer Schwingung zu ihm passt. Selbst wenn du dein Dharma *kennst*, wirst du es erst dann *verkörpern*, wenn du in einem Schwingungszustand bleiben kannst, der so hoch ist, dass du dein Dharma auch *erfüllst*. Oder, einfacher ausgedrückt: Man kann einfach keine volle Leistung bringen, wenn man sich scheiße fühlt. Du musst dich zuerst um deinen Schwingungszustand kümmern, bevor dich dein Dharma mühelos durchströmen kann.

Wir sind menschliche Radios, die Wellen, die man nicht sehen kann – in unserem Fall: Energien –, empfangen. Unsere Schwingungssensoren lassen uns *fühlen*, wenn etwas nicht stimmt oder die wahren Absichten einer Person nicht die sind, die sie uns vorgaukeln will. Hattest du auch schon einmal das Gefühl, dass eine Freundin einen schlechten Tag hatte, und du hattest dieses Gefühl rein aufgrund der Art und Weise, in der dir diese Freundin eine Nachricht geschickt hat? Bist du auch schon einmal jemandem begegnet, bei dem du sofort eine Seelenverwandtschaft gespürt hast? Hast du schon einmal einen Raum betreten und eine Anspannung wahrgenommen, obwohl niemand etwas gesagt hat?

Oder ein Haus, in dem du spontan Liebe oder Angst bemerkt hast? Das sind alles Beispiele für die subtilen Schwingungen, die wir Tag für Tag empfangen.

Wir alle kommen in einem Zustand hoher Schwingung auf die Welt – sieh dir nur einmal das *prana* (die Lebenskraft) eines Babys an, so rein und voller Leben. Doch irgendwann verliert sich diese angeborene Unschuld. Wir richten den Blick auf das Negative, weil es die Welt um uns herum auch tut.

Dein Leben spiegelt deine Schwingung wider. Ist diese hoch, bist du nicht aufzuhalten, eine wahre Manifestationsmaschine. Du wünschst dir etwas – und schwupps, liegt es mit einem Schleifchen obendrauf vor deiner Haustür. Dabei handelt es sich natürlich nicht nur um materielle Dinge. Vielleicht denkst du: »Ich habe schon so lange nicht mehr mit Alyson gesprochen«, und beim nächsten Blick auf dein Handy ist eine Nachricht von ihr da. Dein Leben wird zu einem engmaschigen Netz voller Synchronizitäten, und jede einzelne von ihnen bringt dich auf deinem Pfad zum Dharma weiter voran. Du lebst im Kriya, und das ist dein Geburtsrecht.

Befindest du dich in einem Zustand niedriger Schwingung, trifft das Gegenteil zu. Eins führt zum anderen, und deine Schwingung nimmt zusehends ab. Auch die Gedankenspirale in deinem Kopf führt abwärts, du stolperst von einer schlimmen Situation in die nächste. Das ist die Macht der Schwingung. Wir treffen täglich Entscheidungen, die unsere Schwingung beeinflussen. Vielleicht tun wir etwas nur kurz – lästern, drängen oder uns sorgen –, doch kann sich selbst diese eine Minute nachhaltig auf den gesamten Tag auswirken.

Sich um den eigenen Schwingungszustand zu kümmern, ist für das Finden des Dharma deshalb so wichtig, weil es schlicht unmöglich ist, das Dharma zu verkörpern, wenn man deprimiert ist. Natürlich stellt uns das Leben manchmal Hürden in den Weg, die unsere Schwingung vorübergehend nach unten ziehen können –

allerdings ist das genau deine Chance zu lernen, wie du sie wieder nach oben bringen kannst. **Wenn du Hürden in Heilung verwandelst, betreibst du Alchemie.** Du musst die für dich passenden Mittel finden, die dich von einer niedrigen Schwingung zu einer hohen zurückführen. Das kann eine Tanzparty in deinem Wohnzimmer sein, eine Kundalini-Übung, ein Spaziergang in der Natur, eine Meditation. Einen einfachen Akt der liebevollen Selbstfürsorge – mehr brauchst du nicht, um die Schwingung gewissermaßen auf den Kopf zu stellen, und von dort aus geht es nur noch nach oben!

Und denk immer daran: Du selbst wählst deine Schwingung. Dir mögen negative Dinge passiert sein, doch sie bestimmen nicht, wer du bist. Leid durchleben zu müssen, prädestiniert uns nicht dafür, in Zukunft nur noch zu niedrigen Schwingungen zu tendieren, im Gegenteil: Vor allem Menschen, die Leid erfahren mussten, haben erkannt, wie wichtig positives Denken ist, und diese Menschen haben häufig auch die höchste Schwingung. Einige von ihnen haben ein ausgesprochen schwieriges Leben hinter sich, während umgekehrt einigen der Menschen mit den niedrigsten Schwingungen alles in den Schoß gefallen ist.

Es liegt immer in unserer Macht, unsere Schwingung zu erhöhen. Das kann so einfach sein, wie jemandem ein echtes Kompliment zu machen, einem Freund die Nachricht zu schicken, wie sehr man ihn mag, jemandem etwas, das wir wissen oder können, beizubringen, ein Outfit zu tragen, in dem wir uns hübsch fühlen, jemandem zu helfen, der gerade mit etwas zu kämpfen hat, den Arbeitsplatz zu entrümpeln, jemandem Zeit zu schenken, ein Wochenende in der Natur zu verbringen. Diese scheinbar kleinen Dinge machen einen großen Unterschied in unserer Schwingungsbilanz, und das wiederum befähigt uns dazu, unser Dharma zu manifestieren.

Dein Dharma verlangt dir ab, dich auf eine Stufe des Einklangs zu begeben, auf die du dich wahrscheinlich noch nie zuvor begeben hast. Dein Dharma verlangt dir alles ab. Du musst in Erscheinung treten, wie du nie zuvor in Erscheinung getreten bist, und Saiten in dir zum Klingen bringen, von denen du noch nicht einmal wusstest, dass es sie gibt. Auf deinem Weg werden Hindernisse auftauchen; wenn du dabei aber in einem Zustand hoher Schwingung bleibst, kannst du diese Hindernisse in hilfreiche Lektionen verwandeln. Hast du deine Schwingung erst erhöht und verstärkt, weißt du genau, wie es sich anfühlt, wenn etwas nicht stimmt, und was du tun musst, um dich wieder ins Gleichgewicht zu bringen.

Das Leben, das du lebst, spiegelt deine innere Wirklichkeit wider. Ein »Da-Draußen« gibt es nicht – es ist alles hier drin. Die Veden, verfasst von Rishis, spirituellen Weisen aus Nordindien, sind die ersten schriftlichen Aufzeichnungen darüber, wie wir uns als Menschen optimal entfalten können. Sie bilden die Grundlage des Yoga, des Ayurveda, der Meditation, der Astrologie, der Chakras und vieler anderer ganzheitlicher Lehren, die wir heute praktizieren. Diese Schriften sind Bestandteil meiner Blutlinie, und wenn ich sie dir vermittle, habe ich das Gefühl, meine Ahnen zu verkörpern, die aus dem Land der Veden stammen. Die Veden lehren: »Wie der Mikrokosmos, so der Makrokosmos.« Der Unterschied, den es macht, den Tag mit Affirmationen und einer Morgenroutine zu beginnen oder mit Angst und Stress. Diese kleinen Entscheidungen, die wir treffen, erzeugen unsere größere Schwingung, die wiederum unsere gesamte Welt erzeugt.

Was also ziehst du in dein Leben, welche Energie ziehst du an? Begegnest du den richtigen Menschen zur richtigen Zeit? Findest du genau die Bücher, Podcasts und Lehrer, die deine Seele braucht? Empfängst du Ideen und bist du im Zustand des Flow? Dann lebst du im Kriya, im mühelosen Fluss der Dinge und in einem hohen Schwingungszustand.

Oder fühlt sich dein Leben an, als müsstest du einen Flächenbrand nach dem anderen austreten? Dir passieren ständig saublöde Dinge, und du weißt noch nicht einmal, warum – nur, dass du dich deswegen selbst bemitleidest. Du weißt nicht, worauf du dich konzentrieren sollst, und schiebst alles auf die lange Bank, weil du sowieso schon so viel zu tun hast und das Leben einfach nicht fair ist. Wenn du dich so fühlst, lebst du im Karma, und all diese negativen Emotionen sollen dich daran erinnern, den gewählten Pfad nicht weiter zu beschreiten und dich stattdessen deiner Wahrheit zuzuwenden. Da aus einem guten Gedanken ein weiterer entsteht, musst du nur mit einer kleinen Sache, einem kleinen Schritt, einem kleinen Augenblick der liebevollen Selbstfürsorge beginnen. Jeder dieser Akte der Selbstliebe führt uns zum nächsten – und unversehens schwingen wir hoch, so schnell können wir gar nicht gucken.

Vergiss nicht: Wir manifestieren immer, nicht nur dann, wenn wir unsere Ziele schriftlich festhalten. Die Schwingung, die du aussendest, ist die Energie, die zu dir zurückkommen wird – und du hast immer die Möglichkeit, sie zu erhöhen.

SO ERHÖHST DU DEINE SCHWINGUNG

- Durch Meditation (siehe dazu meine Entdecke-dein-Dharma-Meditation in Kapitel 4).

- Durch die Übung zum Dharma-Embodiment (siehe Kapitel 8).

- Durch Affirmationen wie: »Ich bin im Einklang mit meinem Dharma« (mehr dazu in Kapitel 8).

- Durch Klopfakupressur für dein Dharma (mehr dazu in Kapitel 8).

- Durch Singen; sing beispielsweise laut und unverfroren zu Popmusik aus dem neuen Jahrtausend mit.

- Durch Tanzen; drück auf Play und schwing die Hüften!

- Schreibe eine Liste der Dinge, für die du dankbar bist.

- Verbringe Zeit mit einem geliebten Haustier oder Menschen.

- Ruf eine Freundin an oder triff dich mit ihr und sprecht darüber, was alles toll in eurem Leben läuft (Jammern verboten!).

- Durch einen Dharma-Kreis (mehr dazu in Kapitel 9).

- Durch einen Spaziergang in der Natur.

- Lies ein Buch oder hör dir ein Hörbuch / einen Podcast an.

- Blicke zu den Sternen hinauf oder aufs Meer.

- Genieß die Sonne auf deiner Haut.

- Sieh dir deinen Lieblings-Disney-Film an.

Hohe Schwingungen weisen uns den Weg zu unserem Dharma. Wer sein Dharma lebt, fühlt sich energiegeladen, emporgehoben – so, als könnte er immer und ewig so weitermachen. Die Zeit vergeht im Nu. Du hast nach einer Tätigkeit mehr Energie als vorher. Als hätte der Kosmos dir gerade eine Feenstaubinfusion verpasst, und du seist drauf.

Wonach genau fühlst du dich energiegeladener als vorher? Bei mir sind es das Sprechen auf der Bühne, das Tanzen und das Aufnehmen von Podcasts.

Bei welchen Dingen hast du das Gefühl, die Zeit fliege nur so? Vielleicht bei einem intensiven Gespräch oder beim Einkaufsbummel oder beim Recherchieren in puncto Nachhaltigkeit.

Was sorgt dafür, dass du dich einfach nur GUT fühlst? Vielleicht wenn Leute dir sagen, wie witzig du bist, oder wenn du einen Tag ganz für dich hast und schreibst oder wenn dir jemand sagt, du hättest sein Leben verändert, oder wenn du Musik hörst.

Die Schwingung lügt nicht. Folge dem, was sie erhöht.

FÜR ÜBERFLIEGER
KURZ ZUSAMMENGEFASST

Du wurdest auf der Dharma-Schnellstraße geboren. Wenn es läuft, bist du im Kriya und erlebst eine unbegrenzte Aktion des Universums, auch bekannt als Flow des Lebens. Wirst du abgelenkt und kommst vom Kurs ab, bist du im Karma und erlebst eine begrenzte Aktion des Universums, auch bekannt als Reiß-dich-verdammt-noch-mal-zusammen-Mensch. Damit versucht das Universum nur, dich auf Kurs zu halten.

Hör also nicht auf dein Reptiliengehirn, wenn es dir sagt, das gute Leben leben nur die anderen. Damit versucht dein Ego nur, dir ein sicheres Leben zu sichern, auch bekannt als LANGWEILIG. Dein höchstes Selbst weiß, was läuft. Ehre es, vertrau ihm, hör auf dein höchstes Selbst, auch wenn es erst mal keinen Sinn ergibt und du das Gefühl hast, in eine Achterbahn gelockt zu werden, obwohl dir ohnehin schon speiübel ist. Ich weiß, du willst die Geld-zurück-Garantie, und du weißt, dass es die gar nicht gibt. Bleib einfach dran: Erhöhe deine Vibes und folge der Begeisterung, und dein Dharma wird sich vor deinen Augen manifestieren.

3

Die vier Arten des Dharma

Wir sind alle mit Talenten geboren worden. Bei einigen sind sie offensichtlich, bei anderen nicht – was daran liegt, dass unsere Gesellschaft manche Talente wie beispielsweise das Singen oder das Körbewerfen beim Basketball über den grünen Klee lobt, während sie andere wie etwa das Großziehen eines Kindes ignoriert. Wer also nicht trällert wie Mariah Carey oder Dreipunktewürfe am laufenden Meter produziert, kann sich schon mal nach dem Sinn des Lebens fragen. Vielleicht besteht dein Talent darin, Veranstaltungen zu organisieren, Menschen bei einem erlittenen Trauma zur Heilung zu verhelfen, Wohnungen aufräumen und dekorieren zu können oder Tipps zu einer gesünderen Lebensweise zu geben. Diese Arten von Talent sind weniger offensichtlich, deshalb aber nicht weniger wichtig – wir brauchen sie alle.

Während meiner Recherchen zum Dharma ist mir klar geworden, dass jeder Mensch zwar ein anderes Dharma hat, es aber verschiedene Arten davon gibt. Manche Menschen kommen mit dem Wissen um ihr Dharma auf die Welt, andere mussten erst vergessen, um sich wieder erinnern zu können. Bei manchen entwickelt sich das Dharma durch das Überwinden von Hindernissen, bei anderen offenbart es sich als Lösung eines Problems, das den Betreffenden oder andere Menschen geplagt hat. Bei wieder anderen ist das Dharma eine Kombination all dieser Aspekte. Lasst uns das genauer unter die Lupe nehmen.

1. DU KENNST DEIN DHARMA

Kennst du auch Menschen, die, kaum aus dem Mutterleib, einfach ihrem Dharma folgten und sich durch nichts und niemanden jemals davon abbringen ließen? Dies ist die erste Dharma-Art. Diese Menschen besitzen ein nicht zu leugnendes Talent, eine Gabe, eine Bestimmung, und sind auf die Welt gekommen, um ihr Talent mit anderen zu teilen, ihre Gabe zum Wohl anderer einzusetzen, ihre Bestimmung zu erfüllen. Die meisten Künstler und Sportler fallen in diese Kategorie: Ihnen wurde eine unglaubliche Stimme geschenkt oder die Fähigkeit, ein Tor zu schießen oder einen Witz zu erzählen – alles Talente, die in unserer Gesellschaft bewundert werden. Was nicht bedeutet, dass sie damit ausgesorgt hätten. Das Talent wurde ihnen geschenkt, ja, aber es liegt an ihnen zu entscheiden, was sie damit anfangen wollen. Sie kommen auch nicht drum herum, das Talent durch Übung zu verfeinern. Es besteht kein Zweifel daran, dass Adele mit der Gabe einer kraftvollen Stimme auf die Welt gekommen ist, doch das sind Tausende andere auch – und die haben ihre wundervolle Stimme vielleicht nicht geübt, sind ihrem Pfad nicht gefolgt und haben natürlich auch nicht Adeles Dharma. Einige der besten Musiker dieses Planeten machen noch nicht einmal Musik; nicht weil sie weniger talentiert wären, sondern weil sie ihrem Dharma nicht so folgten, wie andere das getan haben. (Ich muss dabei immer an den alten Witz denken, in dem ein Mann jeden Tag zu Gott betet und ihn darum bittet, im Lotto zu gewinnen. Bis Gott eines Tages entnervt entgegnet: »Dann komm mir um Himmels willen entgegen und füll wenigstens ein Mal einen Lottoschein aus!«)

2. DU HAST EIN ERWECKUNGSERLEBNIS UND TEILST ES MIT ANDEREN

»Ich lag auf den Knien und fragte mich, ob Gott existiert oder nicht, als ich plötzlich eine Stimme hörte und wusste, wozu ich auf diese Welt gekommen war.« Solche Geschichten des Zusammenbruchs/Durchbruchs hören wir oft von Coaches, Motivationstrainern und Autoren, die allesamt zum Lehrer*in-Archetyp gehören, mit dem wir uns in Kapitel 6 beschäftigen werden. Dieser Zusammenbruch kann sich als alles Mögliche äußern, eine gesundheitliche Krise etwa, aber auch als Armut, Liebeskummer oder Sucht. Von diesem Tiefpunkt aus übernehmen wir radikal die Verantwortung für unser Leben; wir ändern unsere Sicht auf die Welt und wollen mit diesem neu entdeckten Gefühl der Sinnhaftigkeit unsere Erkenntnisse mit anderen teilen. Aus Schmerz wird Sinn, aus Leid eine Botschaft. Denn solcherlei schwierige Augenblicke geben dem Leben Sinn und machen es möglich, dass wir dadurch, dass wir sie mit anderen teilen, diese anderen und uns selbst heilen. (Das ist meine Dharma-Art!)

3. DU HAST EIN PROBLEM UND LÖST ES

Oft finden wir unser Dharma, wenn wir ein Problem haben, es lösen – und dann herausfinden, dass andere exakt dasselbe Problem haben. Das muss gar nicht irgendetwas Gravierendes sein, sondern nur etwas, das uns einfach gefehlt hat, vielleicht Unterstützung in den frühen Phasen einer Unternehmensgründung, Bio-Feuchttücher für Babys oder ayurvedische Suppen vom Lieferservice. Die Autorin Vanessa van Edwards beispielsweise litt an einer Sozialphobie und der Unfähigkeit, soziale Signale deuten zu können. Also studierte sie Letztere und legte sich als Lernhilfe sogar Karteikarten von verschiedenen Gesichtsausdrücken an. Dies führte zu ihrem Blog über den Abbau von sozialer Unbeholfenheit und schließlich zu ihrem Buch *Die Psychologie der Anziehungs-*

kraft. So werden Sie unwiderstehlich. Wenn du ein Problem hast, stehen die Chancen relativ gut, dass jemand anders genau dasselbe Problem hat und gern wüsste, wie du deins gelöst hast!

4. JEMAND ANDERS HAT EIN PROBLEM, FÜR DAS DU DIE LÖSUNG KENNST

Über diese Möglichkeit, das eigene Dharma zu entdecken, wird zwar weniger gesprochen, doch sie ist ebenso wichtig wie die anderen. Man muss ein Problem nicht unbedingt selbst durchleben, um in der Lösung desselben sein Dharma erkennen zu können. Welches Problem also könntest du für andere lösen? Vielleicht setzt du dich leidenschaftlich für Gesundheit ein, weil dein Vater Diabetes hatte und du ihm geholfen hast, durch einen gesünderen Lebensstil seine Werte zu verbessern. Und nun willst du das Gleiche auch für andere tun. Man muss nicht selbst Diabetes haben, um Diabetikern helfen zu wollen. Im neuen Paradigma müssen wir keine Zusammenbrüche mehr erleben, um Heilung zu finden. Ich hoffe sehr, dass unsere Kinder ihren Weg als Heiler und Helfer antreten können, ohne zunächst eine traumatische Erfahrung aus erster Hand erleben zu müssen.

Du hast ein Dharma – auch ohne »lebensverändernden« Moment. Viele Menschen glauben, sie hätten keine einzigartige Geschichte oder keinen einzigartigen Blick auf die Dinge, weil ihnen nichts »Bedeutendes« zugestoßen ist. Jedoch kann es sich manchmal schwieriger gestalten, die Normalität zu überwinden, als über ein lebensveränderndes Ereignis hinwegzukommen, weil der große Antrieb zur Veränderung fehlt. Ist man in der Normalität gefangen, ist es leicht, sich treiben zu lassen und nicht nach dem Warum der eigenen Existenz zu fragen. Und auch wenn du keinen einzelnen »lebensverändernden« Moment benennen kannst, so gibt es doch viele Augenblicke, die dein Leben geprägt haben ... und dein Dharma.

Wir mussten alle schon über irgendetwas hinwegkommen. Schließlich werden nicht alle Traumata auf dieselbe Art und Weise erlebt. Eine Scheidung beispielsweise kann bei manchen Kindern großen Schmerz und Wut hervorrufen, für deren Bewältigung sie Jahre brauchen. Für andere Kinder ist das vielleicht kein so einschneidendes Erlebnis: Sie verstehen intuitiv, dass Mama und Papa sich trennen wollen und dass eine Trennung besser für alle Beteiligten ist. Man kann Traumata nicht miteinander vergleichen, jedes ist auf seine Weise einzigartig. Am Ende macht es keinen Unterschied, ob man in sechzig Zentimeter oder in sechs Meter tiefem Wasser ertrinkt. Trotzdem vergleichen wir Traumata oft miteinander und glauben, der- oder diejenige mit der verrücktesten Lebensgeschichte sollte den ersten Preis bekommen; dabei vergessen wir jedoch, dass wir alle schon Hindernisse überwinden mussten. Du musst kein kapitales Trauma erlebt haben, um ein Dharma zu haben. Du hast auf jeden Fall etwas zu geben.

Wir sind alle hier, um das Bewusstsein auf eine höhere Stufe zu heben, aber in verschiedenen Dimensionen. Als Planet wechseln wir von der dritten zur fünften Dimension.

Die dritte Dimension (3-D) ist die aktuelle Realität für den Großteil der Weltbevölkerung. Sie basiert auf Dualität, richtig oder falsch, Angst, Individualismus und dem Prinzip des *Survival of the Fittest*. Das Leben im 3-D fühlt sich wie eine Abfolge zufälliger und meist unglücklicher Ereignisse an, die sich unserer Kontrolle entziehen. Wir erleben Momente aufschimmernder Schönheit, die ausgesprochen flüchtig wirken und der externen Welt entstammen. Wir identifizieren uns mit unseren Gedanken, die sich häufig um negative Emotionen drehen. Wir haben vielleicht Hobbys, erkennen diese aber nicht als Teil unserer Bestimmung. Phase 1 der Dharma-Entdeckungsreise liegt im 3-D.

Die vierte Dimension (4-D) ist die Brücke zum 5-D: Sie ist noch in der 3-D-Welt verankert, sich des 5-D aber schon bewusst. Die

Erweckung zum Reich des 4-D wird oft durch eine »dunkle Nacht der Seele« ausgelöst, etwa durch eine Krise, eine berufliche Veränderung oder eine Trennung, die schlafende Emotionen weckt und durch das zunehmende Gewahrsein ans Tageslicht bringt. Hier verrichten wir unsere »Schattenarbeit«. Wir werden uns unterdrückter Traumata, Trigger und Ängste bewusst und beginnen, den Pfad der Heilung auf geistiger, körperlicher und spiritueller Ebene zu beschreiten. Wir arbeiten daran, mentale Blockaden zu überwinden, die uns vom Gebrauch unserer vollen Intuition abhalten. Wir erkennen, dass unsere Gedanken die Macht haben, unsere Realität zu erschaffen, und dass wir mit einer heiligen Seelenmission auf die Welt gekommen sind, der wir zum Wohle anderer folgen sollen. Die Phasen 2 bis 4 der Dharma-Entdeckungsreise liegen im 4-D.

Das 5-D ist das Reich, auf das wir alle zusteuern: das höhere Bewusstsein. In dieser Dimension gibt es keine Zufälle, nur Synchronizitäten. Wir vertrauen auf das Unbekannte, folgen unserer Intuition und sind die reine Verkörperung unseres Dharma. Wir erleben universelles Einssein, grenzenlose Möglichkeiten, berauschende Freude sowie Liebe und Mitgefühl für die Erde und all ihre Lebewesen. Wir lassen uns nicht auf das kollektive Paradigma der Angst ein und erkennen, dass wir die absolute Kontrolle über unsere Emotionen, Gedanken und Glaubenssätze haben. Wir erschaffen uns unsere Realität und leben vollständig im Einklang mit unserer Wahrheit. Phase 5 der Dharma-Entdeckungsreise liegt im 5-D.

3-D: Warum geschieht *mir* das? (Opfer-Bewusstsein)

4-D: Wie geschieht das *für mich*? (Lernenden-Bewusstsein)

5-D: Wie geschieht das *durch mich*? (Creatrix- oder Schöpferin-Bewusstsein)

Einige Menschen entscheiden sich dafür, sich auf das 3-D zu konzentrieren und sich in existierenden Strukturen wie dem rechtlichen, staatlichen oder medizinischen System zu bewegen. Andere entscheiden sich dafür, im 4-D tätig zu sein und ihren Mitmenschen bei Angst, Stress oder mangelndem Selbstwertgefühl zu helfen. Wieder andere entscheiden sich dafür, im Reich des 5-D zu arbeiten, etwa mit Spiritualität, Energieheilung, Schamanismus, Channeling oder dem Unseen Realm – alles wichtige Arbeiten, die die Welt um uns herum ins Gleichgewicht bringen. Wir brauchen die freundliche Person im Gerichtsgebäude, den erweckten Zahnarzt, den umsichtigen Therapeuten und, natürlich, die kollektiven Heiler. Zum 5-D-Bewusstsein überzugehen bedeutet jedoch nicht, ausschließlich 5-D-Arbeit zu verrichten. Wir sind in verschiedene Dimensionen berufen, um beim Erwecken zu helfen. Ich sage immer, wir sollten mit einem Bein im 3-D und mit dem anderen im 5-D stehen, um uns einerseits der gegenwärtigen »Realität« bewusst zu sein und andererseits die Brücke zur Weiterentwicklung zu bilden.

In welcher Dimension, denkst du, hältst du dich überwiegend auf?

....

....

Für welche Dimension fühlst du dich hinsichtlich deiner Arbeit berufen?

....

....

Hinweis: Wenn du dich hinsichtlich deiner Arbeit für die Welt des 3-D berufen fühlst, ist es außerordentlich wichtig für dich, über Praktiken zu verfügen, die dich immer wieder ins 5-D bringen. Wir brauchen dich in deinem vollen Glanz, und nur allzu leicht lassen wir unser Licht von den Ängsten der Welt trüben. Tanzen, schamanisches Schütteln, Meditation, Atemarbeit, Yoga, Malen, Orakelkarten und Rituale sind wunderbare Praktiken, die uns wieder mit unserem 5-D-Ich verbinden.

WELCHER WEG ZUM DHARMA PASST ZU DIR?

Besitzt du ein angeborenes Talent? Welches?

....

....

Hattest du als Kind ein Talent, das du schon eine Weile nicht mehr genutzt hast?

....

....

Welche Hindernisse hast du überwunden?

....

....

Hast du schon einmal einen Moment des Zusammenbruchs erlebt? Wie bist du über diesen Augenblick hinweggekommen?

....

....

Welche Probleme hast du für dich gelöst? Wie hast du sie gelöst?

Wobei hilfst du anderen besonders gern?

Wobei bitten andere dich um Unterstützung?

Kann man auch mehrere Bestimmungen haben?

Wir alle haben mehrere Bestimmungen und Rollen, die wir im Leben spielen; bei manchen macht sich das als verschiedene berufliche Laufbahnen bemerkbar, bei anderen als verschiedene Hobbys. Es gibt Menschen wie Picasso, die ihr Leben ihrer Kunst widmen, und Menschen, die in einem einzigen Leben so viele Gestaltenwandlungen durchmachen wie andere in vielen. Manche entdecken ihre Bestimmung schon früh, darunter etwa die Klimaaktivistin Greta Thunberg mit fünfzehn, andere entdecken sie erst später, beispielsweise Julia Child, die ihr erstes Kochbuch mit fünfzig schrieb. Kein Weg zum Dharma ist wichtiger als ein anderer.

Die Menschen, bei denen das *Vata* überwiegt, die Luftenergie, müssen immer mehrere Projekte gleichzeitig laufen haben. Sie fühlen sich extrem eingeschränkt, wenn sie tagein, tagaus immer nur an einer Sache arbeiten sollen, ihre Energie strömt am besten, wenn sie unterschiedliche Seiten ihrer selbst zum Ausdruck bringen können. Solche Menschen sind Bodyworker / Comedian / Medium / Friseur, und zwar in einer Person, weshalb ich sie auch gern *Slashies*, Schrägstrichmenschen, nenne. So funktioniert ihre Energie nun einmal, und sie machen sich am besten, wenn man sie nicht auf eine einzige Karriere festlegt. Der ewige Strang jedoch, der all ihre Talente miteinander verbindet, ist das Dharma.

Bei Menschen, bei denen das *Pitta* überwiegt, die Feuerenergie, geht es beim Dharma um alles oder nichts. Haben sie erst gefunden, was sie wirklich lieben, gehen sie ganz darin auf. Sie leben und atmen ihr Dharma, arbeiten rund um die Uhr daran, tagträumen davon. Ihr Dharma ist quasi die Verlängerung ihrer selbst. (Zu diesen Menschen gehöre ich!)

Menschen, bei denen das *Kapha* überwiegt, die Erdenergie, finden ihr Dharma über die Liebe. Sie drücken es durch Elternschaft, Freundschaften oder Beziehungen aus. Ihr Dharma besteht nicht in einem Ziel, sondern in der Art und Weise, wie sie sich mit der Welt um sich herum verbinden. Manchmal ist es schwierig, ihr Dharma zu benennen, weil sie nicht so entdeckungsfreudig sind wie der Vata-Typ oder so entschlossen wie der Pitta-Typ; sie fühlen sich erst richtig lebendig, wenn sie mit anderen in Beziehung treten können, dies führt sie zu ihrer Bestimmung.

Mehr über dein Dosha und seine Verbindung zum Dharma erfährst du in Kapitel 5.

Dein Dharma ist ewig, doch wie es sich zeigt, kann sich im Laufe deines Lebens verändern. Angenommen, dein Dharma wäre es, mehr Schönheit in die Welt zu bringen; das kannst du beispielsweise zuerst als Make-up-Artist, dann als Grafikdesignerin und dann als Ladenbesitzerin tun. Besteht dein Dharma darin, sich auf einer tiefergreifenden Ebene mit Menschen zu verbinden, bist du vielleicht zuerst Therapeutin, dann Coach und dann Retreat-Veranstalterin. Besteht dein Dharma darin, Menschen wieder mehr mit ihrem Körper zu verbinden, bist du vielleicht zuerst Masseurin, dann Yogalehrerin und dann Akupunkteurin. Das Dharma bleibt das Gleiche, nur seine Erscheinungsform ändert sich.

Wir entwickeln uns stetig weiter, und das Dharma verlangt von uns nur, immer die neueste Version unserer selbst zu sein. Das hat mit Aufgeben nichts zu tun, vorausgesetzt, du ehrst dabei jedes Mal deine Wahrheit. **Aufgeben heißt, aufgrund von externem Feedback mit etwas aufzuhören, das man gern tut. Entwickeln bedeutet, etwas anderes zu wählen, weil sich die eigene Energie verändert hat.** Du kannst Künstlerin, Heilerin, Visionärin, Unternehmerin und Aktivistin gleichzeitig sein – die verschiedenen Archetypen zeigen sich einfach in verschiedenen Situationen, und dein Dharma besteht darin, das einzigartige Hin-und-her-Fließen zwischen den unterschiedlichen Seiten deiner selbst zu finden (mehr zu den Archetypen in Kapitel 6).

Niemand ist eindimensional. Während wir unser Bewusstsein erhöhen, erkennen wir, dass jeder Mensch viele Interessen hat. Vorbei die Zeiten, als der Schmied nur der Schmied und der Tischler nur der Tischler war. Wir sind inzwischen in der Lage, verschiedene Hüte zu tragen und verschiedene Teile unserer selbst auszuüben. **Unser Dharma ist das Beständige in unserem Wandel.** Es ist die Art und Weise, wie wir uns in jeder der vielen Situationen zeigen, und besteht in den Lektionen, die wir aus jeder einzelnen von ihnen gelernt haben.

RAUM FÜR DAS DHARMA FINDEN

Die verschiedenen Dharma-Arten und die Phasen, in denen sie sich jeweils befinden, erfordern unterschiedliche Mengen an Energie und Aufmerksamkeit. Wenn du beispielsweise ein Unternehmen gründest, wird dein Dharma dich fast vollständig in Anspruch nehmen. Durchläufst du gerade erst die erkundenden Phasen beim Entdecken deines Dharma, kannst du es mit anderen

Bereichen deines Lebens ausgleichen. Und auch wenn du auf deiner Reise schon weit fortgeschritten bist, werden die Anforderungen, die dein Dharma an dich stellt, zu- und abnehmen. Es gibt Zeiten in meinem Leben, in denen ich einzig darauf fokussiert bin, ein neues Buch zu schreiben, und in denen ich meinen kreativen Kanal offen halten muss (Vata); zu anderen Zeiten konzentriere ich mich darauf, Vorträge zu halten und neue Angebote an Mann und Frau zu bringen (Pitta). Zu wieder anderen Zeiten ruhe ich mich aus und lade meinen Akku neu auf (Kapha). Meiner Erfahrung nach kann ich durch das Trennen der verschiedenen Zeiträume die jeweils erforderliche Art der Energie besser nutzen, sei es nun fürs introspektive Schreiben oder fürs extrovertierte Sprechen.

Es gibt eine Unmenge an Möglichkeiten, Raum und Zeit fürs eigene Dharma zu schaffen. Viele Menschen wählen den Pfad des digitalen Nomadentums: Sie ziehen in ein Land mit deutlich niedrigeren Lebenshaltungskosten, damit sie ihre Energie vollständig auf ihr Dharma richten können (das habe ich in Indien und Bali getan!). Auch Eltern entscheiden sich hin und wieder dafür, ihre Kinder in die »Weltschule« zu schicken, indem sie sie mit auf Reisen nehmen. Durch das Reduzieren der Lebenshaltungskosten kann man Platz für Dinge schaffen, die man aus reiner Neugier tun will. So ist es leichter zu spielen, Fehler zu machen und über den Weg nachzudenken, der eingeschlagen werden soll.

Auch in puncto Zuhause und Habseligkeiten kann man sich mit weniger zufriedengeben. Man kann verkaufen, was man nicht mehr braucht, und mit dem Geld ein Polster zur Unterstützung der eigenen Dharma-Reise schaffen. Minimalismus ist das Zauberwort! Solltest du die Option haben, mit einem Familienmitglied zusammenzuziehen, kann auch das den finanziellen Druck mindern – das ist in weiten Teilen der Welt ohnehin Standard. Als ich aus Indien zurückkam, zog ich zu meinen Großeltern, was mir die Freiheit schenkte, mich auf mein Buch zu konzentrieren (im

Gegenzug half ich ihnen natürlich, wo ich nur konnte, was sie umgekehrt sehr zu schätzen wussten!).

Beim Entdecken des Dharma ist es entscheidend, sich von der Idee, wie das Leben sein »sollte«, zu verabschieden. Es ist vollkommen in Ordnung, wenn man nach dem Schulabschluss, dem dreißigsten Geburtstag oder einer zwanzig Jahre langen Karriere noch nicht weiß, wie es danach weitergehen soll. Es ist vollkommen in Ordnung, von vorn anzufangen. Alles Vergangene ist Teil deiner Reise und hat dich auf das, was kommt, vorbereitet. Manchmal besteht die einzige Möglichkeit herauszufinden, was wir wollen, darin, vorher herauszufinden, was wir *nicht* wollen.

Statt dir vorzuwerfen, es sei zu spät, solltest du lieber daran denken, wie viel du aus deinen Lebenserfahrungen gelernt hast. Durch die Arbeit in der Personalabteilung hast du vielleicht die Fähigkeiten im Umgang mit Menschen erworben, die du für eine Karriere als Coach brauchst. Die Jahre im Marketing haben dich vielleicht darauf vorbereitet, deine eigene Marke zu entwickeln. Die aufreibenden Monate als Kellnerin haben dich vielleicht Fähigkeiten gelehrt, die du als Unternehmerin gut gebrauchen kannst. **Es gibt keine Fehler, nur Lektionen.** Betrachte jede Erfahrung als Teil des Lebenslehrplans, dem du dich unterziehen musst, um dein Dharma zu erfüllen. Jeder Job, jedes Hindernis und jeder schwierige Umstand war und ist eine weitere Unterrichtsstunde, die du absolvieren musst, um für das Kommende gerüstet zu sein.

Denke immer daran: Nichts geschieht dir zufällig. Es geschieht dir, weil du genau das lernen musst, um dich zur nächsten Version dessen zu entwickeln, was du werden sollst. Je härter die Erfahrung, desto rigoroser die Ausbildung. Und jetzt ist es an der Zeit, diese Lektionen auf deine Lebensarbeit anzuwenden, Sonnenwesen.

DIE EINZIGARTIGEN LEKTIONEN
DEINES LEBENS

Lies dir die Beispiele durch und füll die Lücken aus.

Ich habe als .... gearbeitet.

Dadurch habe ich Folgendes gelernt: ....

Beispiele:

Ich habe für eine gemeinnützige Organisation *gearbeitet.*
Dadurch habe ich gelernt, Beziehungen aufzubauen.

Ich habe in einem Restaurant *gearbeitet.* Dadurch habe ich
gelernt, geduldig zu sein, hart zu arbeiten und mit Menschen umzugehen.

Ich habe in einer Bar *gearbeitet.* Dadurch habe ich gelernt,
schnell zu sein, effizient zu arbeiten und Konversation zu
machen.

Ich habe in einem Labor *gearbeitet.* Dadurch habe ich
gelernt, diszipliniert und organisiert zu arbeiten.

Ich habe in einem Anwaltsbüro *gearbeitet.* Dadurch habe ich
gelernt, strukturiert und unter Druck zu arbeiten.

Ich habe in einem Krankenhaus *gearbeitet.* Dadurch habe
ich gelernt, mit Verlust umzugehen und mich an kleinen
Dingen zu freuen.

Ich wüsste heute nicht, ..., hätte ich nicht ....

Beispiele:

Ich wüsste heute nicht, wie man auf eigenen Beinen steht,
hätte ich nicht den Kontakt zu meiner Familie verloren.

Ich wüsste heute nicht, wie wichtig es ist, sich gesund zu
ernähren, hätte ich nicht an dieser Krankheit gelitten.

Ich wüsste heute nicht, wie wichtig es ist, fürsorglich mit sich
selbst umzugehen, hätte ich nicht Burn-out gehabt.

Ich wüsste heute nicht, wie gut es tut zu meditieren, hätte ich
nicht eine Depression bekommen.

Ich wüsste heute nicht, wie man mit Menschen umgeht, hätte
ich nicht eine Sozialphobie gehabt.

Weil ich ...., wurde ich ....

Beispiele:

Weil ich Panikattacken hatte, wurde ich zu einem Menschen,
der im Einklang mit seinen Emotionen lebt.

Weil ich arm geboren wurde, wurde ich zu einem hart arbei-
tenden und dankbaren Menschen.

Weil ich ein Elternteil früh verloren habe, wurde ich zu einem
Menschen, dem bewusst ist, dass das Leben kurz ist und wir
jeden Augenblick davon mit dem verbringen sollten, was wir
gern tun.

Weil ich Krebs hatte, wurde ich widerstandsfähig.

Weil ich schwach war, wurde ich stark.

Weil ich mich machtlos fühlte, wurde ich zur Anführerin, die
anderen Mut verleiht.

Sein Dharma zu entdecken, kann sich wie das Durchqueren eines dunklen Zimmers anfühlen. Wenn du es aber durch das Zimmer geschafft hast und das Licht einschaltest, wirst du erkennen, dass du die ganze Zeit über zu Hause warst. Es hat sich nur nicht so angefühlt, weil du nicht wusstest, wo du bist. Dein Dharma ist dein Zuhause, das Ganz-du-selbst-Sein, ein Selbst, dem du vielleicht noch nicht begegnet bist, weil du so sehr darauf konditioniert bist, es nicht zu sehen. Dein Dharma ist der Nordknoten der Astrologie, der Teil deiner selbst, der sich fremd anfühlt, aber dein innerstes Wesen darstellt. **Es mag uns zuerst mühevoll erscheinen, doch tatsächlich verkörpert sich die Energie.** Du versuchst nicht mehr, jemand anders zu sein als die, die du wirklich bist.

FÜR ÜBERFLIEGER
KURZ ZUSAMMENGEFASST

Nur weil du nicht auf einer Bühne stehst, bedeutet das nicht, dass du nicht auch ein Dharma hättest! Es gibt vier Dharma-Arten: Du hast eine besondere Gabe (siehe Show zur Super-Bowl-Halbzeit), du hast ein Erweckungserlebnis (siehe TED-Talk-Auftritt), du hattest ein Problem und hast es gelöst (siehe *Höhle der Löwen*-Pitch) oder jemand anderes hatte ein Problem und du hast es gelöst (siehe Nobelpreisverleihung). Du kannst mehrere Dharmas haben (wir alle haben mehrere Dharmas), die sich in den verschiedenen Doshas widerspiegeln.

Verschwende keine Zeit damit auszuflippen, weil du dein Dharma noch nicht kennst. Verabschiede dich von der Vorstellung, wie dein Leben zum jetzigen Zeitpunkt aussehen müsste; mach dir stattdessen klar, dass du genau dort bist, wo du sein musst, dass du aus deinen Seelenlektionen lernst und immer höher aufsteigst. Du hast das Gefühl, dich durch ein dunkles Zimmer zu tasten, und erkennst noch nicht, dass du bereits zu Hause bist. Buh!

4

Dem Dharma folgen

Zwischen Sein und Tun scheint ein ewiger Kampf zu herrschen. Immer wieder wird uns gepredigt, wir sollten weniger tun und mehr sein, uns mit dem identifizieren, was wir sind, und nicht mit dem, was wir tun. Meiner Ansicht nach stimmt es zwar, dass wir als Kollektiv mehr Zeit damit verbringen sollten zu sein – doch ist das nicht der Grund, warum wir hier sind. Wären wir auf der Welt, um einfach nur zu sein, wären wir als Krokodil aus dem Ei geschlüpft, würden den ganzen Tag nur abhängen und hin und wieder einen Snack vertilgen. Es gibt jedoch einen Ort, und zwar einen wundervollen Ort, an dem Tun und Sein miteinander verschmelzen: das Verkörpern des eigenen Dharma.

Wir sind auf der Welt, um zu erschaffen. Und dieses sehnliche Verlangen ist uns aus einem bestimmten *Grund* gegeben worden. Der Glaube, zu »tun« sei »nicht spirituell«, beruht auf einer Fehlinterpretation. Die Veden lehren, spirituelle Praktiken seien dazu da, *damit* wir unser Dharma erfüllen können. Dabei geht es nicht darum, sich über das Menschsein zu erheben, sondern darum, ganz im Menschsein aufzugehen. **Es gibt nichts Spirituelleres, als wahrhaft hier zu sein, in deinem Körper, auf diesem Planeten, und deine Bestimmung zu leben.** Wir müssen aufhören, uns wegen unseres Tuns schlecht zu fühlen, und endlich anfangen, das Richtige zu tun – unserem Dharma zu folgen. Ich nenne dies das »heilige Tun«.

Heiliges Tun bedeutet, dass uns unsere Taten unserer Wahrheit näherbringen. Du bist mit Träumen, Wünschen und Interessen auf die Welt gekommen, weil sie dich auf deiner Reise leiten sollen. Du sollst dich nicht über sie hinausentwickeln, du sollst sie im Gegenteil absolut willkommen heißen, denn sie sind die Kräfte, die dich vorantreiben.

Das einzige Ziel des Menschen ist es zu erschaffen – darin unterscheiden wir uns im Kern von den Tieren. Uns wurden entscheidungsfähige Gehirne, opponierbare Daumen und leidenschaftliche Herzen gegeben, weil wir von ihnen Gebrauch machen sollen. Der angeborene Wunsch zu erschaffen hat den Menschen dazu geführt, Medizin in Pflanzen zu entdecken, aus Sternen Bedeutung abzuleiten, aus Erfahrungen Mythen zu schöpfen und Sinn in der ihm geschenkten Lebenszeit zu suchen. Wir meditieren, entschleunigen und gehen in uns, um wieder zu Klarheit zu gelangen und dementsprechend zu handeln. Das Sein bereitet uns lediglich auf unser heiliges Tun vor, das wiederum uns unserem Sein näherbringt – der göttliche Zyklus des Lebens.

Wenn wir vollständig im Einklang mit unserem heiligen Tun sind, sind wir. Dann existiert zwischen beiden keine Trennung. Der Schriftsteller wird zu seinen Worten, der Tänzer zu seinem Tanz, der Sänger zu seinem Lied. Es gibt keinen Unterschied mehr, Ausübender und Ausgeübtes verschmelzen.

Wenn wir so tief ins Tun eintauchen, sind wir. Und wenn wir so tief ins Sein eintauchen, können wir nicht anders als tun. Das Dharma ist die Schnittstelle.

Die meisten Menschen denken beim Tun an Dinge, die sie nicht gern tun, daher der ewige Kampf zwischen Sein und Tun. Wir konzentrieren uns darauf, zu meditieren oder andere Übungen zu machen, um Stress abzubauen, ohne darüber nachzudenken, warum wir überhaupt gestresst sind. Wir sollten uns stattdessen die übergeordnete Frage stellen: Wie kann ich mir ein Leben erschaffen, aus dem ich nicht fliehen möchte, das weder meinen Blutdruck erhöht noch mich an den Rand einer Panikattacke bringt? Nach der Meditation und der Schreibübung am Ende dieses Kapitels sollte dir klarer sein, wie du dir dieses Leben erschaffen kannst.

Das Dharma ist die Verflechtung von Tun und Sein. Folgst du deinem Dharma, sind deine täglichen Handlungen deine Meditation. Dann gibt es keine Trennung zwischen dir und deinem Tun: Beides verschmilzt, und du wirst ganz.

Dein Weg zum Dharma

Dein Dharma sollte *Spaß* machen. Wenn du schon mit dieser Seelenmission beauftragt wurdest, würde das Universum dann nicht wollen, dass du sie genießt? Es hat bewusst dafür gesorgt, dass sie dir Spaß bereitet, damit du dabeibleibst! Würdest du es hassen, deinem Dharma zu folgen, würdest du es schlicht nicht tun, und die Probleme der Welt blieben ungelöst. Täte jeder, was er oder sie gern tut, wäre die Welt im Gleichgewicht.

Der Weg zum Dharma besteht darin, der Freude zu folgen.

Natürlich mögen sich einzelne Streckenabschnitte als Herausforderung gestalten, doch stellst du dich auch ihnen mit Freude. Denn der Lohn ist es wert. So weißt du, dass du dich im Einklang mit deinem Dharma befindest. Das Entdecken des Dharma bedeutet, immer wieder aktiv zu werden und aus den Rückmeldungen dazuzulernen. Um zu erfahren, was wir wollen, müssen wir manchmal erst herausfinden, was wir nicht wollen. Die meisten Menschen aber stagnieren; sie werden nicht aktiv, weil sie nicht wissen, ob sie damit auch »das Richtige« tun. Darauf reagiert das Universum mit einem korrigierenden Eingriff – dem Karma, über das wir in Kapitel 2 gesprochen haben. Während du handelst, bekommst du ein Feedback darüber, was sich ausdehnend und was sich zusammenziehend anfühlt. Eigentlich kannst du also gar nichts falsch machen, denn selbst wenn du etwas falsch machst, wirst du durch das Feedback korrigiert. Du musst nur darauf hören und dich wieder in Richtung deiner Wahrheit orientieren.

DREI MÖGLICHKEITEN, ZU DEINEM DHARMA ZU GELANGEN

Vielleicht fragst du dich, wie um Himmels willen jemand überhaupt sein Dharma *findet*, bei all den Möglichkeiten, die es da draußen gibt. In den Social Media sehen wir ständig Menschen, die zum Manifestationsexperten oder zur professionellen Priesterin geworden sind – doch welche der vielen Optionen ist die richtige für dich? Das habe ich mich auch gefragt. Nach Hunderten von Interviews mit Gästen in meinem Podcast *Highest Self*, die ihr Dharma gefunden haben und ihm erfolgreich folgen, kann ich mittlerweile drei Haupterzählungsbögen hinter den einzelnen Geschichten ausmachen. Die mögen zwar unterschiedlich klingen, beschreiben aber immer wieder dieselbe Reise. Zu wissen, wie andere zu ihrem Dharma gelangt sind, wird dir das Bewusstsein zum Entdecken deines eigenen Dharma öffnen.

1. Der Sprung

Dies ist der bekannteste Weg zur Entdeckung des eigenen Dharma und genau das, wonach es klingt: Man lässt sein altes, bequemes Leben hinter sich und wagt den Sprung in eine neue Daseinsform. Das könnte bedeuten, den Job zu kündigen, die gesamten Ersparnisse in die Gründung eines neuen Unternehmens zu stecken, in ein neues Land zu ziehen oder auch alles andere, das extrem scheint, aber unerlässlich ist, wenn man seinem Dharma folgen will.

Dies ist also der berühmteste (und oft auch gefürchtetste) Weg, sein Dharma zu entdecken, aber nicht der einzige. Wir bejubeln die Menschen, die ihren Konzernjob aufgeben, um eine gemeinnützige Organisation zu gründen ... vorausgesetzt, sie haben damit Erfolg. Befindet sich jemand jedoch erst mitten im Sprung, versuchen die anderen meist, ihn zu überreden, auf dem ausgetretenen Pfad zu bleiben. Und genau deshalb wird dieser Sprung als so heftig empfunden: Er ist mit so viel Risiko verbunden – aber eben auch mit so viel Lohn.

Der Sprung ist nicht jedermanns Sache, garantiert allerdings, dass der Betreffende sich tatsächlich findet, weil ihm im Grunde gar nichts anderes übrig bleibt. Er ist dem Entdecken seines Dharma derart verpflichtet, dass er sich kilometerweit bewegen wird, wohingegen ein anderer aus der Position der Sicherheit heraus nur zentimeterweise vorankommt. Es steht alles auf dem Spiel, und das lässt uns über viele eingebildete Grenzen einfach hinwegspringen.

Wer beispielsweise umziehen möchte, sich im gegenwärtigen Zuhause aber eigentlich ziemlich wohlfühlt, scrollt vielleicht einmal in der Woche die Angebote im Internet durch und sieht nach, ob etwas Neues im Netz steht, verspürt dabei aber keine wirkliche Dringlichkeit. Die Aufmerksamkeit ist schlicht nicht aufs Umziehen gerichtet, was den gesamten Prozess verlangsamt. Wer jedoch schon ausgezogen ist und in einer vorübergehenden Bleibe haust, bis er etwas Neues gefunden hat, findet Letzteres um ein Vielfaches schneller. Der schaut nicht nur hin und wieder ins Netz, der kennt den Stadtplan schon so gut wie die eigene Westentasche. Er ist ganz bei der Sache und hoch motiviert. Die Umstände zwingen ihn einfach dazu, schneller und effektiver zu suchen.

Und genau so funktioniert auch »der Sprung«. Wer bereits gekündigt hat, muss das eigene Unternehmen zum Laufen bringen, weil die andere Option Obdachlosigkeit oder ein Zu-Kreuze-Kriechen beim alten Arbeitgeber bedeutet. Da wird man kreativer als jemals zuvor, schließlich steht die eigene Existenz auf dem Spiel. Da nimmt man auch mal eine Gelegenheitsarbeit an oder macht ein unbezahltes Praktikum – beides ist zwar nicht gerade glamourös, sorgt aber für die Zeit und die Erfahrungen, die man anderswo nicht bekäme. Es ist immer ein Fortschritt, wenn es dich deinem Dharma näherbringt.

Da ist zum Beispiel mein Mann: Er ist aus seinem erfolgreichen Job als Immobilienmakler ausgestiegen, um seiner Leidenschaft zu folgen und Filmproduzent zu werden. Im Zuge der Finanzkrise 2008 verlor er jedoch all seine Ersparnisse infolge schlechter Investitionen. Statt aber wieder Immobilienmakler zu werden, folgte er weiter seinem kreativen Drang und wurde Assistent eines Fotografen – der ihn am Ende allerdings nicht bezahlte, sondern ihm seine Kamera schenkte. Damit machte mein Mann sich selbstständig und begann, für Country-Musiker zu arbeiten. Er lernte alles, was er nur konnte, über das Musikmanagement und nutzte dieses Wissen anschließend für das Managen einer erfolgreichen Künstlerin, für die er außerdem auch als exklusiver Fotograf tätig war. Daraus entwickelte sich die Gründung seiner eigenen Musikmanagementfirma, die mittlerweile mehr als dreißig international tourende, mit dem Grammy ausgezeichnete und im Platin-Bereich verkaufende Künstlerinnen und Künstler betreut. Und das Unglaublichste daran ist, dass er schon als Kind davon geträumt hatte, beruflich etwas mit Musik zu tun zu haben, dies aber niemals als Karriere in Betracht gezogen hätte.

»Der Sprung« ist keine Garantie dafür, dass du immer dort landest, wo du vorhast zu landen. Aber versprochen: Am Ende landest du immer dort, wo du hingehörst. Du zeigst dem Universum, dass du dir sicher bist, nicht dorthin unterwegs gewesen zu sein, wo du dich im Einklang mit deinem Dharma befunden hättest, und dass du wild entschlossen bist, dein Dharma zu verkörpern, um jeden Preis. Damit befreist du dich aus einer toxischen Situation und öffnest dich dem, was das Universum für dich bereithält. Das ist berauschend, beängstigend und aufregend zugleich.

»Der Sprung« ist der richtige Weg für dich, wenn du ohnehin nach der Maxime alles oder nichts lebst oder die alten Umstände so qualvoll geworden sind, dass du sie einfach nicht mehr aushältst. Er ist eine wunderbare Option für dich, wenn du dein Dharma schon kennst, aber noch Zeit brauchst, um dich ihm vollständig zu widmen. Wenn du beispielsweise einen Teil deiner Einkünfte bereits über dein Dharma beziehst, aber noch Angst davor hast, es Vollzeit zu betreiben, empfehle ich dir unbedingt, den Sprung zu wagen!

Pro:

- Der Sprung ist am transformativsten – er garantiert, dass du dich vollständig wandelst.

- Wenn du damit dein Dharma erfüllst, ist der Sprung *extrem* befriedigend.

- Du kannst dem Job, der deiner Seele das Blut aussaugt, sofort den Rücken kehren und dich kopfüber in etwas Neues stürzen.

Kontra:

- Der Sprung kann heftig, traumatisch und riskant sein.

- Er ist problematisch, wenn ein Familienmitglied finanziell von dir abhängig ist.

- Er geht mit einer Menge Stress einher.

2. Der Übergang

»Der Übergang« ist der am weitesten verbreitete und sicherste Weg, zu deinem Dharma zu gelangen. Bestimmt kennst du den Ausdruck »Nebentätigkeit«, der sich auf eine Beschäftigung bezieht, die das eigentliche Einkommen aufbessert; in unserem

Sinne hier ist damit aber das Besondere gemeint, das du tust, weil es dich zur vollständigen Verkörperung deines Dharma führt. Das könnte etwa so aussehen: Du hast einen geregelten Job, der zwar nicht unbedingt erfüllend, aber auch nicht besonders stressig ist, während du den frühen Morgen oder den Abend mit Recherchen oder Aktivitäten verbringst, die in Zusammenhang mit deinem Dharma stehen, etwa mit Unterricht, dem Gründen einer eigenen Firma oder dem Aufbau eines Publikums.

Der Übergang erfordert Engagement und Selbstmotivation, denn seien wir ehrlich: Nach der Arbeit und am Wochenende sind wir alle müde, ausgelaugt und jeglichen Formen der Ausrede nicht abgeneigt. Wie verlockend klingen Netflix und ein Brunch im Gegensatz zum einsamen Sitzen am Computer beim Versuch, das Dharma in Gang zu bringen! Vor allem wenn wir bei Letzterem nicht sofort mit Ergebnissen belohnt werden. Trotzdem ist der Übergang absolut möglich – dazu müssen wir lediglich Prioritäten setzen. Wenn du für diese Möglichkeit, zu deinem Dharma zu gelangen, die nötige Begeisterung und Motivation aufbringst, wirst du damit definitiv auch Erfolg haben, und zwar ganz ohne die Risiken, die mit dem Sprung verbunden sind. Mein Rat: Fang mit 80/20 an. Widme achtzig Prozent deiner Zeit deinem geregelten Job und zwanzig Prozent dem Verfolgen deines Dharma. Hast du das geschafft, kannst du dich weiter steigern und deinem Dharma allmählich immer mehr Zeit widmen.

Auch meine Freundin Krista Williams hatte einen ganz normalen Job, als sie gemeinsam mit einer anderen Freundin beschloss, einen Lifestyle-Podcast ins Leben zu rufen. Sie fertigten Aufnahmen in den eigenen vier Wänden an und fanden nach einigen Monaten schließlich den Mut, sie auch zu veröffentlichen. Sie hatten bezüglich der weiteren Entwicklung keinerlei Erwartungen – sie folgten einfach ihrer Begeisterung. Irgendwann nahm der Podcast dann an Fahrt auf, womit sich Sponsorenmöglichkeiten ergaben.

Zwei Jahre später verdiente Krista mit dem Podcast so viel Geld, dass sie ihren normalen Job aufgab. Mit der zusätzlich gewonnenen Zeit und Energie plant sie nun Touren durchs ganze Land, um persönlichen Kontakt zu ihren Zuhörern aufzunehmen.

»Der Übergang« ist eine sichere Möglichkeit, zum Leben des eigenen Dharma überzugehen, ohne den alten Job sofort kündigen und Gelegenheitsjobs annehmen zu müssen – und ohne den Stress, nicht zu wissen, wie man künftig die Miete bezahlen soll. Zudem verschafft uns diese Möglichkeit mehr Zeit. So hatten Krista und ihre Partnerin die Chance, ein Publikum aufzubauen und Sponsoren zu finden, bevor sie sich finanziell ganz auf das neue Projekt verließen. Krista sagt, ihr Engagement für *Almost 30* – sie arbeitete jeden Nachmittag und an jedem Wochenende ebenso lang daran wie für ihren regulären Job – sei es gewesen, das aus dem Podcast einen solchen Erfolg gemacht habe.

»Der Übergang« ist der richtige Weg für dich, wenn du dir bezüglich deines Dharma noch nicht ganz sicher bist. Du kannst erst einmal verschiedene Workshops und dergleichen ausprobieren, bevor du kündigst. (Gelobt sei das Internet dafür!) Erfordert dein Dharma beispielsweise eine technische Fähigkeit, kannst du erst einmal entsprechende Stunden nehmen und üben, bevor du den Sprung wagst. Ist dein jetziger Job noch erträglich und lässt er dir ausreichend Zeit und Energie, um dich auf dein Dharma zu konzentrieren, ist »der Übergang« eine wunderbare Option für dich. Du kannst dich auch für den Übergang entscheiden, wenn du bereits an deiner »Nebentätigkeit« arbeitest, es aber noch nicht genug abwirft und du weder Ersparnisse hast noch willens bist, deinen Lebensstil zurückzuschrauben.

Pro:	Kontra:
• Der Übergang ist weniger riskant und stressig als der Sprung.	• Diese Möglichkeit fühlt sich weniger dringlich an und verleitet deshalb zu weniger Hingabe.
• Du kannst deinen alten Job aufgeben, wenn du mit deinem Dharma deinen Lebensunterhalt verdienst.	• Sie erfordert das größte Engagement, weil sie nicht mit Druck verbunden ist.
• Der Übergang schenkt dir den Luxus der Zeit.	• Am Übergang musst du arbeiten, auch wenn du müde bist.

3. Die zufällige Entdeckung

Bei der »zufälligen Entdeckung« stolperst du gewissermaßen über dein Dharma – man könnte auch sagen: Es findet *dich*, nicht umgekehrt. Du lebst dein Leben und *peng* – haust du dir den Kopf an deinem Dharma an.

Der Onkel einer Freundin war über dreißig Jahre lang Ingenieur, als seine Vorgesetzten plötzlich verlangten, jeder Mitarbeiter müsse noch eine zusätzliche Tätigkeit ausüben. Er entschied sich ganz »zufällig« für das Töpfern. Doch kaum hatte er sich an die Töpferscheibe gesetzt und spürte den flüssigen Ton an seinen Fingerspitzen, da war er auch schon besessen. Er verbrachte fortan jede einzelne freie Minute mit dem Töpfern und ist heute Profi – eine Seltenheit in unserer modernen Welt. Teil 1 seines Lebens drehte sich um den Bau von Maschinen, Teil 2 um das Gestalten von Schalen und Schüsseln. Wäre er nicht »zufällig« in dieser Töpferstunde gelandet, hätte er nie sein Dharma gelebt.

Zufälle gibt es nicht, nur Umstände, die wie Zufälle aussehen. Das Universum weiß viel mehr über unsere Fähigkeiten, als wir je erahnen werden. Wir müssen lediglich unserer Begeisterung folgen. Das ist wie bei den Menschen, die in ihrer zweiten Ehe sagen, die erste habe sie darauf vorbereitet, der Ehepartner zu sein, der sie heute sind. Und solche Menschen gibt es viele! Genau so funktioniert das Dharma: Wir werden beständig auf das, was als Nächstes kommt, vorbereitet. Wir müssen nur zuhören und der Begeisterung folgen.

Das »zufällige Dharma« ist in Wahrheit kein Zufall, es sieht nur wie einer aus. Es ist eher ein »Überraschungs-Dharma«.

Pro:	Kontra:
• Das zufällige Dharma ist dein Schicksal – du bist in diese Situation bugsiert worden, weil sie für dich bestimmt war.	• Man kann sich nicht auf die Suche nach dem zufälligen Dharma machen.
• Das zufällige Dharma fühlt sich relativ entspannt an, weil du nicht danach gesucht hast. Du beginnst einfach damit, es zu leben.	• Es ist meist nicht das, was du *eigentlich* tun wolltest, sondern das, wozu du berufen wirst.
• Über dieses Dharma musst du dir keine Gedanken machen, du kannst dich ganz dem Gang der Dinge überlassen.	• Es kann eine Kehrtwende in deinem Leben sein, was dir das Gefühl vermittelt, ganz neu anfangen zu müssen.

Welche der drei Möglichkeiten auch immer deine ist: Es erfordert Mut, sich beständig der Erfüllung des eigenen Dharma zu widmen. Es wird dabei auch immer eine Art Sprung geben (darüber werden wir später noch sprechen), weshalb sich Unsicherheiten auch nicht vollständig ausschließen lassen. Durch Vorausplanung lassen sie sich jedoch minimieren. Allerdings ist nicht jeder Mensch ein Vorausplaner – manche lernen auch im freien Fall.

Wie entdeckst du dein Dharma am besten?

Meiner Meinung nach kann man dies sofort an der Art erkennen, wie sich jemand ans Verfassen eines Buches machen würde. Die Möglichkeiten, ein solches Megaprojekt anzugehen, sind endlos, doch welche du wählen würdest, verrät viel über deine Beziehung zu deinem Dharma.

Wenn du vorhättest, ein Buch zu schreiben, würdest du dann:

A: eine Zeit lang alles andere stehen und liegen lassen, um dich einzig auf dein Buch zu konzentrieren?

B: an jedem Morgen oder jedem Abend jeweils ein paar Seiten schreiben?

C: immer dann schreiben, wenn die Kreativität zuschlägt?

Bei Antwort A: Du gehörst zu den Menschen, die sich ganz ihrem Dharma widmen und alles andere hintanstellen. Du bist leidenschaftlich, engagiert und willens, alles für das anstehende Projekt zu tun, auch wenn das weniger Social Media, Netflix und Brunchs bedeutet. Dein Dharma ist dein erweitertes Selbst, es gibt keine Trennung zwischen dir und dem, was du tust. Du kannst dich komplett in deine Arbeit versenken und musst dich zwingen, auch an andere Aspekte deines Lebens zu denken. (In dieser Beschreibung erkenne ich mich absolut wieder. Ich setze mich deshalb so leidenschaftlich für liebevolle Selbstfürsorge ein, weil ich mich oft selbst daran erinnern muss, wie wichtig sie ist.)

Zu diesen Menschen passt »der Sprung«. Für sie heißt es: Alles oder nichts, sie blühen unter dem Druck, die Dinge zu Ende zu bringen, erst richtig auf. Sie kommen selten zur Ruhe und geben immer alles. Sie sind bereit, das Kurzfristige zugunsten des Lang-

fristigen zu opfern, und wissen, dass immer Ablenkungen auftauchen werden, wenn man nicht aktiv Maßnahmen ergreift und
Grenzen setzt. Solltest du den Sprung noch nicht gewagt haben,
empfehle ich dir sehr, es zu tun – mit deiner feurigen Pitta-Wil-
lenskraft wirst du es schaffen! Achte lediglich darauf, dich nicht
zu überanstrengen, vor allem nicht bei einer bevorstehenden
Deadline. Du gerätst nur allzu leicht in Versuchung, liebevolle
Selbstfürsorge, gesunde Ernährung, Bewegung und soziales Miteinander für dein Dharma zu vernachlässigen. In Wahrheit aber
brauchst du all das, um dein Dharma wirklich leben zu können.
Reserviere dir also auch weiterhin Zeit für dich selbst und räume
dem, was dich nährt, Priorität ein. Verbinde deine Bedürfnisse
miteinander: Geh beispielsweise gemeinsam mit einer Freundin
spazieren oder koch zusammen mit deinem Partner. Bei Ersterem
bekommst du Bewegung und ein soziales Update, bei Zweite-
rem Zeit mit dem oder der Liebsten und etwas Anständiges zu
essen.

Bei Antwort B: Du bist ein ausgeglichener Mensch und davon
überzeugt, dass die Kraft in der Ruhe liegt. Du engagierst dich
für deine täglichen Verpflichtungen, seien es die Kinder oder der
Job, und kümmerst dich erst danach um dein Dharma. Du bist
ausgesprochen realistisch und bringst nur allmähliche und nach-
haltige Veränderungen in dein Leben ein. Das kann mitunter dazu
führen, dass sich gar nichts ändert, was der Kapha-(Erd-)Energie
entspricht. Die Projekte, an denen du arbeitest, können ins Stocken geraten, weil du ihnen immer nur ein bestimmtes Maß an
Aufmerksamkeit auf einmal zugestehst. Du findest es schwierig,
deinen Visionen Flügel zu verleihen, da es dir an Schwung fehlt.
Außerdem kann immer wieder etwas dazwischenkommen, wenn
du dich deinem Dharma widmen willst, weshalb du dich häufiger
im Kreis drehst.

Zu Menschen wie dir passt »der Übergang«. Du bist hartnäckig, was den Übergang für dich möglich macht. Du fühlst dich nicht dazu in der Lage, dich vollständig deinem Dharma zu widmen, und führst gewissermaßen ein Doppelleben: auf der einen Seite der Job, auf der anderen deine Leidenschaft. Du sehnst dich nach dem Tag, an dem aus deiner Wochenendarbeit deine Unter-der-Woche-Arbeit wird. Mit deiner Bereitschaft, früh aufzustehen oder Couchzeit gegen Dharma-Zeit einzutauschen, kannst du es schaffen, dein Dharma in Gang zu bringen und gleichzeitig noch Vollzeit im alten Job tätig zu sein. Dies ermöglicht dir das geschmeidige Hineingleiten in dein Dharma. Achte jedoch darauf, der Dharma-Zeit auch wirklich immer wieder Priorität einzuräumen – die eine Stunde am Morgen kann am Wochenende schnell mal unter den Tisch fallen. Bleib bei deiner Routine und erachte sie wie das Zähneputzen: Das tust du ja auch jeden Tag, ohne groß darüber nachzudenken.

Bei Antwort C: Du hörst auf dein Herz und folgst deiner Intuition. Planen oder das Aufstellen von Regeln ist dir hingegen zuwider. Ist die Kreativität da, heißt du sie willkommen, ist sie nicht da, jagst du ihr nicht nach. Du erzwingst nichts, sondern lässt es freiwillig zu dir kommen. Du gibst dich dem Flow hin und lässt dich überraschen, wohin die Reise wohl gehen wird.

Menschen wie du stolpern »zufällig« über ihr Dharma. Sie lassen sich gern leiten und forcieren die Dinge nicht. Sie lassen sich treiben, bis sie irgendwann vielleicht schmerzlich feststellen, dass sie nicht mehr im Fluss sind. Dies entspricht der Vata-(Luft-) und Kapha-(Erd-)Energie. Der Nachteil dieser Lebensweise: Die »Inspiration« stellt sich möglicherweise nie von allein ein, du musst dich schon auf den Weg machen und sie suchen. Wenn du dich nicht aktiv mit deinen Talenten beschäftigst und herausfindest, was du wirklich willst, könntest du eventuell dein Leben lang auf das Silbertablett mit »der« Gelegenheit warten. Für dich ist es wichtig, proaktiv vorzugehen und dein Dharma anzustoßen, damit dich das Universum in deinen Bemühungen unterstützen kann. Manchmal stellt sich die Kreativität erst ein, wenn man sich hinsetzt und schreibt.

Du siehst also, dass keine der Möglichkeiten, zu seinem Dharma zu gelangen – beziehungsweise ein Buch zu schreiben –, notwendigerweise besser ist als die anderen. Jede hat ihre eigenen Stärken und Schwächen. Manche Menschen werfen eben immer gleich alles in die Waagschale, andere gehen lieber schrittweise vor. Am Ende ist vielleicht dasselbe Buch entstanden, ob es nun in zwei Monaten oder in zwei Jahren verfasst wurde. Das liegt ganz bei dir und deiner einzigartigen Herangehensweise. Es ist wie beim Sport: dreißig Minuten Hochintensitäts-Intervalltraining, sechzig Minuten Low-Impact-Work-out oder Bewegung, wann immer einem danach ist? Jeder muss selbst herausfinden, was am besten zu ihm passt.

Prioritäten setzen

Würde ich jetzt einen Blick in deinen Terminkalender werfen und dir daraufhin sagen, wie sehr du dich deinem Dharma widmest – wie würde ich dich dann augenblicklich wohl einschätzen? Hättest du eine Liebesbeziehung mit deinem Dharma, würde es sich dann darüber beschweren, dass du so wenig Zeit mit ihm verbringst? Sehen wir den Tatsachen ins Auge: Die meisten Menschen widmen ihrem Dharma nicht annähernd so viel Zeit, wie es braucht, um sich zu entfalten und zu blühen. Schenken wir dem Partner nicht die Aufmerksamkeit, die er braucht und verdient, wird er sauer. Etwas Ähnliches kann auch passieren, wenn wir unser Dharma zu lange ignorieren. **Dein Dharma wird sich nur entfalten, wenn du ihm Priorität einräumst.**

Das Universum reagiert auf das, worauf wir unsere Energie richten. Ich weiß ja: Es ist nicht so, dass du nicht an deinem Dharma arbeiten *wolltest*, es gibt da nur dieses Etwas, das dein gesamtes Leben auffrisst, und dieses Etwas heißt Job. Und arbeitest du tatsächlich einmal gerade nicht, musst du Millionen von Sachen erledigen – auf Nachrichten und Mails antworten, Telefonate verschieben (denn wir beide wissen, dass Letzteres wirklich ganz unten auf der To-do-Liste steht). Bei all dem Rummel in unserem Leben kann das Dharma schon mal untergehen.

Auch wenn du dein Dharma noch nicht kennst, ist es an der Zeit, dich ihm zu widmen – indem du herausfindest, was dein Dharma ist. Melde dich dafür meinetwegen für einen Improvisationskurs an oder informiere dich über den Onlinehandel oder videoblogge ab jetzt wöchentlich oder lies Bücher über Themen, die dich interessieren. Du wirst dein Dharma nicht entdecken, wenn du tagein, tagaus nur das tust, was du immer getan hast. Es ist wie beim Daten: Du musst erst ein paar Frösche küssen, bevor dein Traumprinz vor dir steht. Indem du das Entdecken deines Dharma zu deiner Priorität machst, ebnest du dir selbst den Weg.

Ich weiß, was du jetzt denkst: »Aber ich habe doch so viel zu tun.« Und ich verstehe dich. Ich selbst war beinahe zu beschäftigt, um dieses Buch zu schreiben, zu beschäftigt mit meiner Arbeit / meiner Hochzeit / meinem Umzug / meinen Vorträgen / meinen Reisen / meinem Leben. Bis ich mir die folgende, entscheidende Frage gestellt habe: »Was zur Hölle ist *wirklich* wichtig?« Wenn ich nächstes Jahr sterben müsste, was soll dann von mir bleiben? Die Leistungen in meinem Leben, auf die ich wirklich stolz bin, sind meine Bücher. Über sie werde ich nach Hause schreiben, wenn ich eine Geistführerin bin, nur um sicherzustellen, dass sie noch immer auf der Ebene der Menschen ankommen. Warum also räumte ich dem Schreiben nicht oberste Priorität ein?

Ich nahm ein Blatt Papier zur Hand, zeichnete ein großes Dreieck darauf und schrieb »Prioritätendreieck« darüber. Neben die

Spitze des Dreiecks schrieb ich: »Buch verfassen«, neben die beiden Seiten jeweils: »Rose Gold Goddesses planen« und »Podcasts aufnehmen«. In das Dreieck schrieb ich verschiedene Aktivitäten in der Reihenfolge ihrer Priorität, wobei die Dinge in der Nähe der Spitze des Dreiecks eine höhere Priorität hatten als die weiter unten (»kann noch einen Tag/eine Woche warten«). Meinen Kleiderschrank aufzuräumen stand ziemlich weit unten. Anschließend legte ich mir das Blatt Papier neben meinen Laptop und sah jedes Mal darauf, wenn ich mich auf Pinterest erwischte. Hilft mir dieser gut gepflegte Feed über schicke Apartments und lässig geflochtene Zöpfe wirklich dabei, mein Buch zu schreiben? Eher nicht. Es gibt eine Zeit und einen Ort für die Vision Boards auf Pinterest; räumen wir ihnen allerdings eine höhere Priorität ein, als aus unserem Leben ein Vision Board zu machen, wird für uns beides niemals Wirklichkeit.

Deinem Dharma Priorität einzuräumen, schlägt sich in deinem Kalender vielleicht als eine Stunde am Tag, ein Tag pro Woche, jeden Morgen oder jeden Abend nieder – was immer dich glücklich macht! Es heißt aber auf jeden Fall, dass es läuft und dass du dranbleibst.

Ich will also von dir wissen:

Was zur Hölle ist *dir* wirklich wichtig?

Was tust du gern und tust es nur deshalb nicht, weil du keine Zeit dafür hast?

Wie sieht es bei dir aus, wenn du deinem Dharma Priorität einräumst?

Was wird passieren, wenn du deinem Dharma keine Priorität einräumst?

Und was wird passieren, wenn du es tust?

Worauf wirst du verzichten müssen, um Raum für dein Dharma zu schaffen? *(P. S.: Ich garantiere dir, dass du mehr Zeit mit Herumscrollen verbringst, als du zugeben willst.)*

Wie wirst du mit Ausreden umgehen?

ENTDECKE-DEIN-DHARMA-MEDITATION UND -SCHREIBÜBUNG

Beim Entdecken des Dharma gehen wir nicht wortwörtlich irgendwohin und finden auch nichts Gegenständliches. Das Dharma liegt nicht irgendwo außerhalb, es entsteht vielmehr dadurch, dass wir in uns gehen. Du weißt bereits, was dein Dharma ist, du musst nur daran erinnert werden. Dazu sind ein Enträtseln, ein »Verlernen« und ein Entkonditionieren erforderlich: Du lässt alles, was du nicht bist, los, damit du sein kannst, was du wirklich bist.

In dieser Meditation und Schreibübung findest du Satzanfänge, die du intuitiv vervollständigen sollst. Deine Rationalität hat jetzt Sendepause; ebenso wenig solltest du schreiben, was du für die »richtige Antwort« hältst. Gestatte es deinem höheren Selbst, zu dir zu dringen. Versuche nicht zu kontrollieren, gib dich einfach hin und nimm alles wahr, was dir in den Sinn kommt. Denke daran, dass deine Seele in deiner eigenen Stimme zu dir spricht – dir erscheint es dann so, als würdest du diese Dinge denken. Schreib einfach das Erste auf, das dir durch den Kopf geht.

Du kannst die Meditation auch mit mir gemeinsam durchführen, indem du dir unter www.discoveryourdharmabook.com kostenlos meine entsprechende Audioanleitung herunterlädst. Du kannst dir die Meditation auch in diesem Buch durchlesen und deine Antworten in dein Tagebuch schreiben.

Lege nun Stift und Papier bereit, setz dich, schließe die Augen und nimm deinen Atem wahr. Beobachte, wie schnell oder langsam du atmest. Spüre, wie der Atem deine Brust weitet und wieder zusammenzieht. Spüre, wie er durch deinen Körper strömt. Verbinde dich mit jedem Ein- und jedem Ausatmen. Gehe nun ganz allmählich dazu über, das Einatmen zu verlängern; zähle dabei bis 7, halte die Luft an, zähle innerlich bis 4 und atme wieder aus, wobei du ebenfalls bis 7 zählst. Fahre so mehrere Minuten lang fort, bis du spürst, dass dein Körper weicher wird. Einatmen auf 7, Atem anhalten auf 4, ausatmen auf 7.

Sag stumm zu dir: »Ich möchte gern mit dem Teil von mir sprechen, der Bescheid weiß. Ich rufe den Teil von mir an, der Bescheid weiß.« Bleib noch einige Minuten länger beim Atem, bis du dich für das Empfangen geöffnet hast.

Wenn du bereit bist, öffnest du die Augen und liest die folgenden Sätze laut vor. Vervollständige sie mit dem Ersten, das dir in den Sinn kommt.

In diesem Augenblick wünschte ich, ich wäre …

Ich verspüre immer dann die höchste Freude, wenn …

Wenn ich es mir aussuchen könnte, würde ich Folgendes tun: …

Ich erzähle meinen Mitmenschen immerzu von …

Ich helfe meinen Mitmenschen sehr gerne bei …

Ich würde gern einen Monat lang nur …

Ich habe Angst vor …

Wenn ich diese Welt eines Tages verlassen muss, wäre ich gern mehr …

Ich bin bereit zu …

Hat die eine oder andere Vervollständigung dich überrascht? Wie hast du dich insgesamt dabei gefühlt? Ist dir zu vielen Satzanfängen nichts eingefallen? Vielleicht war die Botschaft laut und deutlich, vielleicht musst du die Übung zu einem späteren Zeitpunkt aber auch wiederholen, um dich zu erinnern. Viele sind von ihren Satzvervollständigungen überrascht, und das ist toll – ihr habt gerade eine neue Bewusstseinsstufe erreicht, weil ihr euch die Zeit genommen habt, die Sätze fortzuführen. Andere haben das Gefühl, sie hätten das, was sie geschrieben haben, die ganze Zeit schon gewusst, und auch das ist toll – ihr wisst bereits, wie der Hase läuft! Wieder andere finden es schwierig, die Sätze zu vervollständigen, und das ist absolut in Ordnung – vielleicht könnt ihr die »Antworten« einfach noch nicht hören. Kehrt immer wieder zu der Übung zurück, früher oder später werdet ihr hören. Je weiter gefasst die Fragen sind, die du stellst, desto umfassender wirst du als Mensch.

FÜR ÜBERFLIEGER
KURZ ZUSAMMENGEFASST

Eine Patentlösung zum Entdecken des eigenen Dharma gibt es nicht. Die Wege, die dorthin führen, sind vielfältig. Manche bevorzugen diesen Weg: Augen zu und ab ins kalte Wasser! Andere stecken lieber erst einmal einen Zeh hinein, und wieder andere schwimmen schon, ohne die leiseste Ahnung zu haben, wie sie überhaupt ins Wasser gelangt sind. All diese Wege sind möglich und zulässig. Gehe den, der am besten zu dir passt.

Du kannst dein Dharma nicht kennen, ohne dich selbst zu kennen. Statt dir also selbst Stress zu machen, solltest du deine Energie lieber auf die Beantwortung der entscheidenden Fragen verwenden: »Was ist mir wirklich wichtig?« und: »Wie will ich meine Zeit verbringen?« Wenn du die Antworten auf diese Fragen gefunden hast, wird sich dir auch dein Dharma offenbaren. Deine Seele kennt es bereits. Nun muss dein Kopf dir nur noch gestatten, die Antworten auch zu hören.

5

Doshas + Dharma

Nachdem ich mich jahrelang mit dem Ayurveda, dem ältesten Gesundheitssystem der Welt, und seiner Schwesterwissenschaft, dem Yoga, beschäftigt hatte, wurde mir klar, dass die Doshas und die ayurvedischen Archetypen uns über viel mehr als lediglich über unsere Gesundheit Auskunft geben – sie verraten uns auch, was unser Dharma ist.

Ich kam über ein massives Vata-Ungleichgewicht zum Ayurveda, das im Großen und Ganzen dazu geführt hatte, dass mein Körper dichtmachte. Und ging wieder mit einem klaren Lebensziel vor Augen, das meinen Körper schließlich auf einer tiefer greifenden Ebene heilte, als es die Ernährung allein je vermocht hätte.

Unser Geist und unser Körper sind miteinander verflochten und spiegeln unsere Seele wider. Alles, was uns auf einer körperlichen oder emotionalen Ebene geschieht, reflektiert, was in unserem Inneren geschieht. Wir leiden aufgrund dessen, was sich auf der Ebene unserer Seele abspielt, an Ungleichgewichten wie Angst, Reizbarkeit, Depression oder auch Blähungen und Übersäuerung. Unser Körper gibt uns konstant Rückmeldung, ständig sagt er uns, worauf wir uns konzentrieren sollten. Erachten wir unseren Körper als Kompass, der uns zu unserer Wahrheit führt, sehen wir alles in einem neuen Licht. Wir erkennen, dass die Antworten, nach denen wir gesucht haben, keineswegs außerhalb unserer selbst liegen, sondern sich in dem Gefäß, das wir bewohnen, widerspiegeln.

Das Sanskritwort *dosha* bedeutet übersetzt so viel wie Energie. Dementsprechend sind die Doshas die drei Energietypen, die auf den fünf Elementen basieren. Vata entspricht Luft und Raum, Pitta entspricht Feuer und Wasser, und Kapha entspricht Erde und Wasser. Am besten merkst du es dir vereinfacht folgendermaßen, da das genannte Element am bestimmendsten für das jeweilige Dosha ist:

Jeder Mensch kommt mit einer ganz eigenen Mischung der drei Doshas auf die Welt, und das aus einem bestimmten Grund: weil nur sie uns genau die Stärken, Interessen und angeborenen Talente bietet, die wir brauchen, um unser Dharma zu erfüllen. Der Urgrund macht den Maler kreativer, den Unternehmer ehrgeiziger und den Life-Coach mitfühlender. Wir brauchen die Doshas, weil sie dafür sorgen, dass wir uns von Natur aus von der Art und Weise angezogen fühlen, auf die zu dienen wir bestimmt sind. Und wer nach seinen Doshas sucht, wird beim Lesen dieses Kapitels verstehen, dass sie sich bereits in seinem Innersten befinden.

Ich sehe die Welt durch die Brille der Doshas und will dir mit diesem Buch dabei helfen, dir ebenfalls die Dosha-Brille aufzusetzen, damit auch du all die herrlichen Muster in der Welt siehst.

Das Vata ist die Luftenergie – schnell, beweglich, unberechenbar, kalt. Wenn du an einen »Luftmenschen« denken sollst, was würde dir dann dazu einfallen? Wahrscheinlich jemand, der sich ausgefallen kleidet, fünf Karrieren gleichzeitig am Laufen hat und

Termine in letzter Sekunde absagt. Dafür gibt es im Deutschen sogar ein Wort, das die entsprechende Energie im Namen trägt: Luftikus – so zeigen sich unserer Vorstellung nach die Luftqualitäten in der Persönlichkeit. Allerdings ist der Vata-Typ nicht einfach nur ein Hipster am Venice Beach. Er ist auch kreativ, künstlerisch veranlagt, visionär, ewig wandelbar, dem Geist verbunden und jemand, der gern mal über den Tellerrand hinausschaut. Er steht mit dem Immateriellen auf du und du, hat immer wieder neue Ideen. Vata-Menschen kommen Trends stets zuvor – auf den ersten Blick mögen sie verrückt erscheinen, doch nach ein paar Jahren will jeder von ihnen lernen.

Die Schattenseite dieses Dosha – und jedes Dosha hat eine Schattenseite – ist, dass den betreffenden Menschen manchmal so viele Ideen im Kopf herumschwirren, dass sie nicht wissen, worauf sie sich konzentrieren sollen. Gedanken können durch sie hindurchfegen wie ein Tornado und Ängste auslösen sowie Schlaflosigkeit verursachen. Vata-Menschen sind ausgezeichnet darin, Projekte anzufangen – sie auch zu Ende zu bringen liegt ihnen dagegen weniger. Sie leben ihr Leben mit einer Million geöffneter Browserfenster auf einmal, was dazu führt, dass sich ihre Energie rasch zerstreut. An einem Tag widmen sie sich einer Sache voller Leidenschaft, die am nächsten Tag aber schon verflogen sein kann. Jedes Mal, wenn man einen Vata-Menschen trifft, ist es, als begegnete man jemand völlig Neuem. Der Vata-Typ kann Schwierigkeiten damit haben, sich einer Sache oder Person zu verpflichten und die Anstrengungen aufzubringen, die zum Erfüllen des Dharma nötig sind. Mein Rat an ihn: Erde und verankere dich (und glaub mir, ich weiß, wovon ich da spreche!).

Stell dir jemanden vor, der dich inspiriert – ein spiritueller Lehrer, eine Schriftstellerin, ein Künstler, eine Astrologin, ein Designer oder eine Musikerin. Diese Menschen können ihre Ideen mühe- und reibungslos kanalisieren. Sie haben stets neue Visionen und erwecken diese mittels Bildern oder Worten zum Leben. Das ist das Vata in seiner Höchstform: mitreißend, schöpferisch, künstlerisch, offen, den Urgrund vermittelnd.

Das Pitta ist die Feuerenergie – scharf, verändernd, direkt, heiß. Wenn du dir einen »Feuermenschen« vorstellst, welche Bilder tauchen dann vor deinem inneren Auge auf? Wahrscheinlich die einer temperamentvollen Person, die auch launisch sein kann und der man nicht in die Quere kommen möchte. Auch für sie gibt es im Deutschen ein sehr anschauliches Wort – Hitzkopf –, doch sind »Feuermenschen« bei Weitem nicht immer wütend. Pitta-Menschen sind auch ehrgeizig, entschlossen, unternehmerisch interessiert und organisiert. Sie wissen, was sie wollen, und steuern direkt darauf zu. Sie verfügen über sehr viel Energie, die sie auf das Erreichen ihrer Ziele verwenden. Sie sind zum Führen geboren und ungeheuer geschickt darin, Ideen zu verwirklichen und in die Welt hinauszutragen. Diese Art von Mensch schickt dir eine Nachricht über den Google-Kalender, um dich an euren Spaziergang von 14 Uhr 12 bis 16 Uhr 43 zu erinnern und um Rückbestätigung zu bitten.

Die Schattenseite dieses Dosha ist, dass die Betreffenden bei all der Feuerenergie auch ausrasten können. Es gibt im Leben immer Zeiten, in denen es nicht so läuft wie geplant (kennt das noch jemand?), in denen der andere den Spaziergang trotz Erinnerung vergisst und damit den ganzen Terminkalender durcheinanderbringt – der ideale Zeitpunkt für das Feuer, sich in einen Vulkan zu verwandeln und auszubrechen. Der Pitta-Typ kann ungeduldig sein, sich als Richter aufspielen und gern herumkommandieren; er muss noch daran arbeiten, hin und wieder auch mit dem Strom zu schwimmen. Mein Mantra für alle Pitta-Menschen: Habt Vertrauen und lasst auch mal los.

Stell dir jemanden vor, der dich so richtig motiviert – eine Unternehmerin, ein Autor oder eine Sportlerin. Diesen Jemand sprechen zu hören, macht dir Feuer unterm Hintern – du willst sofort raus und deine Träume verwirklichen. Der Antrieb dieser Menschen bringt dich in Schwung, und du willst dich von ganzem Herzen dem Erfüllen deines Dharma widmen. Das ist das Pitta in seiner Höchstform: stürmisch, feurig und leidenschaftlich wild.

Das Kapha ist die Erdenergie – bodenständig, verankert, langsam, kühl. Stell dir nun einen »Erdmenschen« vor – welche Bilder gehen dir durch den Kopf? Vielleicht stellst du dir eine Frau vor, die sich die Schuhe ausgezogen hat, ein Kleid aus fließendem Stoff trägt, langes Haar hat, in der Natur spazieren geht und Ukulele spielt, während sie ihr Kind stillt. Solche Menschen werden manchmal auch als Kinder der Erde bezeichnet, doch ist der Kapha-Typ durchaus nicht immer damit beschäftigt, Bäume zu umarmen. Kapha-Menschen sind empathisch, liebevoll, großzügig, humorvoll und gutmütig. Wie die Erde selbst: Sie schenkt beständig, egal, wie viel wir nehmen, und genau so ist auch die Kapha-Energie. Kapha-Menschen sind von Natur aus Nährende; sie lieben es, den Menschen um sich herum Geborgenheit und das Gefühl, etwas Besonderes zu sein, zu vermitteln. Sie erinnern sich an jeden Geburtstag und können einem völlig Fremden stundenlang dabei zuhören, wie dieser ihnen sein Herz ausschüttet; dabei nicken sie nicht nur mitfühlend, sondern hören wirklich zu. Ihre geerdete Natur macht sie zu ausgezeichneten Coaches, Therapeuten, Mitarbeitern im Kundendienst, Personalleitern, Lehrern, Krankenschwestern und Pflegekräften. Sie haben ein sehr feines Gespür für die Bedürfnisse anderer und bleiben zentriert, auch wenn die Menschen um sie herum die Nerven verlieren.

Die Schattenseite dieses Dosha ist, dass die Betreffenden manchmal so viel geben, dass sie sich selbst erschöpfen. Sie haben Schwierigkeiten damit, Grenzen zu setzen, und sagen oft Ja, wenn sie eigentlich Nein meinen. Sie wollen für alle anderen da sein, haben aber manchmal das Gefühl, dass sie selbst niemanden zum Reden haben – zum Reden darüber, was in *ihnen* vorgeht. Da sie die Energien so vieler anderer Menschen auf sich nehmen, kann ihre eigene auf der Strecke bleiben. Und der Versuch, die Energiedepots wieder aufzufüllen, kann zu emotionalem Essverhalten – zu einer Binge-Eating-Störung – führen. Dadurch fühlen sich Kapha-Menschen häufig schwer und voller Lethargie, was sie vom Sport und vom Ausprobieren neuer Dinge abhält. So setzt sich der Kapha-Teufelskreis endlos fort. Mein Mantra für sie: Löst euch von den Erwartungen anderer und schenkt euch selbst Fürsorge und Liebe.

Stell dir jemanden vor, der dich augenblicklich zur Ruhe bringt – eine Freundin, eine Verwandte, ein Coach oder Therapeut, ein Content Creator. Irgendwie wissen diese Menschen immer, was sie sagen sollen. Allein ihre Stimme zu hören, lässt dich schon ein wenig tiefer ausatmen. Solche Menschen sind Balsam für deine Seele. Das ist das Kapha in seiner Höchstform: gütig, liebevoll und freudvoll.

Jeder Mensch trägt alle drei Doshas in sich, allerdings in unterschiedlichen Mengen. Das nennt man auch die Dosha-Konstitution. Vielleicht bist du in erster Linie ein Vata-Typ, in zweiter ein Kapha-Typ und am wenigsten der Pitta-Typ – die Kombinationsmöglichkeiten sind schier endlos. Vielleicht herrscht ein Dosha bei dir vor, vielleicht sind alle drei mehr oder weniger gleich stark vertreten. Du bist mit dieser Dosha-Mischung auf die Welt gekommen, was im Ayurveda als *prakriti* bezeichnet wird, die natürliche Konstitution. Sie ändert sich nie und ist mit dem Dharma verknüpft.

Allerdings können sich die Doshas verlagern und je nach Lebensstil, Ernährung und Stressbelastung im Laufe unseres Lebens ins Ungleichgewicht geraten. Du könntest beispielsweise als kreativer Vata-Typ geboren worden sein und als Kind liebend gern gezeichnet haben; durch den Druck vonseiten deiner Eltern könntest du dich dann aber vorwiegend auf Schule und Beruf konzentriert haben, was möglicherweise zu mehr Pitta geführt hat. Und vielleicht bist du dem Pitta auch eine Weile gefolgt, bis du schließlich völlig ausgebrannt warst. Wenn du dann zurückblickst und dich an die Zeiten erinnerst, in denen du am glücklichsten warst, stellst du fest, dass Glück für dich immer etwas mit Kreativität zu tun hatte – die du dir seitdem völlig versagt hast. Dein Burn-out wurde durch ein Übermaß an Pitta verursacht, und nun ist es höchste Zeit, zu deiner kreativen Vata-Natur zurückzukehren.

Vielleicht bist du aber auch mit mehr Pitta geboren worden und hast es als Kind geliebt, Sport zu treiben. Seitdem du jedoch selbst Kinder hast, bewegst du dich immer weniger, nimmst zu und fühlst dich träge und niedergeschlagen. Vielleicht denkst du, du seist der Kapha-Typ, hast in Wirklichkeit aber nur ein Kapha-Ungleichgewicht. Du musst deine feurige Pitta-Natur wiedererlangen, um die überschüssige Energie abzubauen, an der du festhältst.

Möglicherweise kamst du aber auch mit mehr Kapha auf die Welt und hast als Kind immer Familie gespielt und dich viel um Tiere gekümmert. Dann jedoch bist du in eine große Stadt gezogen und hattest nicht mehr die Gelegenheit, die Dinge langsam anzugehen. Du hast den Kontakt zu dem, was du gern tust, verloren. Du fühltest dich zunehmend zerstreut und vergesslich. Dann denkst du vielleicht, du bist der Vata-Typ, hast aber nur ein Vata-Ungleichgewicht und musst zu deiner geerdeten Kapha-Natur sowie zu dem liebevollen Menschen, der du bist, zurückfinden.

Der Schlüssel zum Erfüllen unseres Dharma ist es, die Dosha-Konstitution zurückzuerlangen, mit der wir geboren wurden. Im Grunde genommen besteht unsere einzige Aufgabe darin, wir selbst zu sein, genau so zu sein, wie wir sind. Der Urgrund hat uns so geschaffen, damit wir unsere heilige Mission hier erfüllen können. Feurige Therapeuten, luftige Manager oder langsame Trainer wären fehl am Platz – im Gegensatz zu Menschen, die das verkörpern, was sie wirklich sind, und spüren, wenn sie es nicht tun. Mithilfe der Doshas können wir die Muster, die wir schon unser gesamtes Leben lang an anderen beobachtet haben, aber nicht benennen konnten, endlich in Worte fassen. Auch du kannst die Welt nun durch die Brille der Doshas betrachten (hab ich's dir nicht gesagt?).

In diesem Buch konzentrieren wir uns darauf, in welcher Beziehung die Doshas zu unserem Dharma stehen; allerdings ist das noch lange nicht alles, was es zu den Doshas zu sagen gäbe. Ich habe zwei Bücher über das Ayurveda geschrieben – *Eat Feel Fresh: Das moderne Ayurveda-Kochbuch für die pflanzliche Ernährung* und *Einfach Ayurveda: Mit Leichtigkeit zu Gesundheit und Glück* –, in denen alles Wissenswerte über die ayurvedische Wissenschaft, Ernährung, liebevolle Selbstfürsorge und spirituelle sowie alltägliche Praktiken steht (und das ist eine ganze Menge!).

Um herauszufinden, über welche einzigartige Dosha-Konstitution du verfügst, musst du dir nur anderthalb Minuten Zeit nehmen und auf www.iamsahararose.com den entsprechenden Test machen. Er wird dir den genauen Prozentsatz der einzelnen Doshas in deinem Geist und deinem Körper verraten; darüber hinaus findest du dort auf deinen Konstitutionstypen zugeschnittene Videos sowie einen Minikurs mit Vorschlägen, wie du deine Doshas wieder ins Gleichgewicht bringen kannst.

Den Test auf den folgenden Seiten habe ich entwickelt, damit du deine Doshas in Bezug auf dein Dharma einschätzen kannst – eine völlig neue Herangehensweise, die ich sonst noch nirgends gesehen habe. Ich bin davon überzeugt, dass die Doshas uns in jedem Aspekt unseres Lebens prägen, sei es nun hinsichtlich unseres Dharma, unserer Beziehungen oder unseres Berufslebens. Und Teil meines Dharma ist es, dies der Welt zu vermitteln. Ich fühle mich geehrt, mein Wissen mit dir teilen zu dürfen.

Dein Dosha + Dharma

Kreuze jeweils die Antwort an, die am besten zu dir passt.

1. Was sind deine Stärken?

A: Meine Kreativität und die Fähigkeit, auch einmal über den Tellerrand zu blicken. Ich habe ständig neue Ideen!

B: Mein Engagement und die Fähigkeit zuzupacken. Ich kann meine Vision verwirklichen und sie in die Welt hinaustragen.

C: Meine Sensibilität und mein Mitgefühl. Ich spüre genau, wie sich der andere fühlt, und habe Raum für die Emotionen meiner Mitmenschen.

2. Mich ruft man an, wenn man ...

A: ... über den Sinn des Lebens, Kunst, Aliens oder den Neumond sprechen will.

B: ... eine berufliche Frage hat und eine kompetente Antwort darauf haben will.

C: ... jemanden zum Reden braucht, der zuhört und nicht urteilt.

3. Wie sieht dein Arbeitsleben aus?

A: Ich bin in Höchstform, wenn ich an vielen verschiedenen Projekten gleichzeitig arbeite, die mich auf Trab halten, sodass mir nicht langweilig wird.

B: Ich bin in Höchstform, wenn ich mich auf ein Ziel konzentrieren kann und ein Team um mich habe, das mich
unterstützt.

C: Ich bin in Höchstform, wenn ich intensiv mit Menschen
oder mit meinen Händen arbeiten kann, etwa beim
Kochen oder (Kunst-)Handwerken.

4. In stressigen Zeiten ...

A: ... bekomme ich Angst, fühle mich überfordert und versuche wegzulaufen! Ich reagiere mit Eskapismus.

B: ... werde ich ungeduldig, bin gereizt und raste hin und
wieder aus. Ich bin schnell frustriert.

C: ... werde ich traurig und unterdrücke meine Gefühle. Dann
will ich mich nur noch zurückziehen und essen.

5. Ich bin sehr gut darin ...

A: ... Projekte anzufangen, Visionen heraufzubeschwören,
mit Worten umzugehen und Ideen zu haben.

B: ... Ideen in die Tat umzusetzen, Lösungen zu finden, etwas
profitabel zu machen und Einfluss auszuüben.

C: ... Menschen dazu zu bringen, sich mir gegenüber zu
öffnen, wunde Punkte sensibel zu umgehen und gestalte-
risch tätig zu werden, etwa in den eigenen vier Wänden.

6. Ich bin am glücklichsten, wenn ...

A: ... ich kreativ bin, Visionen habe, mich treiben lassen
kann, reise, tagträume und Kunst schaffe.

B: ... ich führe, Geld verdiene, mein Geschäft aufbaue, meine
Mission mit anderen teile und Spuren hinterlasse.

C: ... ich mich mit anderen tief verbinden kann, entspanne, Zeit mit Menschen verbringe, die ich liebe, koche.

7. Als Kind waren meine Lieblingsbeschäftigungen ...

A: ... zu zeichnen, mit meinen imaginären Freundinnen und Freunden zu spielen, mir kleine Szenen auszudenken, mich zu verkleiden.

B: ... draußen herumzurennen, Sport zu treiben, bei Brettspielen zu gewinnen, auf Bäume zu klettern.

C: ... Vater-Mutter-Kind zu spielen, mich um Tiere oder meine Puppen zu kümmern, stundenlang mit Freundinnen und Freunden zu quatschen, Bücher zu lesen.

8. Welches Chakra ist dein stärkstes?

A: Stirn- und Halschakra – ich besitze die seltene Fähigkeit, Visionen zu haben und ihnen Ausdruck verleihen zu können.

B: Das Nabelchakra – ich bin selbstsicher und selbstmächtig und handle rasch.

C: Das Herzchakra – ich habe besonders tiefe Gefühle, das ist meine Superkraft.

9. Die Menschen kommen zu mir, wenn ...

A: ... sie kreative Ideen brauchen.

B: ... sie nach einer spezifischen Lösung für ein Problem suchen.

C: ... sie Hilfe bei einem persönlichen Problem brauchen.

10. Ich ziehe es bei der Arbeit vor, ...

A: ... allein und selbstständig tätig zu sein. Ich arbeite gern, wann ich will, ohne feste Zeiten.

B: … ein dynamisches Team um mich zu haben, das meine Mission versteht und unterstützt.

C: … mich einer Sache oder einem Menschen widmen zu können, in einem harmonischen Büro oder allein, in aller Ruhe.

11. Mit welchem Tier fühlst du dich am meisten verbunden?

A: Mit dem Schmetterling – er wandelt sich beständig, ist einzigartig und wunderschön.

B: Mit dem Löwen – er ist wild, mutig und stark.

C: Mit dem Elefanten – er ist mitfühlend, liebevoll und sanft.

12. Mein Dharma …

A: … nutzt ganz bestimmt meine einzigartigen Visionen, um etwas zu erschaffen, das die Welt noch nie gesehen hat.

B: … ist ganz bestimmt eine Mission, die viel größer ist als ich und bei der viel Geld verdient und viel gegeben wird.

C: … ermöglicht es mir ganz bestimmt, anderen zu dienen, während es mir gleichzeitig Raum für liebevolle Selbstfürsorge schenkt.

13. Ich verzichte gern auf …

A: … Profit oder Komfort, wenn ich dafür meine Kreativität ausleben kann.

B: … Freiheit oder Komfort, wenn ich dadurch meine Entschlossenheit ausleben kann.

C: … Profit oder Freiheit, wenn ich mich dadurch geborgen fühlen kann.

14. Welche beruflichen Laufbahnen sprechen dich am meisten an? (Die jeweilige weibliche Form des Berufs ist natürlich immer mitgedacht.)

A: Autor, Künstler, spiritueller Lehrer, Mystiker, Erfinder, Mode- oder Grafikdesigner, Astrologe

B: Unternehmer, Geschäftsführer, Motivationsredner, Fitnessprofi, Anwalt, Arzt

C: Life-Coach, Therapeut, Heiler, Romanschriftsteller, Koch, Inneneinrichter, Lehrer, Energiearbeiter

Welche Antworten hast du am häufigsten angekreuzt? A, B oder C?

A = VATA

B = PITTA

C = KAPHA

Über die Doshas

VATA – DAS LUFT-DOSHA

Du bist eine idealistische Visionärin, die auch mal über den Tellerrand blickt und andere dazu inspiriert, dasselbe zu tun. Deine Superkraft ist die Kreativität. Du liebst es, dich in Gesprächen zu verlieren, und gibst nicht auf, um die Geheimnisse des Universums zu ergründen. Du brauchst viel Freiheit, weil du dich beständig wandelst – beim Treffen mit anderen begegnen diese jedes Mal einer neuen (temporären) Version deiner selbst. Du erfindest dich immer wieder neu und durchläufst viele Phasen, während du entdeckst, was du wirklich willst. Du bist zu Beginn neuer Projekte Feuer und Flamme, bringst sie aber selten zu Ende, da das nächste noch aufregender erscheint.

Mit all dieser Luftenergie im Kopf können sich deine Gedanken manchmal zu einem Tornado entwickeln; dann bekommst du Angst, fühlst dich überfordert und bist zerstreut. Du springst von einem Browserfenster zum anderen (im übertragenen und wortwörtlichen Sinn) und hast es schwer, Dinge zu vollenden. Damit die Welt deine Weisheit erleben kann, musst du deine Pitta-(Feuer-)Energie zügeln lernen.

 **DEIN DHARMA** *Inspiration, Kreativität, Kunst und/ oder Schönheit in diese Welt bringen*

PITTA – DAS FEUER-DOSHA

Du bist ein ehrgeiziger, getriebener Mensch und dazu entschlossen, die Welt zum Besseren zu verändern. Du lässt deinen Worten immer Taten folgen und hast damit Erfolg – auch im finanziellen Sinn. Du erreichst ein Ziel nach dem anderen und setzt dir dabei immer höhere, denn du bist nun einmal der Chef. Du musst immer wissen, wohin die Reise geht. Du lebst für deine Quartalsziele, den farbig markierten Google-Kalender und ein aufgeräumtes Eingangspostfach sowie dafür, deine eigenen Gehaltsvorstellungen zu übertreffen. Dein Mantra lautet: Produktivität. Du fühlst dich am wohlsten, wenn du so richtig was wegschaffen kannst und für deine harte Arbeit angemessen bezahlt wirst. Denn du weißt: Das hilft dir dabei, am besten Einfluss nehmen zu können, und deshalb bist du schließlich hier.

Mit all dieser Feuerenergie im Kopf kann es dir schwerfallen, dich auch einmal auszuruhen. Dein Streben nach Perfektion kann dazu führen, dass du dir zu viel auflädst. Manchmal vergisst du zu lange, dass du auch nur ein Mensch bist – die Folgen: Burn-out, Nebennierenschwäche, Reizbarkeit, innere Unruhe. Für dich ist es wichtig, hin und wieder auch einmal eine Pause einzulegen, damit sich neue Ideen zeigen können, ohne forciert zu werden.

DEIN DHARMA

Große Ideen und Innovationen in die Tat umsetzen, sodass sie sich als nützlich und trotzdem profitabel erweisen können

KAPHA – DAS ERD-DOSHA

Du bist eine empathische, großzügige Seele, die für tief gehende, bedeutungsvolle Verbindungen lebt. Nicht selten kommen die Menschen zu dir, um ihre Geheimnisse mit dir zu teilen – Geheimnisse, die sie noch keinem anderen verraten haben –, weil sie auf deine verankerte Energie vertrauen. Mit deiner beruhigenden, fürsorglichen Art bist du ein Mensch, den Freunde aufsuchen, wenn sie eine Schulter zum Anlehnen brauchen. Du liebst es, mit den Händen zu arbeiten, etwa zu kochen, zu basteln oder zu entwerfen, und legst dabei Wert auf persönliche Details, die das Herz der Menschen berühren. Du weißt, dass du nicht dazu bestimmt bist, deinen inneren Frieden für dein Dharma zu opfern, denn dein Dharma entfaltet sich erst dann vollständig, wenn du in deinem inneren Frieden ruhst. Im Gegensatz zu anderen Menschen verspürst du nicht das Bedürfnis, allzu umtriebig zu sein; du ziehst ein ruhiges Leben mit gesunden Beziehungen vor.

Mit all dieser Erdenergie im Kopf kann es allerdings passieren, dass du in der Komfortzone stecken bleibst. Vielleicht vermeidest du es, das zu tun, was du eigentlich tun musst, weil es dir zu anstrengend vorkommt. Du konzentrierst dich voll und ganz auf deine täglichen Verantwortlichkeiten und ergreifst häufig nicht die Initiative zu Neuem – zu einem neuen Job, zu mehr Sport, zum Gründen des eigenen Unternehmens. Für dich ist es wichtig, Grenzen zu setzen, Neues auszuprobieren, auch einmal ein Risiko

einzugehen und überhaupt die Dinge ein wenig durcheinander-
zuwirbeln, damit sich dein Dharma zeigen kann.

 *Sich mit Menschen verbinden und ihnen
die Liebe zeigen, die sie in sich tragen*

Doch vergiss nicht: Du bist eine Kombination aus allen drei Doshas; vielleicht zeigt sich also in einem Bereich deines Lebens dieses
Dosha und in einem anderen jenes. Das Ayurveda klassifiziert nach
primärem und sekundärem Dosha und teilt die Konstitutionstypen
demnach in Vata-Kapha, Pitta-Kapha oder Vata-Pitta ein. Der Va-
ta-Pitta-Typ hat Ideen (Vata) und dazu die Strategie, sie auch auszuführen (Pitta). Dagegen eignet sich dieser Konstitutionstyp wahrscheinlich nicht als Mitarbeiter im Kundenservice, weil sich seine
Energie so rasch bewegt und er somit barsch wirken kann. Der Vata-
Kapha-Typ besitzt Einfallsreichtum (Vata) und Bodenhaftung (Kapha), kann seine Visionen aber wahrscheinlich nicht verwirklichen,
weil es ihm an Pitta mangelt. Der Pitta-Kapha-Typ hat viel Energie
(Pitta) und die Ausdauer, seine Ziele zu verfolgen (Kapha), verfügt
aufgrund des Vata-Mangels aber möglicherweise über zu wenig
Kreativität, um zu wissen, worauf er sich konzentrieren soll.

DAS DHARMA DES VATA-PITTA- / PITTA-VATA-TYPS
Ideen haben und diese verwirklichen
Dieser Konstitutionstyp liebt die Freiheit, allein zu arbeiten, gedeiht in einem gemeinsamen Arbeitsumfeld und mit einem gemeinsamen Ziel vor Augen aber auch mit der Energie anderer.

Das kann sich in den folgenden Berufen niederschlagen:
*Coach, der Menschen inspiriert (Vata) und motiviert (Pitta)
Unternehmer, Business Professional*

Experte im Bereich Marketing/Social Media/Markenaufbau
Fitnesstrainer oder Yogalehrer
Content Creator, Speaker, Autor im Bereich Motivation/
Inspiration
Lehrer, Experte
Beispiele: ich selber, Gabby Bernstein

DAS DHARMA DES VATA-KAPHA- / KAPHA-VATA-TYPS
Ideen haben, die anderen helfen

Dieser Konstitutionstyp sehnt sich nach Zeit allein sowie danach, direkt mit Menschen zu arbeiten. Er muss auf die Ausgewogenheit zwischen Verbundenheit mit anderen und Zeit für sich selbst achten.

Das kann sich in den folgenden Berufen niederschlagen:
Coach, der Menschen inspiriert (Vata) und sich mit ihnen verbindet (Kapha)
Inhaber eines kleinen Geschäfts, in dem selbst hergestellte Produkte verkauft werden
Content Creator, Speaker, Autor, Lektor im Bereich liebevolle Selbstfürsorge/Authentizität
Yoga-/Meditationslehrer
Hochzeits-/Eventkoordinator
Beispiel: Brené Brown

DAS DHARMA DES PITTA-KAPHA- / KAPHA-PITTA-TYPS
Projekte, die anderen helfen, realisieren

Dieser Konstitutionstyp liebt es, Projekte auszuführen, die anderen helfen. Außerdem mag er die ausgewogene Mischung aus Ordnung und von Herzen kommender Verbundenheit mit anderen Menschen.

Das kann sich in den folgenden Berufen niederschlagen:

Coach, der Menschen motiviert (Pitta) und sich mit ihnen ver-
bindet (Kapha)
Bodyworker, Energieheiler, Akupunkteur, Kräuterkundler
Content Creator, Speaker, Autor im Bereich Mind-Body/
Meditation
Koch, Kunsthandwerker, Inhaber eines kleinen Geschäfts
Projektmanager, Personalmanager, Communitymanager
Beispiel: Deepak Chopra

Du kannst dein Dharma um dein Dosha herum aufbauen – tatsächlich ist das der einzige Weg, um es tragfähig zu machen!

Der Dosha-Zyklus, der dich zu deinem Dharma führt

Nachdem wir die Doshas kennengelernt haben, möchte ich dir zeigen, wie sie uns als Kompass zu unserem Dharma führen können. Ich wurde einmal als Teil eines Expertenpanels gefragt, wie man mit dem, was man gern tut, ein Unternehmen gründen kann. Und plötzlich hatte ich die Antwort: durch die Doshas. Denn nicht nur wir tragen sie in uns, sogar unser Dharma durchläuft drei Dosha-Phasen. Dabei ist jede Phase durch ganz bestimmte Merkmale gekennzeichnet und wichtig dafür, dass sich das Dharma entfalten kann. Man kann sich diese Phasen auch wie einen Mondzyklus vorstellen, bei dem jede Phase unabdingbar für die nachfolgende ist. Die Dosha-Zyklen wiederholen sich, während wir unser Dharma immer weiter verfeinern und ausdehnen.

DER ZYKLUS LÄSST SICH
IN DIE FOLGENDEN DREI PHASEN EINTEILEN:

Vata = Ideenphase
Pitta = Ausführungsphase
Kapha = Neubewertungsphase

Viele Menschen verharren ihr gesamtes jetziges Leben lang in der Vata-Phase ihres Dharma. Sie haben Ideen, setzen diese aber nicht in die Tat um. Und fragen sich dann, warum ihre Träume nie wahr werden! Verbleibst du zu lange in der Vata-Phase, redest du dir dein Dharma irgendwann unweigerlich selbst aus. Handelst du jedoch, verlagert sich deine geistige Energie in Richtung Pitta und richtet sich vermehrt darauf, wie du verbessern kannst, was du tust, statt dir etwas Neues zu suchen. Dann hast du nicht nur die Geschäftsidee, von der du immer sprichst, dann schreibst du auch einen Businessplan zur Umsetzung.

In der Pitta-Phase vernachlässigen wir oft die Pausen, die wir machen müssen – es passiert gerade so viel, die Dinge entwickeln sich so rasch. Wenn wir aber nicht freiwillig eine Pause machen, wird sie uns früher oder später aufgezwungen. Wir werden krank, bekommen vielleicht Fieber oder leiden an Burn-out – beides ist mit überschüssiger Feuerenergie verbunden. Deine besten Ideen werden niemals Wirklichkeit werden, wenn du frustriert und erschöpft am Computer sitzt und auf einem Problem herumkaust. Erst wenn du einen Schritt zurücktrittst und für einen Augenblick gar nicht mehr an das Problem denkst, ergibt sich die Lösung ganz von selbst.

Du hast dich seit der Vata-Phase so stark verändert, dass du dein Leben nun neu bewerten musst. Vielleicht befindet sich das, was du tust, nicht mehr im Einklang mit der nächsten Entwicklungsstufe deines Dharma. Vielleicht fühlst du dich ausgelaugt, weil du all deine Pitta-Energie in dein Dharma gesteckt hast. Erholung kann nur das Kapha bringen, wenn wir Fortschritt gegen Langsamkeit eintauschen und uns daran erinnern, dass wir auch nur Menschen sind. Das Kapha ermöglicht es uns, wieder einen Blick auf unseren inneren Kompass zu werfen und zu entscheiden, wohin wir aufbrechen wollen.

Manche Menschen verharren ihr ganzes Leben lang in dieser Phase, weil sie es darin so schön bequem haben. Sie nimmt uns den Druck, etwas tun zu müssen, und gestattet uns jede Menge Mitgefühl mit uns selbst. Eine wirklich schöne Phase, aber eben nur eine Phase. Ihr Zweck besteht darin, das Sprungbrett zur nächsten Idee zu sein, uns wieder in die Vata-Phase zu katapultieren, damit der Zyklus von Neuem beginnen kann. Wir kaufen uns keine behagliche Matratze, um für den Rest unseres jetzigen Lebens im Bett zu bleiben, oder? Wir kaufen sie, um uns auszuruhen und dann wieder aufstehen zu können. Aufgabe der Kapha-Phase ist es, Körper und Seele zu nähren, damit wir von einem sogar höheren Standpunkt aus erneut beginnen können. Du machst dich aus diesem tiefen Raum der Ruhe auf zu neuen Ideen und hast nun eine bessere Vorstellung davon, wie du dienen wirst.

Vata = Ideenphase	Fragen in dieser Phase
Brainstorming	Was will ich?
Visualisieren	Was macht mir Spaß?
In größeren Zusammenhängen denken	Wie wäre es, das jeden Tag zu tun?
Wie schaffe ich das?	

Pitta = Ausführungsphase	Fragen in dieser Phase
Strategien entwickeln	Wie kann ich wachsen?
Aktionspunkte festhalten	Wie kann ich verschiedene Aspekte meines Unternehmens automatisieren und reibungsloser werden lassen?
Ideen in die Tat umsetzen	Wie kann ich unterstützende Strukturen aufbauen?
Wie kann ich meine Vision noch ausdehnen?	

Kapha = Neubewertungsphase	Fragen in dieser Phase
Ausruhen	Wie kann ich das, was ich gelernt habe, nutzen, um mich in der Zukunft noch zu verbessern?
Neu bewerten	Wie kann ich mich wieder mit meiner Leidenschaft verbinden?
An neue Verhältnisse anpassen	Wie kann ich das in Einklang mit meinen aktuellen Wünschen bringen?
	Wie kann ich dafür sorgen, dass sich das verselbstständigt?

Denk immer daran, dass alle Phasen wichtig für das Dharma sind. Ohne die Vata-Phase hätten wir keine genaue Vorstellung davon, worin unser Dharma besteht. Ohne die Pitta-Phase brächten wir nichts zustande und die Idee bliebe nur eine Idee. Ohne die Kapha-Phase droht Burn-out; ohne sie erreichen wir am Ende ein Ziel, das für uns nicht mehr von Bedeutung ist. Manche Menschen halten sich von Natur aus gern in der Vata-, andere in der Pitta- und wieder andere in der Kapha-Phase auf, je nach individueller Dosha-Konstitution. Es ist jedoch wichtig, dass wir alle drei Phasen durchlaufen, damit wir unser endgültiges Dharma erfüllen können.

Jeder Mensch ist anders

Wir sind alle ständig damit beschäftigt, unser Dharma die Doshas durchlaufen zu lassen, und jedes Dosha steht für eine einzigartige und bedeutungsvolle Phase unseres Schaffensprozesses. Wir müssen alle zuerst die Idee haben, diese dann in die Tat umsetzen und die Situation anschließend neu bewerten. In diesem Sinne kann man die Doshas als universal bezeichnen.

Unsere ganz persönliche Kombination der drei Doshas zeigt sich jedoch dadurch, dass wir in einer bestimmten Phase länger verweilen. Jemand, der von Natur aus eher Vata-zentriert ist, liebt die Ideenphase. Diesem Jemand fällt ein neuer Markenname schneller ein, als wir »Markenname« sagen können, und bei der Aussicht darauf, etwas Neues anzufangen, wird er ganz hibbelig. Mit der Ausführungsphase hingegen hat dieser Konstitutionstyp so seine Schwierigkeiten – damit, Ideen in die Tat umzusetzen und auch dann noch dabeizubleiben, wenn ihm das alles nicht mehr so aufregend neu vorkommt. Etwas leichter machen kann er es sich, wenn er die Ausführung Schritt für Schritt angeht: Was muss ich zuerst tun, damit aus dieser Idee Wirklichkeit wird, was als Nächstes? In der Vata-Phase ist man vom schieren Ausmaß des Dharma schnell überfordert; dann hilft es oft nur noch, das Dharma gewissermaßen in mundgerechte Häppchen zu zerteilen. Für eher Vata-orientierte Menschen kann dies eine Herausforderung darstellen – sie müssen sich vielleicht Hilfe bei eher Pitta-orientierten

Menschen suchen, die ihnen zeigen, wie sie ihre Visionen zum Leben erwecken und organisieren können.

Jemand, der von Natur aus eher Pitta-zentriert ist, liebt die »Lasst es uns angehen«-Phase. Dieser Jemand hat die Idee noch nicht einmal richtig in Worte gefasst, will aber schon loslegen. Er ist begeistert von der Aussicht auf das Tun und macht schon, während andere noch nachdenken. Das ist oft zwar hilfreich, manchmal aber auch übereilt und nicht zu Ende gedacht. Deshalb gehen diese Menschen häufig einen Schritt vorwärts und zwei zurück. Außerdem tauchen Pittas hin und wieder so tief ins Tun ein, dass sie darüber das Warum vergessen. Sie treten nicht immer einen Schritt zurück und fragen sich: Befindet sich das noch im Einklang mit dem, der ich heute bin? Es kann sehr schwierig sein, sich ein gut laufendes Geschäft, das konstante Pflege und Aufmerksamkeit braucht, kurz mal aus der Distanz anzusehen. Tust du das aber nicht regelmäßig, käust du beständig nur eine frühere Version deiner selbst wieder. Pittas müssen gelegentlich den Kapha-Standpunkt einnehmen und sich fragen, wie sie ihre Talente noch großzügiger teilen können. Dazu brauchen sie manchmal die Unterstützung einer Kapha-Freundin oder -Kollegin, die sie daran erinnert zu chillen, es ruhiger angehen zu lassen und einen Blick auf das Gesamtbild zu werfen. Pittas wollen immer die besten Ideen umsetzen, doch die kommen nur, wenn man im Kapha-Modus Raum dafür schafft.

Jemand, der von Natur aus eher Kapha-zentriert ist, liebt den erholsamen Teil des Dharma. Dieser Jemand will sich mit den Menschen verbinden, deren Leben er berührt hat, was sehr hilfreich sein kann, weil er sich der Bedürfnisse seiner Kunden und persönlichen Kontakte äußerst bewusst ist. Es kann ihm aber auch schaden, weil er sich so sehr in den Emotionen anderer verfangen hat, dass er das, was *er* wirklich will, nicht mehr verfolgt. Der Kapha-Typ macht sich beispielsweise Gedanken darüber, wie es seiner Familie dabei geht, wenn er seinem Dharma folgt, und hat ein schlechtes Gewissen, wenn er sich einmal als Erstes um sich selbst kümmert. Doch so fürsorglich und mitfühlend, wie er nun einmal ist, muss er dieselbe liebevolle Fürsorge aber auch sich selbst gegenüber walten lassen. Kaphas müssen begreifen, dass es nicht egoistisch ist, dem Dharma zu folgen. Es ist im Gegenteil die *einzige* Verantwortung, die wir auf diesem Planeten haben. Du kannst nur die Mutter/der Vater/das Kind/der Ehemann/die Ehefrau/die Freundin/der Freund sein, die oder der du sein willst, wenn du auf der Seelenebene wirklich erfüllt bist. Kaphas fühlen sich manchmal überfordert von all den Schritten, die man gehen muss, um seinem Dharma zu folgen, und bleiben deshalb häufig schlicht dort, wo sie sind. Was nicht hilft, ist jemand, der sie anbrüllt, endlich den Hintern hochzukriegen – das treibt Kaphas in der Regel nur noch weiter in ihr Schneckenhaus zurück. Nein, was Kaphas brauchen, sind Träume: Sie müssen sich bildlich vorstellen, was sie wollen, was ihr Dharma sein könnte, und wie sich ihr Leben wohl anfühlen wird, wenn sie am Ziel ihrer Träume angelangt sind. Sie müssen sich ins Vata begeben und sich mit Vata-Visionären umgeben. Und aus dieser Inspiration heraus werden sie von ganz alleine tätig werden wollen.

Die Doshas also sind ein wunderbarer Zyklus, den wir alle mehrfach durchlaufen, während sich unser Dharma entfaltet und offenbart. Unser angeborenes Dosha gibt lediglich Auskunft darüber, zu welcher Phase wir uns vielleicht mehr hingezogen fühlen, in welcher wir möglicherweise eher verharren. Darüber hinaus erinnert uns das Dosha daran, wohin wir uns als Nächstes begeben sollten.

Solltest du dich gerade in der Vata-Ideenphase befinden: Werde aktiv. Schreib eine Mail. Stell einen Plan auf. Fang einfach an.

Solltest du dich gerade in der Pitta-Ausführungsphase befinden: Halt inne. Geh spazieren. Atme tief durch. Nimm dir Zeit, dich neu zu kalibrieren, und mach dann von diesem höheren Standpunkt der Ausrichtung aus weiter.

Solltest du dich gerade in der Kapha-Neubewertungsphase befinden: Fang an zu träumen. Was willst du? Wie wird es sich anfühlen, wenn du das, was du willst, erreicht hast? Du hast das Heft in der Hand – es ist also an der Zeit, dass du das Leben, das du verdienst, visualisierst.

Wenn du dich von deinem Dharma erschlagen fühlst

Sicherlich hast du das auch schon erlebt: Du wolltest dein Dharma mehr als alles andere, hast dich dabei aber gleichzeitig völlig überfordert gefühlt. Glaub mir: Ich fühle mit dir. Ich konnte jedoch beobachten, dass sich diese Überforderung, dieses Sich-erschlagen-Fühlen auf dreierlei Weisen äußern kann, und auch sie haben etwas mit den Doshas zu tun (du weißt doch – ich hab die Dosha-Brille auf!).

VOM VATA ÜBERFORDERT

Hast du manchmal so viele Ideen, dass du keine Ahnung hast, wo du anfangen sollst, und dich schließlich so überfordert fühlst, dass du gar nicht anfängst? Das ist das Vata. Die Vata-Phase ist die befreiendste und überwältigendste Phase, weil in ihr alles möglich ist. Du kannst deinen Ideen freien Lauf lassen oder zulassen, dass deine Ideen mit dir durchgehen. In dieser Phase hast du noch nichts unternommen, was es einfacher macht, am Ende gar nichts zu unternehmen.

Dieser Zustand ist von der Luftenergie geprägt. In ihm fühlen wir uns benommen, benebelt, wie unter Drogen, berauscht und verwirrt. All diese Energie sammelt sich im Kopf, was uns mit dem Gefühl zurücklässt, nicht geerdet zu sein. Genau wie die Luftenergie sich ständig bewegt, wirbeln auch deine Ideen durcheinander, und du fühlst dich zerstreut und unruhig. Dieses Übermaß an Vata-Luftenergie kann nur durch das Feuer – Pitta – umgewandelt werden. Das Gefühl, überfordert zu sein, verschwindet nicht dadurch, dass du es ignorierst; du musst aktiv werden und wieder Klarheit schaffen.

Die einzige Möglichkeit, die Turbulenzen deiner Gedanken und widersprüchlichen Ideen zu überwinden, besteht darin, einfach damit anzufangen, *etwas zu tun*, selbst wenn du dir diesbezüglich nicht hundertprozentig sicher bist. Du findest erst heraus, was richtig für dich ist, wenn du aktiv wirst. Du kannst dir natürlich dein ganzes Leben lang Gedanken darüber machen, ob du Fotografin werden willst oder nicht; doch erst wenn du eine Kamera in die Hand nimmst und fotografierst, weißt du, ob dir das Fotografieren Spaß macht – oder nicht. Eine relativ risikoarme Möglichkeit, ein Dharma »anzuprobieren«, ist die, für einen Menschen zu arbeiten (oder auch erst einmal ein Praktikum zu machen), den du dir potenziell ans Vision Board heften würdest. Das könnte beispielsweise jemand sein, dessen Leben deinem Wunschleben ähnelt oder der sich in der Welt auf eine in deinen Augen inspirierende Art zeigt. Bei der Arbeit für diesen Menschen erkennst du die Vor- und Nachteile der jeweiligen beruflichen Laufbahn eher. Vielleicht bist du überrascht von den verschiedenen Verantwortlichkeiten und den Arbeitszeiten sowie davon, was den Beruf tatsächlich ausmacht. Nur wenn du das alles einmal selbst erlebst, kannst du entscheiden, ob es wirklich das ist, was du dir vorgestellt hast und wünschst.

Vielleicht stellt sich die Arbeit aber auch als eine heraus, die du nur nicht gern für andere tun würdest – dann mach sie einfach für dich! Verkaufe deine selbst gezogenen Kerzen auf Etsy, biete deine selbst hergestellten natürlichen Hautpflegeprodukte auf dem nächsten Bauernmarkt an, erstelle deine eigene Website oder behandle deine ersten Kunden gratis, um Erfahrungen zu sammeln und gute Reviews zu bekommen. Wir warten oft darauf, dass uns jemand anders die Erlaubnis erteilt, unserem Dharma folgen zu dürfen, dabei liegt es einzig an *uns*, uns diese Erlaubnis zu erteilen. Du brauchst trotzdem die Erlaubnis von außen? Bitte schön – hier hast du sie.

Du kannst beim Aktivwerden nichts verlieren, du kannst nur gewinnen – an Erfahrung. Und was ist schließlich besser: die Fantasie eines potenziellen Dharma zu leben oder es zu versuchen und dabei wieder auf sein wahres Dharma gelenkt zu werden? Das einzige Scheitern ist die Stagnation. Wenn du einen Fuß vor den anderen setzt, zeigst du dem Universum, dass es dir nicht egal ist. Damit erzeugst du Kriya und näherst dich deinem Dharma an.

VOM PITTA ÜBERFORDERT

Hast du dir manchmal so viel vorgenommen, dass du keine Ahnung hast, wie um Himmels willen du den Tag überstehen sollst? Das ist das Pitta. Diese Art der Überforderung entsteht im Gegensatz zur Vata-Überforderung nicht dadurch, dass du nicht weißt, was du tun sollst, sondern dadurch, dass du so viel zu tun hast, dass du nicht weißt, wie du das alles schaffen sollst. Ein Teil von dir will sich sofort in die Arbeit stürzen, ein anderer in den nächsten Flieger nach Bali springen. Das ist die geradezu *klassische* Pitta-Überforderung. Und da die Pitta-Natur eine andere ist als die Vata-Natur, müssen wir mit dieser Art von Überforderung auch anders umgehen. Dieser Zustand ist von der Feuerenergie geprägt. In ihm ist uns heiß, wir schwitzen und fühlen uns nicht wohl. Unser Körper wird von Energie überflutet, und wir neigen zu blindem Aktionismus. Das kann zuerst zu Fehlern und schließlich zum Burn-out führen.

Häufig versuchen wir, dem Übermaß an Pitta mit unserem Verstand beizukommen und uns einzureden, wir müssten doch schließlich so hart arbeiten, sonst würden wir es schlicht nicht schaffen, aber das stimmt nicht. Deine Karriere wird ohne deinen gnadenlosen Einsatz rund um die Uhr nicht gleich zusammenbrechen; im Gegenteil: Sie wird sich ausdehnen. Du musst ein Team aus vertrauenswürdigen Mitarbeiterinnen und Mitarbeitern um dich herum aufbauen, die dich entlasten, damit du dich auf die großen Entscheidungen konzentrieren kannst.

In dem Augenblick, in dem dir diese Art von Überforderung bewusst wird, musst du dir als Erstes Raum verschaffen, und zwar durch eine Kapha-Pause. Beobachte die Empfindungen in deinem Körper. Wie atmest du? In welchen Bereichen verspürst du Anspannungen? Durch das Beobachten entfernst du dich allmählich vom Erlebten und wirst Zeuge desselben. »Ich verspüre eine Anspannung im Kopf, mir ist heiß, meine Schultern fühlen sich verkrampft an, meine Atmung ist flach.« Allein durch das Analysieren dessen, wie du dich fühlst, wirst du ruhiger, weil du die Trennung zwischen dir und dem Zustand, in dem du dich befindest, herbeiführst. Wenn wir zum Zeugen unserer Empfindungen werden, identifizieren wir uns nicht mehr so stark mit ihnen. Wir sind nicht mehr Opfer, sondern nur noch Beobachter – der beste Weg, einer Pitta-Überforderung zu begegnen.

Dazu noch eine sehr hilfreiche wissenschaftliche Erkenntnis: Forscher haben herausgefunden, dass wir genau sechs tiefe Atemzüge brauchen, um unser Nervensystem zu beruhigen. Lass die Schultern sinken und nach hinten kreisen. Auf ihnen ruht somatisch gesehen die Last der Welt; lösen wir also die Anspannung in unseren Schultern, können wir dadurch Stress abbauen, der sich angesammelt hat. Strecke nun deine Arme nach oben und dehne dich. Im Körper Raum zu schaffen, schafft auch Raum in unserem Kopf. Klären wir stagnierende Energie körperlich, klären wir sie auch mental. Ich empfehle zudem, die Hüften kreisen zu lassen, was dich mit deinem Sakralchakra und deinem Wurzelchakra verbindet, deine Energie erdet und dich wieder in Kontakt mit dem göttlich Weiblichen bringt, der weicheren, *yin*-ähnlichen Energie. Geh spazieren und sei in der Natur, denn auch der Anblick der Farbe Grün beruhigt das Nervensystem. Die To-do-Liste erst einmal To-do-Liste sein zu lassen, mag zunächst zwar kontraintuitiv klingen, doch wer überfordert ist, kann schlicht nichts leisten. Das sogenannte Embodiment (Atem- und Bewegungsübungen) macht den Kopf frei und bringt uns nach Hause in unseren Körper zurück, wo wir uns verwurzelt, geerdet und selbstbeherrscht fühlen. Stress ist nichts »da draußen« – Stress ist ein innerer Zustand. Die Welt kann dich nicht stressen, wenn du nicht gestresst bist. Wenn wir uns vom Stress lösen, reagieren wir allmählich nicht mehr auf Situationen, die früher Stress in uns getriggert hätten.

Vermeide es, deinen Zustand zu sehr zu intellektualisieren. Zu verkopft zu sein lässt sich mit dem Verstand nicht lösen. Du musst wieder in deinen Körper zurückkommen. Wenn du ein Übermaß an Pitta an dir bemerkst, versuche, gewohnheitsmäßig zum Kapha überzugehen, auch wenn es dir als das Letzte erscheint, das du in diesem Augenblick tun solltest. Du wirst dich danach stets in einer höheren Schwingung wiederfinden.

VOM KAPHA ÜBERFORDERT

Hast du manchmal das Gefühl, einfach nicht die Energie dafür aufbringen zu können, deinem Dharma zu folgen? Du siehst sehr wohl, was getan werden müsste, doch dein Körper kann sich schlicht nicht dazu aufraffen. Du siehst, wie andere Menschen emsig wie die Bienchen umhersummen – und fühlst dich selbst wie ein Faultier. Das ist das Kapha. Um dieser Trägheit zu entkommen, musst du immer an Folgendes denken: Energie erzeugt Energie. Ist das Dharma erst in Bewegung, bleibt es in Bewegung.

Wir bekommen keine Energie, wenn wir nur auf der Couch herum-liegen, das macht uns nur noch schläfriger. Es ist wie beim Sport: Manche reden sich gern damit heraus, sie könnten keinen Sport treiben, weil es ihnen an Energie mangele, dabei ist der Sport das, was uns Energie liefert, so widersprüchlich das auch klingen mag. Und genau so ist es auch in diesem Fall: Du brauchst keine un-erschöpfliche Energie, um dein Dharma zu erfüllen – das Erfüllen deines Dharma schenkt dir unerschöpfliche Energie.

Wie also bekommst du Energie, wenn du keine hast? Denk dar-an, wie du dich hinterher fühlen wirst, wenn deine Website endlich fertig ist oder du deinen ersten Kunden hast oder was immer es ist, das für dich zu einem sinnerfüllten Leben führt. Denk daran, wie kompetent, dankbar, stolz, versiert, friedvoll und inspiriert du dich fühlen wirst; das wird dir dabei helfen, aktiv zu werden. Ver-gleiche diese Gefühle damit, wie du dich jetzt fühlst: überfordert, erschöpft, verängstigt, eingeschüchtert. Wie fühlst du dich lieber?

Eine weitere Folge des Kapha-Übermaßes ist das Gefühl der Verpflichtung und der Verstimmung, das aus den Erwartungen anderer resultieren kann. Hast du dich auch schon einmal über die Erwartung eines anderen Menschen geärgert, es diesem aber nicht gesagt? Ein Übermaß an Kapha kann sich auch in der Unfähigkeit äußern, klare Grenzen zu setzen. Menschen erwarten nun einmal Dinge von anderen Menschen, das kann man ihnen nicht vorwer-fen. Durchaus vorwerfen kann man jemandem allerdings, dass er sich diesen Erwartungen beugt, wenn er es eigentlich nicht will. Wir dürfen uns nicht darüber aufregen, dass jemand eine Grenze überschreitet, die wir gar nicht gezogen haben – vor allem dann nicht, wenn wir in der Vergangenheit stets Ja gesagt haben.

Dazu ein Beispiel: Vielleicht hast du eine Freundin, die glaubt, jederzeit bei dir anrufen und sich stundenlang über ihre Probleme auslassen zu können. Die ersten paar Mal hast du zugehört, weil du eine gute Freundin sein wolltest, doch irgendwann ist daraus eine Gewohnheit geworden. Inzwischen aber verkrampfen sich bei dir Körper und Geist jedes Mal, wenn sie anruft, denn du weißt ja mittlerweile, was kommt. Und trotzdem gehst du ans Telefon! Vielleicht versuchst du auch, hin und wieder nicht abzuheben oder kürzer angebunden zu sein, aber eine Grenze hast du nicht wirklich gezogen. Wie soll deine Freundin also dann aus diesen kleinen Indizien schlau werden? Wir sind von den Erwartungen anderer überfordert, wenn wir ihre Bedürfnisse über unsere eigenen stellen. Bringen wir hingegen klar und deutlich zum Ausdruck, wozu wir bereit sind und wozu nicht, geraten wir erst gar nicht in diese schwierige Situation. Und das fühlt sich gut an.

FÜR ÜBERFLIEGER
KURZ ZUSAMMENGEFASST

Du bist auf der Suche nach deinem Dharma? Dann wirf einen Blick auf dein Dosha! Der Vata-Konstitutionstyp ist kreativ, der Pitta-Typ schafft gern was weg, und Kaphas lieben es, tief gehende Verbindungen zu anderen Menschen aufzubauen. Jeder Mensch trägt alle drei Doshas in sich, allerdings sind die Anteile unterschiedlich groß. Auch dein Dharma durchläuft alle drei Doshas: Das Vata ist die Ideenphase, das Pitta die Ausführungsphase und das Kapha die Neubewertungsphase. Wann immer du das Gefühl hast zu stagnieren, solltest du dir ansehen, welches Dosha gerade am stärksten vertreten ist; das wird dir einen Hinweis darauf geben, was als Nächstes zu tun ist.

Macht sich ein Übermaß an Vata bemerkbar (dir schwirren zu viele Ideen im Kopf herum), dann werde aktiv. Macht sich ein Übermaß an Pitta bemerkbar (du bist überarbeitet), dann mach eine Pause. Und macht sich ein Übermaß an Kapha bemerkbar (du kommst nicht weiter), dann fang an zu träumen. Die Doshas sind dein Kompass, sie führen dich immer zu deinem Dharma.

6

Die Dharma-Archetypen

Die Arbeit mit Archetypen hat mir in meinem Leben immer sehr geholfen, da ich durch sie die Muster sowohl bei mir als auch bei anderen erkennen konnte. Archetypen sind so alt wie die Veden und so allgemeingültig wie das Bewusstsein. Persönlichkeitstypen wie beispielsweise die »Mutter« oder die »wilde Frau« gibt es schon seit Anbeginn der Zeit. Die verschiedenen Systeme, die sich mit Archetypen beschäftigen – seien es die Doshas, das Göttinnenprinzip, die Jung'schen Archetypen, die Typen nach dem Myers-Briggs-Indikator, die Klassifizierung nach dem Enneagramm oder die Einteilung nach den sogenannten Michael-Lehren –, zeigen uns alle eine jeweils neue Seite an uns. Im Großen und Ganzen ermöglichen sie es uns, gewissermaßen die einzelnen Punkte miteinander zu verbinden und uns selbst auf einer tieferen Ebene besser zu verstehen.

Ich habe vom Universum neun mit dem Dharma verbundene Archetypen empfangen, die ich die Dharma-Archetypen nenne. Unsere Seele hat sich vor ihrer Inkarnation den Archetyp ausgesucht, mit dem wir unsere Lebensaufgabe erfüllen können. Der Archetyp hilft uns dabei, uns genau darin auszuzeichnen, was zum Erfüllen unseres Dharma erforderlich ist. Er unterstützt also unser Dharma, indem er dafür sorgt, dass es sich mit ihm für uns ganz natürlich anfühlt.

Die Dharma-Archetypen stellen den universellen Ausdruck der Seelentypen dar, die in uns allen existieren, und haben sich auf meiner eigenen Dharma-Reise als ausgesprochen nützliches Werkzeug erwiesen; zudem haben sie mir dabei geholfen, andere durch ihre Dharma-Reise zu lotsen. Wer seinen Dharma-Archetyp kennt, versteht, warum er sich zu bestimmten Dingen hingezogen fühlt; durch ihn kann er sich dem, der er ist, voll und ganz widmen.

Die Dharma-Archetypen bauen auf den Doshas auf, gliedern diese aber weiter in spezifische Rollen auf, die wir in der Gesellschaft spielen. Du wirst in den Beschreibungen in diesem Kapitel aller Wahrscheinlichkeit nach deine Freunde, deine Familie und auch dich selbst sofort wiedererkennen; die Archetypen sind universell – es gibt sie in Kenia, China, Peru und England ebenso wie überall auf der Welt, denn die Seele kennt keine Grenzen.

Ich bin davon überzeugt, dass uns das Universum die unverwechselbaren Dharma-Archetypen eingeschrieben hat, damit wir in einer ausgewogenen Gesellschaft leben können. Hätten wir alle dieselbe Persönlichkeit, dieselben Talente und dieselben Eigenschaften, gäbe es so etwas wie Talent gar nicht. Hätten wir alle exakt dieselben Fähigkeiten, gäbe es keinen herausragenden Sänger, keine herausragende Künstlerin, keine Heilerin, keinen Erfinder. Alles wäre gleich – und damit ungeheuer langweilig. Das Universum hat dich nicht dazu bestimmt, auf allen Gebieten gleichermaßen gut begabt zu sein, wie es dir der Direktor in der Schule vielleicht erzählt hat; es hat dich dazu bestimmt, du zu sein.

Wenn ich über die Dharma-Archetypen nachdenke, stelle ich mir gern vor, das Universum spiele genauso begeistert *The Sims* wie ich. Für alle, die es nicht kennen: In diesem genialen Computerspiel erschafft man Menschen, stattet sie jeweils mit bestimmten Persönlichkeitsmerkmalen aus und steckt sie dann alle gemeinsam in ein Haus. Man kann beispielsweise bestimmen, wie kontaktfreudig, organisiert, geduldig, aktiv oder sogar flirtlustig die betreffende Person ist. (Bei mir war immer ein superintrovertiertes Organisationstalent dabei, das das Haus sauber hielt – Code Rosebud! Für tonnenweise Sims-Geld ... Bitte schön, gern geschehen!) Und wie bei *The Sims* hat auch das Universum uns mit vielen verschiedenen Fähigkeiten, Interessen und Talenten ausgestattet, damit wir alle zusammen aus der Welt ein Ganzes machen können. Es gibt immer jemanden, der gern tut, was du eher widerwillig erledigst. Warum also sollten wir uns in die Schuhe anderer Leute quetschen, wenn wir doch zu dem Sim bestimmt sind, den das Universum aus uns gemacht hat?

Und nun Näheres zu den einzelnen Dharma-Archetypen. Du bist zwar immer einzigartig du selbst, verkörperst jedoch einen ähnlichen Archetyp, wie auch andere ihn besitzen – Menschen, die dazu bestimmt sind, etwas Ähnliches zu tun wie du, dies aber auf ihre ganz persönliche, einzigartige Weise tun. Es gibt, wie bereits erwähnt, neun verschiedene Dharma-Archetypen, und ebenso wie bei den Doshas bestehen wir auch hier im Allgemeinen aus einer Kombination aller neun Typen, die jeweils unterschiedlich stark ausgeprägt sind. (Es ist also *nicht* wie bei diesen Persönlichkeitstests, bei denen nur ein Ergebnis auf dich zutrifft und du alle anderen links liegen lassen kannst.) Du kannst einen hohen Anteil mehrerer Archetypen in dir tragen oder auch einen geringen bei mehr als einem Archetyp. Vielleicht zeichnet sich bei dir ein Archetyp ab, vielleicht sind aber auch zwei bei dir gleich stark vertreten. Es kann auch sein, dass einige deiner Archetypen noch nicht erwacht sind, während andere ihre Rolle in deinem Leben bereits gespielt haben.

Je selbstgewahrsamer du wirst, desto deutlicher zeigt sich dein Archetyp oder zeigen sich deine Archetypen. Deshalb sind Praktiken wie Tanztherapie, Meditation, Innenschau, Tagebuchschreiben, Atemarbeit, Klangbäder und Pflanzenmedizin so wichtig – sie eröffnen uns Aspekte unserer Seele, die uns vorher noch nicht bewusst waren. Im Laufe dieses Buchs wird sich dein Bewusstsein weiten, und deine Archetypen werden immer klarer.

Spüre den Beschreibungen der verschiedenen Archetypen nach. Wen hast du bei einem bestimmten Archetyp vor Augen, und wie ist deine Beziehung zu diesem Menschen? Gibt es Archetypen, von denen du weißt, dass du sie verkörpern sollst, es jedoch noch nicht getan hast? Fühlen sich manche Archetypen völlig fremd für dich an? Das alles sind Rückmeldungen von deiner Seele. Vielleicht verspürst du beim Lesen ein Kribbeln oder Atemlosigkeit, vielleicht fängst du an zu weinen, bist aufgeregt oder sogar ängstlich – das ist ganz normal und entsteht durch die Wiedervereinigung mit deiner Seele. Herauszufinden, welcher Archetyp oder welche Archetypen du bist, ist, wie nach Hause zu kommen.

Bei jeder Archetypbeschreibung findest du außerdem die dazugehörige Chakrabalance. Chakras sind Energiezentren auf der Achse unserer Wirbelsäule, die verschiedene psychosomatische Charakteristiken repräsentieren. Näher mit den Chakras beschäftigen werden wir uns in Kapitel 7.

Solltest du einen Aha-Moment haben, empfehle ich dir, das Buch einen Augenblick zur Seite zu legen und aufzuschreiben, was dir durch den Kopf geht und was du empfindest. Wir alle finden uns in mehreren der Archetypen wieder, mach dir also keine Gedanken, wenn du *den* Archetyp für dich nicht gleich entdeckst. Die Archetypen sind da und warten darauf, dass du dich in ihnen wiedererkennst.

Welcher Dharma-Archetyp bist du?

Du kannst bei diesem »Test« auf zweierlei Arten vorgehen: gründlich und penibel oder schnell. Die Peniblen unter uns geben den jeweiligen Antworten Punkte von 9 bis 1, wobei 9 bedeutet: »Ja, das bin typisch ich!« und 1 bedeutet: »Darin erkenne ich mich überhaupt nicht wieder«. Die Schnellen unter uns wählen einfach die Antwort, die sie für sich am zutreffendsten finden. Beide sollten jedoch versuchen, nicht zu lange über die Antwort nachzugrübeln – geht intuitiv und spontan vor. Und denkt daran: Hier geht es um euer Dharma. Eure Eltern/Kinder/Freunde bekommen die Antworten nicht zu Gesicht.

1. Was ist dir am wichtigsten?

A. ____ Das Leben anderer Menschen durch eine gute Ausbildung zu verbessern

B: ____ Mein Partner/meine Partnerin, meine Familie, meine Freunde

C: ____ Die Schwingung des Planeten zu erhöhen

D: ____ Kreative Lösungen für die Probleme der Menschen zu entwickeln

E: ____ Die Welt ein wenig schöner zu machen

F: ____ Zu verstehen, warum die Welt ist, wie sie ist

G: ____ Menschen zum Lachen, Weinen und Nachdenken zu bringen

H: ____ Mich für eine gerechte Sache einzusetzen

I: ____ Freunde, Familie und Schwache zu beschützen

2. Ich bin am glücklichsten, wenn ich ...

A: ____ ... lehre, was mir Freude bereitet.

B: ____ ... mich mit jemandem wirklich verbunden fühle.

C: ____ ... Menschen zu einer höheren Perspektive inspiriere.

D: ____ ... Geschäftsideen habe.

E: ____ ... Kunst schaffe.

F: ____ ... in Forschungen vertieft bin.

G: ____ ... auf der Bühne oder vor der Kamera stehe oder probe.

H: ____ ... bei anderen Menschen das Bewusstsein für bestimmte Dinge erhöhe.

I: ____ ... mich körperlich betätigen kann.

3. Ich verbringe gern Zeit damit, ...

A: ____ ... Neues zu lernen und dies dann anderen beizubringen.

B: ____ ... mit den Menschen, die ich gern habe, zusammen zu sein.

C: ____ ... andere an meinen Erkenntnissen teilhaben zu lassen.

D: ____ ... an meinen Geschäftsideen zu feilen.

E: ____ ... allein und von meiner Kunst umgeben zu sein.

F: ____ ... den Dingen auf den Grund zu gehen und zu neuen Schlüssen zu gelangen.

G: ____ ... Witze zu machen, Sketche zu schreiben, Text zu lernen.

H: ____ ... mich ehrenamtlich zu betätigen.

I: ____ ... gemeinsam mit meinem Team auf unsere Ziele hinzuarbeiten.

4. Wenn ich in Höchstform bin, ...

A: ___ ... beschere ich anderen Aha-Momente.

B: ___ ... bin ich auf einer tiefen Ebene mit anderen verbunden.

C: ___ ... verbreite ich höhere Visionen, die der Menschheit weiterhelfen.

D: ___ ... finde ich Lösungen für die Probleme anderer Menschen.

E: ___ ... bin ich ein kreatives Genie.

F: ___ ... verstehe ich Dinge, über die andere nicht einmal nachdenken.

G: ___ ... sorge ich dafür, dass sich die Menschen um mich herum besser fühlen.

H: ___ ... tue ich etwas wirklich Gutes für den Planeten.

I: ___ ... bin ich befeuert und bereit loszulegen.

5. Wenn ich nicht gut drauf bin, ...

A: ___ ... bin ich frustriert, weil ich versuche, anderen etwas beizubringen, das sie nicht verstehen können.

B: ___ ... trage ich es anderen Menschen nach, wenn sie meine Gutmütigkeit ausnutzen.

C: ___ ... mache ich mir Sorgen um die Zukunft der Welt.

D: ___ ... bin ich überarbeitet und dem Burn-out nahe.

E: ___ ... werfe ich mir meine Unzulänglichkeit vor.

F: ___ ... ärgere ich mich darüber, wie ungebildet und rücksichtslos die Menschen sind.

G: ___ ... bin ich deprimiert und falle in Suchtverhalten.

H: ___ ... bin ich wütend, weil sich niemand außer mir um den Planeten schert.

I: ___ ... fühle ich mich ausgebrannt, als hätte ich mein ganzes Leben lang gegen Windmühlen gekämpft.

6. Die meisten Komplimente bekomme ich für ...

A: ____ ... mein Geschick, auch komplizierte Zusammenhänge leicht verständlich zu erläutern.

B: ____ ... mein Mitgefühl, meine Geduld und meine Freundlichkeit.

C: ____ ... meine Intuition und die Fähigkeit, Weisheit aus dem Urgrund zu schöpfen.

D: ____ ... meine Fähigkeit, ein Geschäft aus dem Nichts aufzubauen, und für meinen Einfallsreichtum.

E: ____ ... meine Kreativität und die Fähigkeit, über den Tellerrand zu blicken.

F: ____ ... mein großes Wissen und die Neugier, die ich der Welt entgegenbringe.

G: ____ ... mein schauspielerisches Können und mein Geschick, mit Publikum umzugehen.

H: ____ ... die Leidenschaft, mit der ich mich für unseren Planeten einsetze.

I: ____ ... meine Stärke und Loyalität.

A = LEHRER*IN

B = NÄHRER*IN

C = VISIONÄR*IN

D = UNTERNEHMER*IN

E = KÜNSTLER*IN

F = FORSCHER*IN

G = UNTERHALTER*IN

H = AKTIVIST*IN

I = KRIEGER*IN

Trage die Anzahl deiner Antworten hier ein.

A	B	C	D	E	F	G	H	I

Lehrer*in

VORHERRSCHENDE DOSHAS: VATA + KAPHA

Aufgabe des Lehrer*in-Archetyps ist es, die Erfahrungen, die er macht, an andere weiterzugeben. Er sieht die Lektion in allem, was er erlebt, und lässt andere daran teilhaben. So postet er beispielsweise in den Social Media wichtige Schritte und Kernpunkte bestimmter Dinge, damit auch andere von ihnen lernen können. Der Lehrer*in-Archetyp hat sich selbst beigebracht, wie man etwa köstliche vegane Desserts zaubert oder ein erfolgreiches Onlinebusiness startet, und will anderen dieses Wissen vermitteln, damit sie ebenfalls davon profitieren können. Dieser Archetyp lernt durchs Lehren, er versteht Erlebtes, indem er es mit anderen teilt.

Die Mission des Lehrer*in-Archetyps besteht darin, durch Wissen zu dienen. Es sind die Hindernisse, die er auf seinem Lebensweg überwindet, die er mit anderen teilen soll, weshalb die meisten Coaches diesem Archetyp angehören. Die persönliche Erfahrung entfacht in ihnen den aufrichtigen Wunsch weiterzugeben, was sie aus dieser gelernt haben. Dieser Archetyp sieht die Lektion in einem Hindernis bereits, während er noch damit beschäftigt ist, es zu überwinden, und er nutzt das Hindernis als

Beispiel, um anderen über ähnliche Hindernisse hinwegzuhelfen. Er besitzt von Natur aus Führungsqualitäten, gepaart mit tief empfundener Empathie. Er weiß instinktiv, wenn es anderen einmal nicht gut geht, und versorgt sie mit allem, was sie brauchen, damit es ihnen wieder besser geht. Natürlich ist dieser Archetyp zum Beruf des Lehrers oder der Professorin geradezu geboren, doch eignet er sich auch für jede andere Tätigkeit, im Rahmen derer er sein Wissen weitergeben kann. Caroline Myss, Autorin spiritueller Bücher, ist ein ausgezeichnetes Beispiel für den Lehrer*in-Archetyp: Sie hilft anderen dabei, ihrer eigenen Spiritualität ernsthaft auf den Grund zu gehen.

Wichtig für diesen Archetyp ist es auch zu wissen, wer die Lektion wirklich hören will, und sich nicht an Uninteressierten abzuarbeiten. Denn Letzteres kann als moralisierend, aufdringlich und aggressiv-besserwisserisch aufgefasst werden. Als jemand, die selbst diesem Archetyp angehört, musste ich erst lernen, auf Interesse zu warten. Es kommt nicht selten vor, dass ich mich auf Menschen stürze, die ich eben erst kennengelernt habe, und ihnen erzähle, was sie aus ihrem Leben alles machen könnten – obwohl sie mich nie darum gebeten haben. Wir – also ich und alle anderen Lehrer*in-Archetypen – müssen begreifen, dass wir dem Karma anderer ernsthaft in die Quere kommen können, wenn wir ihnen Dinge erzählen, für die sie noch nicht bereit sind. Es gehört zu ihrer Dharma-Reise, diese Dinge selbst herauszufinden, wenn die Zeit dafür gekommen und der Wunsch dazu entstanden ist.

Die stark ausgeprägte Vata-Energie des Lehrer*in-Archetyps führt dazu, dass er eine besondere Anbindung an den Kosmos hat und so auch besonders gut das höhere Bewusstsein des Urgrunds channeln kann. Die ebenfalls ausgeprägte Kapha-Energie wiederum macht ihm bewusst, wie er dieses Wissen mit anderen teilen kann. Er weiß, dass jeder Mensch auf ganz individuelle Weise unterrichtet werden muss, und er weiß auch, wie er mit Eigenheiten umzugehen hat. Nur weil jemand alles weiß, macht das aus ihm noch lange keinen guten Lehrer – allenfalls einen langweiligen, schwadronierenden Professor. Ein guter Lehrer spricht so zu seinen Schülern, dass das Wissen auch ankommt. Er weiß, dass Selbstgewahrsein von innen heraus entsteht und dass der beste Weg, anderen wirklich etwas beizubringen, der ist, die richtigen Fragen zu stellen und einen hohen Schwingungszustand aufrechtzuerhalten, der es den Schülern ermöglicht, auf eigene Antworten zu kommen.

LEHRER*IN-CHAKRAS

Wurzelchakra: Ausgeglichen
Lehrer*in-Archetypen besitzen ein starkes Fundament, das sie zum Lehren nutzen. Sie können überhaupt nur von dieser ausgeglichenen Basis aus lehren.

Sakralchakra: Variiert
Ein Lehrer*in-Archetyp mit einem ausgeglichenen Sakralchakra hat gesunde und starke Beziehungen; ein Lehrer*in-Archetyp, dessen Sakralenergie hingegen erschöpft ist, hat möglicherweise den Kontakt zu seiner heiligen Sexualität verloren, weil er sich im Dauerlehrmodus befindet. Bei übermäßiger Sakralenergie wiederum kann sich ein ausgeprägtes Kontrollverhalten zeigen.

Nabelchakra: Ausgeglichen
Lehrer*in-Archetypen wissen genau, wer sie sind und warum sie dienen. Aus dieser ausgeglichenen Haltung heraus können sie andere aufbauen, die vielleicht nicht so genau wissen, wer sie sind.

Herzchakra: Ausgeglichen
Lehrer*in-Archetypen sind wirklich glücklich, wenn sie sehen,

dass andere aufgrund ihrer Ratschläge vorankommen. Zudem fühlen sie sich mit anderen verbunden, was in ihnen den Wunsch erweckt, das Leben dieser anderen zu verbessern. Der Archetyp denkt an andere, wenn er etwas lernt, weil er ein natürliches Gefühl des Einsseins verspürt.

Halschakra: Ausgeglichen bis überanstrengt

Das Halschakra verleiht dem Lehrer*in-Archetyp die Fähigkeit, komplexe und verwirrende Zusammenhänge auf einfache Art und Weise zu erläutern. Für ihn ist dieses Chakra ein Geschenk, das er täglich nutzen soll. Deshalb sprechen Lehrer*innen gern so viel – und werden mitunter heiser, was von einem überanstrengten Halschakra zeugt.

Stirnchakra: Ausgeglichen

Bei diesem Archetyp ist das Stirnchakra, auch drittes Auge genannt, weit geöffnet, sodass er intuitiv erfasst, wie er anderen nützlich sein kann. Manchmal sieht er Möglichkeiten für seine Schüler, die er für sich selbst nicht sieht; immer jedoch sieht er das Leben in einer größeren Dimension. Lehrer*in-Archetypen sind tief mit der kosmischen und intelligenten Energie verbunden, die sie durchströmt. Omega-3-Fettsäuren, wie sie beispielsweise in Chiasamen und Walnüssen enthalten sind – Letztere sehen schon aus wie ein Gehirn! –, helfen dem Archetyp dabei, seine geistigen Fähigkeiten auf Trab zu halten. Wichtig für diesen Archetyp ist es, irgendeine Form von Meditation zu praktizieren, damit er auch einmal abschalten kann – und so übermäßigen Sorgen und Kopfschmerzen vorbeugt.

Kronenchakra: Variiert

Ist ein Lehrer*in-Archetyp wirklich im Flow, schöpft er aus dem Urgrund des Seins, ob ihm das nun bewusst ist oder nicht. Gibt er jedoch seine Macht ab und vertraut etwa einem Buch mehr als der eigenen Weisheit, kann dies zu einer Blockade des Kronenchakras führen.

Nährer*in

VORHERRSCHENDES DOSHA: KAPHA

Die Aufgaben des Nährer*in-Archetyps sind Fürsorge und Verbundenheit. Seine Bestimmung im Leben ist es, für andere zu sorgen und sie nähren – in jeder Hinsicht. Diese Menschen sind hoch empathisch und spüren genau, was der andere braucht. Sie laden ihre Freunde zu sich zum Essen ein und zaubern dann nicht nur ein unglaubliches Drei-Gänge-Menü auf den Tisch, sondern hören ihren Gästen auch noch wirklich zu, wenn diese sich etwas von der Seele reden wollen. Der Nährer*in-Archetyp ist der geborene Heiler und verfügt über das Geschick, diese Heilung durch seine Liebe zu übermitteln. Allein durch seine Gegenwart kommen andere wieder zu Kräften.

Bei Nährer*in-Archetypen ist die Kapha-Energie stark ausgeprägt, was sie zu geduldigen, gutmütigen, humorvollen, loyalen, warmherzigen und liebevollen Menschen macht. Sie neigen nicht zum Drama und begegnen ihm deshalb auch selten. Viele Nährer*in-Archetypen werden Coaches; allerdings unterscheidet sich ihr Coachstil von dem des Lehrer*in-Archetyps – er ist weniger intellektuell gefärbt. Bei Nährer*innen geht es eher um Emotionen und Energie. Sie halten dir die Hand und helfen dir dabei, einen Ausweg aus deinen Problemen zu finden; das kann der reine Lehrer*in-Archetyp nicht so gut. Dem Nährer*in-Archetyp macht es nichts aus, wenn sich jemand in seiner Gegenwart Luft macht, während der Lehrer*in-Archetyp möglicherweise verärgert darauf reagiert, dass derjenige nicht einfach handelt.

Dem Nährer*in-Archetyp ist es sehr wichtig, anderen dabei zu helfen, sich besser zu fühlen, insbesondere deshalb, weil seine eigene Reise vielleicht mit mangelnder Selbstliebe begonnen hat. Dieser Archetyp stellt die Bedürfnisse anderer oft über die eigenen, und so ist es für ihn ausgesprochen ratsam, sich im Grenzensetzen zu üben. Er kann es nun einmal nicht allen und jeder recht machen. Manchmal sorgt er unbewusst sogar dafür, dass andere in ihrer Opferrolle bleiben: Die Abhängigkeit dieser Menschen von ihm kann ihm ein falsches Gefühl der Macht vermitteln. In diesem Fall hat der Nährer*in-Archetyp den Bezug zu seiner wahren Bestimmung verloren. Er weiß, wie abhängig seine Liebe machen kann, und benutzt sie vielleicht insgeheim, um andere an sich zu binden. Hier kommt es nicht selten auch zu co-abhängigen Beziehungen, vor allem mit Narzissten, die vom Nährer*in-Archetyp volle Aufmerksamkeit fordern.

Der Nährer*in-Archetyp muss lernen, seine Superkräfte weise einzusetzen, also Menschen aufzubauen, ohne sie dabei von sich abhängig zu machen. Man hört diesen Archetyp häufig sagen: »Menschen nutzen meine Nettigkeit aus«, was allerdings tatsächlich bedeutet: »Ich weiß nicht, wie man anderen gesunde Grenzen setzt, und bin deshalb am Ende oft überfordert.« Die einzigen Menschen, die sich über die Grenzen, die du setzt, ärgern werden, sind die, die sie nicht respektieren. Nährer*in-Archetypen wollen oft gefallen, weil sie die Bedürfnisse ihrer »Schützlinge« – praktisch also die Bedürfnisse aller Menschen in ihrer Umgebung – befriedigen wollen. Doch hier *müssen* Grenzen gesetzt werden, damit der Nährer*in-Archetyp sich voll und ganz um die Menschen kümmern kann, um die er sich wirklich kümmern will. Der Mensch, um den sich der Nährer*in-Archetyp am meisten kümmern muss, ist er selbst. Denn wenn dein Krug nicht voll ist, wie kannst du dann anderen aus ihm einschenken?

Wenn's wirklich rundgeht, die Vatas Panikattacken kriegen und sogar die Pittas blass werden, behalten Nährer*in-Archetypen dank ihrer Kapha-Energie die Nerven. Deshalb eignet sich dieser Archetyp bestens fürs Coachen, für den Kundenservice, für die Personalabteilung, für die Krankenpflege, für die Entbindungsstation und fürs Lehramt. Allein ihre Anwesenheit kann andere beruhigen und entspannen. Ein ausgezeichnetes Beispiel für den Kapha-Nährer*in-Archetyp ist Oprah Winfrey: Sie kann jedem empathisch zuhören, der ihr im Sessel gegenübersitzt, und behandelt alle gleich, egal, ob es sich dabei nun um einen Megapromi oder einen ganz normalen Menschen mit einem Megaproblem handelt.

Die rührende, ungeheuer liebevolle Energie der Nährer*in-Archetypen erhellt die Welt und macht das Leben in ihr für jeden ein wenig leichter. Es gibt wohl kaum jemanden, der diesen Archetyp nicht mag – man muss diese Menschen mit dem mitfühlenden Herzen einfach lieben. Und wenn sie es erst geschafft haben, sich selbst genauso viel Liebe zu schenken wie anderen, dann erfüllen die Nährer*in-Archetypen ihre Bestimmung voll und ganz.

NÄHRER*IN-CHAKRAS

Wurzelchakra: Ausgeglichen bis übermäßig aktiv

Der Nährer*in-Archetyp ist eng mit Mutter Erde verbunden, aus ihr schöpft er seine Energie. Und genau diese Wurzelenergie ist es, die ihn zum Fels in der Brandung macht, auch wenn um ihn herum das Chaos tobt. Bei einem Übermaß an Wurzelchakra-Energie jedoch stagniert der Nährer*in-Archetyp und verschließt sich Veränderungen gegenüber. Für ihn ist es wichtig, sich weiterhin Anregungen zu verschaffen, damit er sich nicht zu kompakt und schwer fühlt.

Sakralchakra: Ausgeglichen bis zu wenig aktiv

Manche Nährer*in-Archetypen unterhalten starke Beziehungen und sind fähig zu geben und zu nehmen, während andere Schwierigkeiten mit dem Nehmen haben. Sie sind so gewöhnt daran, alles für andere zu tun, dass sie nicht wissen, wie man sich auch einmal hingibt. Sie fühlen sich vielleicht nicht sexy und meiden deshalb Intimitäten. Mitunter besitzen sie derart ausgeprägte mütterliche Qualitäten, dass sie sich beim Sex nicht wohlfühlen, was sich in einem unbeweglichen Becken zeigen kann. Es ist aber wichtig für diesen Archetyp, seine sinnlichen Seiten auszuleben, damit er die Liebe, die er anderen schenkt, auch selbst empfangen kann.

Nabelchakra: Ausgeglichen bis überanstrengt
Häufig verlieren sich Nährer*in-Archetypen darin, andere zu heilen und ihnen zu helfen. Schließlich ist ihre gesamte Identität mit dem Dienst an ihren Mitmenschen verflochten. Oft wissen sie nicht einmal, wer sie sind, wenn sie anderen nicht helfen. Für diesen Archetyp ist es wichtig, gesunde Grenzen zu setzen, denn nur so kann er seine Nabelchakra-Energiedepots, die sich beim Dienst am Mitmenschen erschöpfen, wieder auffüllen. Die Gewürze Kurkuma, Ingwer und Kreuzkümmel helfen dem Nährer*in-Archetyp dabei, nicht zu stagnieren und regelmäßig zu entgiften.

Herzchakra: Ausgeglichen bis überanstrengt
Nährer*in-Archetypen verspüren eine tiefe Liebe zu allen in ihrer Umgebung, sie fühlen sich ihnen eng verbunden. Dies motiviert sie dazu, so zu dienen, wie sie dienen. Manchmal aber binden sie sich zu eng an die Emotionen anderer Menschen und nehmen am Ende sogar deren (negative) Energie in sich auf. Hoch empathisch, wie sie sind, ist es wichtig für Nährer*innen, zwischen den *eigenen* Gefühlen und denen anderer zu unterscheiden. Ihnen empfehle ich Abnabelungsmeditationen und das Setzen energetischer Grenzen, bei dem man sich mit einem schützenden Licht umgibt, damit keine Energie von außen in das eigene Energiefeld eindringen kann.

Stirnchakra: Ausgeglichen

Nährer*in-Archetypen haben einen engen Kontakt zu ihrer Intuition; dadurch wissen sie immer genau, was andere brauchen. Sie sind auch mit der höheren Macht verbunden und wissen, wie gut ihre Arbeit anderen tut. Hin und wieder aber nehmen sie sich keine Zeit für die eigene spirituelle Praxis, was ihnen selbst dann nicht guttut. Für Nährer*in-Archetypen ist es wichtig, an der persönlichen spirituellen Praxis festzuhalten, damit sie die Energie, die sie dadurch empfangen, zum Wohle anderer einsetzen können.

Kronenchakra: Ausgeglichen

Die Liebe dieses Archetyps ist die universelle Liebe, die ihn durchströmt. Seine Fürsorge und Güte verkörpern die Fürsorge und Güte von Mutter Erde gegenüber der Menschheit.

Visionär*in

VORHERRSCHENDE DOSHAS: VATA + PITTA

Der Visionär*in-Archetyp ist dazu bestimmt, die Brücke zum neuen Paradigma zu bilden. Er hat eine ganz besondere Verbindung zum universellen Urgrund-Bewusstsein, aus dem er spirituelle Energie schöpft, und die Gabe, den Visionen, die diese Energie ihm schenkt, mit gekonnten Worten Ausdruck zu verleihen. Er hat die Reinkarnation zu diesem Zeitpunkt gewählt, um Menschen dazu zu inspirieren, ihr volles Potenzial auszuschöpfen. Visionär*innen sind Veränderer; sie gedeihen in Führungspositionen, bei denen der Fokus auf ihrer Botschaft liegt. In der vedischen Tradition gilt der Visionär*in-Archetyp als Guru: »derjenige, der dich aus der Dunkelheit ins Licht führt«. Nicht zu verwechseln mit dem Lehrer*in-Archetyp, dessen Aufgabe es ist, Wissen zu vermitteln.

Das Augenmerk des Visionär*in-Archetyps liegt eher auf dem Spirituellen, das des Lehrer*in-Archetyps auf Wissen. Jeder wahre Visionär*in-Archetyp jedoch wird dich letztendlich lehren, dass der einzig wahre Guru in dir selbst zu finden ist. Visionär*innen dienen uns als Spiegel unserer eigenen spirituellen Praxis und erinnern uns daran, dass wir die Antworten bereits in uns tragen. Sie schimpfen nicht, wenn wir uns mal wieder getrennt haben oder gefeuert wurden – sie heben uns wieder auf unser höchstes Niveau und fragen, was wir aus der Erfahrung lernen können.

Die Kunst des Visionär*in-Archetyps ist die Rede. Er spricht voller Begeisterung, charismatisch und mit viel Esprit. Und wenn er spricht, hören die Leute zu. Er schafft es, Menschen um sich und seine Ideen zu scharen, und kann mit seiner Leidenschaft die Energie im Raum verändern. Denn im Grunde ist es nicht die Rede, sondern die Energie, die die Wirkung entfaltet – der Visionär*in-Archetyp empfängt seine Worte aus einer höheren Quelle. Am besten spricht er, wenn er vorher nicht ausarbeitet, worüber er sprechen will, sondern sich einfach hinstellt und die Worte fließen lässt. Zu viel Planung macht ihn eher nervös und in der Folge weniger authentisch.

Seine Informationen erhält dieser Archetyp über Streams oder Downloads direkt vom Universum. Er kann beispielsweise gerade spazieren gehen oder sich mitten in einer Unterhaltung befinden und plötzlich von Ideen, wie man die Welt verbessern kann, regelrecht überflutet werden. Die packt er dann vielleicht in Bücher, TV- oder Radiosendungen, Bewegungen, Kurse, Vorträge oder ähnliche Angebote, aus denen man Wissen und Weisheit schöpfen kann. Er konzentriert sich eher auf die Information als auf ein greifbares Produkt und zielt auch nicht auf Geld ab, wenngleich dieses ein angenehmer Nebeneffekt sein kann.

Das Leben dieses Archetyps ähnelt dem Fluss seiner Rede. Er ist ans kosmische Energienetz angeschlossen und verlagert ständig seinen Fokus, um im Einklang mit diesem zu bleiben. Das kann sich auch in radikalen Veränderungen äußern oder darin, mit einem neuen Projekt zu beginnen, obwohl es die Infrastruktur dafür noch gar nicht gibt. In dem Augenblick, in dem die Idee bei ihm einschlägt, muss er einfach aktiv werden.

Der Visionär*in-Archetyp hat schon seit seiner Kindheit visionäre Ideale. Diese Kinder wollen Präsident*in werden, den Hunger in der Welt besiegen, Petitionen gegen Kinderarbeit einreichen und zu einer globalen Meditationskampagne aufrufen. Falls ihr es noch nicht erraten habt: Auch ich bin eine #VisionaryAF, und das offensichtlich schon seit frühester Jugend. Wenn sich andere Kinder als ihre Heldinnen und Helden wie etwa Marilyn Monroe oder Walt Disney verkleidet haben, kam ich in einem schlichten Gewand als Gandhi. Die meisten Visionär*in-Archetypen verkörpern aus ihrem tiefen Wunsch heraus, der Menschheit zu helfen, zu gleichen Teilen auch den Aktivist*in-Archetyp. Der Unterschied zwischen beiden ist, dass sich Ersterer der Macht der Rede bedient, während Letzterer im Allgemeinen handlungsorientierter ist. Die beiden Archetypen arbeiten gut zusammen und können in einem Menschen friedlich koexistieren.

Visionär*innen sind auch die geborenen Anführer. Ihre Aura strahlt Positivität aus, ihr Charisma zieht andere an. Sie sind zwar oft auch Lehrer*innen, doch während der reine Lehrer*in-Archetyp häufig damit zufrieden ist, eine kleine Gruppe zu unterrichten, wünscht sich der Visionär*in-Archetyp ein weltweites Publikum. Der Lehrer*in-Archetyp vermittelt Fähigkeiten, die meist nicht direkt etwas mit dem Verändern der Welt zu tun haben, der Visionär*in-Archetyp hingegen interessiert sich ausschließlich dafür, die Schwingung des Planeten zu erhöhen. Der Unterschied zwischen Nährer*innen und Visionär*innen besteht darin, dass Erstere dir mit ihrer erdenden und tröstenden Kapha-Energie beim Weinen, Sich-Luft-Machen und Schmollen zuhören, während Letztere dich mit ihrer Vata- und Pitta-Energie in deiner Entwicklung voranbringen wollen.

Der Visionär*in-Archetyp verfügt über viel Vata-Energie, daher sein Idealismus. Er sagt zu vielen Projekten Ja, weil er wirklich begeistert von ihnen ist, übernimmt sich aber oft und endet dann überfordert und ängstlich. Mitunter macht ihn das Vata zu idealistisch und zu wenig realistisch. Die Pitta-Energie drängt ihn zum Handeln – manchmal auch zu ungeplantem und unorganisiertem Handeln. Der Mangel an Kapha wiederum führt dazu, dass dieser Archetyp nicht weiß, wann er aufhören muss; sein Aufwand an Energie ist zwar sehr hoch, aber nicht immer effektiv eingesetzt. Visionär*in-Archetypen sind häufig belastbarer als die meisten anderen Archetypen, aber auch sie müssen sich ab und zu ausruhen und ihren Akku wieder aufladen.

Diesem Archetyp fällt es leicht, andere zu führen; er sollte aber auch lernen, wann sein Rat erwünscht ist und wann nicht. Menschen mit anderen Idealen kommt er oft moralisierend vor. Er sollte sich nur an diejenigen wenden, die bereit für seine Lektionen sind, und seine Umgebung nicht überfordern.

Für diesen Archetyp ist es wichtig, nicht zu vergessen, dass sich die Geistwelt viel schneller bewegt als das Reich des Körperlichen. Sie mag ihn mit Ideen überschütten, doch er muss sie nicht alle auf einmal und sofort in die Tat umsetzen. Er sollte sich darauf konzentrieren, zuerst eine Vision Wirklichkeit werden zu lassen und dann die nächste. Gleichzeitig sollte er sich aber auch nicht zurückhalten: Er sollte seiner Intuition folgen und nicht der Angst, am Ende nicht alles geschafft zu haben. Für den Visionär*in-Archetyp ist sein Energiezustand von allerhöchster Bedeutung, deshalb sollte er seine hohe Schwingung auch nicht dem bloßen Erschaffen opfern. Ebenfalls von großer Bedeutung für diesen Archetyp ist die heilige Selbstfürsorge, denn schließlich ist sein Produkt er selbst.

VISIONÄR*IN-CHAKRAS

Wurzelchakra: Ausgeglichen bis zu wenig aktiv

Um Ideen in die Wirklichkeit zu reden und eine Bewegung ins Leben zu rufen, bedarf es eines gewissen Grades an Verankerung. Ohne diese Verankerung fände der Visionär*in-Archetyp keine Resonanz. Es ist die idealistische Vision, gepaart mit geerdeter Sensibilität, die diesen Archetyp so effektiv macht. Allerdings verlangt es seine Arbeit häufig von ihm, an mehreren Stellen gleichzeitig tätig zu sein, was der Verankerung abträglich sein kann. Deshalb muss sich der Visionär*in-Archetyp auf seine Prioritäten konzentrieren und darf nicht gleich jede sich ihm bietende Idee aufgreifen.

Sakralchakra: Ausgeglichen bis zu wenig aktiv

Meist haben Visionär*innen einen Lebenspartner oder eine Lebenspartnerin, der oder die ihre Vision teilt. Sie arbeiten häufig Seite an Seite, um Bewegungen zu gründen. Es kann jedoch vorkommen, dass sich ihre gemeinsame Mission zum Mittelpunkt der Beziehung entwickelt, worunter in der Regel die Zeit zu zweit zu kurz kommt. Deshalb ist es für diesen Archetyp besonders wichtig, Work-Life-Grenzen zu setzen. Single-Visionär*innen können sich so stark auf ihre Mission konzentrieren, dass sie ganz vergessen, auch einmal auszugehen und neue Menschen kennenzulernen; sie haben das Gefühl, dass es befriedigender ist, die Welt zu verändern.

Nabelchakra: Ausgeglichen bis übermäßig aktiv

Der Visionär*in-Archetyp besitzt ein ausgeprägtes Identitätsgefühl und weiß genau, was seine Bestimmung im Leben ist. Diese Menschen steuern von Kindesbeinen an auf ihr Ziel zu und wollen andere von ihrer Sache überzeugen. Sie sind selbstbewusst und können sich gut ausdrücken, Aggressivität hingegen liegt ihnen fern. Einige Visionär*innen haben ihr Dharma als globale Anführer noch nicht angenommen; sobald sie das aber tun, lösen sich jedwede mit dem Nabelchakra verbundene Dysbalancen wie beispielsweise RDS, das Reizdarmsyndrom, und andere Verdauungsprobleme in Luft auf. Dieser Archetyp kann auch zu Vorurteilen neigen sowie dazu, die Meinung anderer nicht gelten zu lassen.

Herzchakra: Ausgeglichen bis zu wenig aktiv

Visionär*innen sind mit der Welt und den Menschen um sich herum verbunden, dies weckt in ihnen den Wunsch zu dienen. Im Gegensatz zum Unternehmer*in-Archetyp geht es diesem Archetyp um das Gründen einer Bewegung, nicht um das Gründen eines Unternehmens – die Bewegung braucht nur ein Unternehmen um sich herum, das sie finanziell stützt. Fühlt sich der Visionär*in-Archetyp jedoch von derlei weltlichen Dingen überfordert, macht er dicht, um sich zu schützen. So geht es bei diesem Archetyp auch um gesunde Distanz, während er gleichzeitig lernen muss, sein Herz zu öffnen und andere Menschen hineinzulassen. Denn wer das Leid der Welt nicht fühlt, kann es auch nicht lindern.

Halschakra: Ausgeglichen bis überanstrengt

Das Halschakra ist in Verbindung mit dem Stirnchakra das stärkste Chakra des Visionär*in-Archetyps. Es fällt ihm leicht, der gechannelten Weisheit durch seine Stimme Ausdruck zu verleihen, und er besitzt die angeborene Fähigkeit, Worte in einer Art und Weise zu gebrauchen, dass die Botschaft immer deutlich rüberkommt. Im Gegensatz zum Unterhalter*in-Archetyp sollen die Worte beim Gegenüber jedoch zu einer neuen Denkweise anregen. Spricht der Archetyp allerdings ununterbrochen, ist sein Halschakra bald überlastet; er muss sich klarmachen, dass seine

Stimme ein Geschenk ist – ein Geschenk, das sorgfältig gepflegt werden will.

Stirnchakra: Ausgeglichen bis überanstrengt

Das Stirnchakra ist das zweite sehr stark ausgeprägte Chakra des Visionär*in-Archetyps; ist er in Sprechtrance, ist es unablässig aktiv. Jeder Visionär*in-Archetyp ist davon überzeugt, dass die Ideen, die er hat, nicht seine sind, sondern aus einer höheren Quelle durch ihn hindurchströmen – die Downloads sind schlicht zu genial, als dass sie aus einem menschlichen Kopf stammen könnten. Meist folgen Visionär*innen einer spirituellen Praxis, da sie mit feinstofflichen Energien in Verbindung stehen. Der Archetyp muss sich jeden Tag aufs Neue mit dem Urgrund des Seins verbinden, damit er aus ihm die höchste Weisheit empfangen kann. Für den vedischen Glauben ist die Reinheit des Gurus von allergrößter Bedeutung. Ein ausgezeichnetes Elixier, um das dritte Auge, das Stirnchakra, zu öffnen, ist Blauer-Lotus-Tee – den haben sich auch schon die Pharaonen im alten Ägypten zunutze gemacht.

Kronenchakra: Ausgeglichen

Die Weisheit des Visionär*in-Archetyps kommt nicht von ihm, sondern durch ihn, sie stammt aus dem Urgrund des Seins. Und das ist nur möglich, wenn das Kronenchakra geöffnet ist. Manchmal aber verlieren sich Visionär*innen im Alleinkampf und sind sich nicht mehr bewusst, dass ihnen universelle Unterstützung zur Verfügung steht. Für diesen Archetyp ist es wichtig, sich hin und wieder eine Auszeit von seinen Zuhörern und Zuhörerinnen sowie von Gleichgesinnten zu gönnen, um wieder in Kontakt mit dem Urgrund zu treten.

Unternehmer*in

VORHERRSCHENDES DOSHA: PITTA

Die Bestimmung des Unternehmer*in-Archetyps besteht darin, gesellschaftliche Probleme durch Geschäftsideen zu lösen. Der Archetyp hält Unternehmen für effektiver als Ideen oder Petitionen, da sie über eine Infrastruktur, Einnahmen und ein Team verfügen, die sie stützen. Der Unternehmer*in-Archetyp geht nicht auf die Straße, um gegen Plastikmüll zu demonstrieren – er gründet eine Firma zur Reduzierung desselben. Der Archetyp ist stolz darauf, nicht zu denjenigen zu gehören, die sich beschweren, sondern zu denjenigen, die Lösungen für Probleme anbieten.

Unternehmer*innen sind dann besonders glücklich, wenn ihnen Lösungen einfallen, die anderen nicht eingefallen sind. Sie wissen, dass Zeit Geld ist, und schätzen deshalb Produktivität über alles. Sie sind sich ihrer Energielevels außerordentlich bewusst und versuchen mit verschiedenen Praktiken, ihren Fokus zu schärfen – ob es sich bei diesen Praktiken nun um ein adaptogenes Getränk oder körperliche Lockerungsübungen handelt. Sie sehen die Bevölkerung als Gaußsche Normalverteilung, der sie immer eine Nasenlänge voraus sein wollen, und richten den Blick stets auf die Zukunft. In ihrer Community ist eine gewisse Scheiß-drauf-Haltung nicht selten, und mit einigem Stolz erzählen sie einander davon, wie sie mal wieder das System gehackt haben. Deshalb sind Unternehmer*in-Archetypen in der Start-up-Szene weit verbreitet, wo sie sich in der Gesellschaft von Firmensuperhirnen aufhalten oder über ihre neuesten Marketing-Funnel-Strategien sprechen.

Obwohl der Unternehmer*in-Archetyp durchaus nerdig rüberkommen kann, ist er doch eigentlich der Rockstar der modernen Welt. Seit sich das Onlinebusiness immer größerer Beliebtheit erfreut, will jeder ein Unternehmer sein – denn die machen tolle Reisen, treffen einflussreiche Menschen und sind erfolgreicher als viele alteingesessene Profis. Und meist erledigen sie ihre Arbeit auch noch bequem von zu Hause aus. Was viele jedoch nicht sehen, ist, wie Unternehmer*innen zu kämpfen haben. Wie sie während ihres Urlaubs fünf Flächenbrände gleichzeitig löschen und sich mitten in der Nacht in eine Zoom-Konferenz mit ihrem Team einwählen müssen, das von einer völlig anderen Zeitzone aus operiert. Sie sehen die Highlights, nicht aber das Blut, den Schweiß und die Tränen dahinter. Unternehmer*innen stellen ihr Unternehmen oft über alles andere, meist zu Lasten ihrer liebevollen Selbstfürsorge, ihres Soziallebens und ihrer Beziehungen. Je erfolgreicher dieser Archetyp jedoch ist, desto mehr erkennt er den Wert dessen, was er tut, und daran wiederum wächst er.

Bei all ihrer Pitta-Energie mangelt es diesen Menschen häufig an Geduld. Sie müssen einsehen, dass nicht jeder so motiviert ans Geschäftliche herangeht wie sie selbst. Deshalb fühlen sie sich oft auch zu wenig unterstützt: Sie erwarten, dass sich andere genauso engagieren wie sie selbst, was allerdings selten der Fall ist. Aus diesem Grund halst sich dieser Archetyp meist zu viel auf, er ist immer »online«. Für ihn ist es wichtig, sich ein vertrauenswürdiges Team aufzubauen, damit er sich auf sein Fachgebiet konzentrieren kann.

Außerdem muss dieser Archetyp lernen, Hilfe anzunehmen und seinen Bedürfnissen Ausdruck zu verleihen. Da er in der Regel allein arbeitet, braucht er ein Supportteam anderer Unternehmer*innen in ähnlichen Branchen, mit denen er sich austauschen kann.

Darüber hinaus müssen sich Unternehmer*innen davon verabschieden, immer alles perfekt machen zu wollen. Mir begegnen immer wieder Menschen, die Unternehmer*innen sein wollen und monatelang an *der* perfekten Website, *dem* perfekten Logo oder *dem* perfekten Firmennamen feilen. Und was passiert? Nichts!

Tatsache ist, dass die Leute viel weniger an Details interessiert sind, als du denkst; das Wichtigste ist es, die Dinge erst einmal ins Rollen zu bringen. Du kannst im Laufe deiner Weiterentwicklung ja immer noch etwas verändern, und Unternehmer*innen entwickeln sich ständig weiter. Weil sie so schnell denken, sind sie von routinemäßigen Abläufen schnell gelangweilt und werden deshalb häufig zu »Serientätern«. Die Autorin Marie Forleo ist ein Musterbeispiel für diesen Archetyp: Sie beeindruckt mit einer Glanzleistung nach der anderen und zeigt uns, dass alles möglich ist.

Die Vorstellung des Unternehmer*in-Archetyps von Work-Life-Balance unterscheidet sich von der der anderen Archetypen, da seine Arbeit die Verlängerung dessen ist, was er ist. In vielen Büchern wird uns empfohlen, den Laptop um sieben Uhr abends zuzuklappen und am Wochenende nicht zu arbeiten – für den Unternehmer*in-Archetyp steht das allerdings häufig nicht im Einklang mit seiner Wahrheit. Er *will* arbeiten! Ich habe mich beispielsweise oft über mich selbst geärgert, weil meine Gedanken beim Meditieren immer wieder zu einer Mail abdrifteten, die mir nicht aus dem Kopf gehen und die ich so schnell wie möglich abschicken wollte. Oder ich nahm ein Klangbad – und stellte mir dabei dauernd die Frauen vor, die ich geschäftlich unbedingt zusammenbringen wollte. *Warum zur Hölle konnte ich mich nicht einfach auf das weiße Licht konzentrieren?!* Mit der Zeit wurde mir bewusst, dass das gar nicht mal etwas Schlechtes war, im Gegenteil, es war sogar gut! Das ist nun einmal die Art und Weise, wie sich der Urgrund seinen Weg durch mich hindurch bahnt, wie er mich mit einer Straßenkarte zu meinem Dharma ausstattet. (Die Unternehmerin ist nach der Visionärin, der Lehrerin und der Künstlerin mein vierter Archetyp.) Aus all diesen Gründen arbeitet der Unternehmer*in-Archetyp oft nicht innerhalb der täglichen Abläufe, in denen andere arbeiten, sondern ist eher phasenweise tätig.

Mein Rat an alle Unternehmer*in-Archetypen: Richtet eure Zeit-pläne und To-do-Listen nach den Doshas aus. Plant eine kreative Vata-Phase ein, in der ihr Ideen channelt, eine handlungsorientier-te Pitta-Phase, in der ihr die Ideen umsetzt, und eine erholsame Kapha-Phase, in der ihr euren Akku wieder auflladet. Das heißt natürlich nicht, dass alle Phasen gleich lang sein müssen. Folgt einfach eurem Bauchgefühl. Wenn eure Arbeit euch erschöpft, braucht ihr eine Pause. Wenn eure Arbeit euch Energie schenkt, macht weiter. Stress entsteht nur dann, wenn man Dinge tut, die man nicht tun will, zumindest nicht für einen längeren Zeitraum. Es liegt an uns, uns in einen anderen Zustand zu begeben oder eine Aufgabe zu delegieren, die sich nicht im Einklang mit unse-rem Dharma befindet, aber sehr wohl zum Dharma eines anderen Menschen passt.

Dieser Archetyp fühlt sich schlecht, wenn er etwas »hin-schmeißt«, vor allem dann, wenn er viel Zeit oder Geld in die Sache investiert hat – oder andere das getan haben. Doch vergiss nie: Du hilfst niemandem, wenn du nicht im Einklang mit deinem Dharma lebst. Es ist also völlig in Ordnung, auch einmal die Richtung zu ändern. Du magst ja eine persönliche Marke sein, bist zuallererst aber eine Person und dann erst eine Marke, und als Person, die sich auf einer Reise des spirituellen Wachstums befindet, wirst du dich schnell entwickeln. Gestatte dir diese Entwicklung und trenne dich von allen Unternehmen, die dir nicht mehr dienen, während dir immer bewusster wird, wer du bist und wie du deiner-seits dienen kannst. Hab Vertrauen: Am Ende wirst du mit dem Businessplan dastehen, zu dessen Erfüllung sich deine Seele für diese Inkarnation entschieden hat.

UNTERNEHMER*IN-CHAKRAS

Wurzelchakra: Ausgeglichen bis zu wenig aktiv

Der Unternehmer*in-Archetyp muss über ein gewisses Maß an Erdung verfügen, um Ideen auch zum Leben erwecken zu können. Ein ausgeglichenes Wurzelchakra lässt ihn effizient arbeiten, wahrnehmen, was die Menschen brauchen, und ein guter Teamführer sein. Überfordert er sich jedoch und vernachlässigt Selbstfürsorge, Bewegung und Meditation, ist die Wurzelchakra-Energie blockiert. Der Archetyp darf nie vergessen, dass sein Unternehmen nur in dem Maße gedeiht, in dem er selbst gedeiht.

Sakralchakra: Ausgeglichen bis zu wenig aktiv

Diesem Archetyp fällt es schwer, ausreichend Zeit für seine Beziehung zu erübrigen, denn die erste Geige spielt in seinem Leben immer das Unternehmen. Nicht selten sind Unternehmer*in-Archetypen Workaholics. Mitunter verabreden sie sich noch nicht einmal zu einem Date, da sie keine Zeit verschwenden und sich lieber auf das Wachstum ihrer Firma konzentrieren wollen. Wirklich Feuer fangen Unternehmer*innen allerdings nur, wenn sie die Unterstützung einer stabilen Beziehung genießen. Diese füllt ihre Ressourcen auf Seelenebene wieder auf und gibt ihnen einen besseren Grund dafür, warum sie tun, was sie tun.

Nabelchakra: Ausgeglichen bis übermäßig aktiv

Dieser Archetyp weiß genau, wer er ist, und kann das auch überzeugend vermitteln – so überzeugend, dass andere in seine Visionen investieren. Das Nabelchakra ist sein stärkstes Chakra: Es versorgt ihn mit der Kraft und Motivation zu erschaffen und bildet die Brücke von der Idee zum greifbaren Ergebnis. Häufig besitzen Unternehmer*innen jedoch ein Übermaß an Nabelchakra-Energie, vor allem dann, wenn sie glauben, alles allein machen zu müssen.

Das Ayurveda lehrt, dass wir nicht nur Nahrung, sondern auch Gedanken, Gefühle, Empfindungen und Energie verdauen. Halst sich dieser Archetyp zu viel auf, leidet seine Verdauung auf allen Ebenen – er kann nicht mehr klar denken und nicht mehr mit Stress umgehen, und auch körperlich stellen sich Verdauungsprobleme ein. Der Unternehmer*in-Archetyp muss sich daran erinnern, wer er ist – außerhalb dessen, was er erschaffen hat. Er sollte darauf achten, nicht zu viel Koffein zu sich zu nehmen, sondern stattdessen auf kühlende und reinigende Lebensmittel wie Blattgemüse und Kräuter setzen.

Herzchakra: Variiert

Der Unternehmer*in-Archetyp baut sein Unternehmen auf, um Probleme für andere zu lösen, er handelt also ganz aus dem Herzen heraus. Er hat den echten Wunsch zu helfen. Ist die Verbindung zum Herzen jedoch unterbrochen, geht es ihm mehr um den Profit als um das Problem. Dann wird die Arbeit zur Pflicht statt zur Gelegenheit zu helfen, und der Archetyp büßt den Antrieb ein, den er einst hatte. Ist sein Herz aber offen, erkennt er, dass Business nur die Möglichkeit zu dienen ist.

Halschakra: Ausgeglichen bis übermäßig aktiv

Unternehmer*innen haben die Fähigkeit, das, was sie sagen wollen, auf den Punkt zu bringen. Ihre Kunden und Investorinnen spüren ihre Leidenschaft und lassen sich gern zur Beteiligung motivieren. Dieser Archetyp braucht ein gewisses Niveau an Kommunikationsgeschick, damit er anderen seine Vision effektiv näherbringen kann. Ist sein Halschakra jedoch übermäßig aktiv, redet er mitunter zu viel und hört zu wenig zu. Für ihn ist es wichtig, auf das Feedback seiner Kunden und Teammitglieder zu achten.

Stirnchakra: Ausgeglichen bis sehr aktiv

Dieser Archetyp empfängt Informationen vom Urgrund des Seins und damit die Goldklümpchen an Inspiration, die er fürs Geschäft braucht. Er mag sich selbst zwar nicht als intuitiv vorgehend bezeichnen, ist es aber. Immer mehr Unternehmer*innen interessieren sich inzwischen für das Meditieren, weil sie mittlerweile wissen, wie förderlich die Meditation für das Unternehmen sein kann; dies führt sie letztendlich zu spirituellem Gewahrsein, zu dem Augenblick, in dem sie erkennen, dass Geld nicht alles ist. Jeder Unternehmer*in-Archetyp befindet sich auf einer spirituellen Reise, ob er sich dessen nun schon bewusst ist oder nicht. Teil seines Dharma ist es, das Heilige im Unternehmerischen zu entdecken.

Kronenchakra: Variiert

Einige Unternehmer*innen haben eine hohe Bewusstseinsstufe erlangt: Sie praktizieren Meditation, Ayurveda, Yoga, Atemarbeit, Pflanzenmedizin und ähnliche Formen der spirituellen Weiterentwicklung. Andere hingegen scheren sich einzig um Profit und Rendite. Im Laufe des Wachstumsprozesses wird dem Archetyp jedoch immer mehr bewusst, dass es eben nicht allein ums Geld geht, sondern um die positiven Veränderungen, die man mit dem Geld bewirken kann.

Künstler*in

VORHERRSCHENDES DOSHA: VATA

Der Künstler*in-Archetyp ist auf der Welt, um Schönheit zu erschaffen. Durch ihn beziehungsweise seine Kunst, seinen Gesang, sein Gestaltungstalent, seine Worte und / oder seinen Tanz drückt sich das Göttliche aus. Dieser Archetyp schöpft aus der Schönheit der Dinge um sich herum und nimmt seine Umgebung dabei mit allen Sinnen wahr: Er sieht, hört, schmeckt und riecht sie. Er braucht eine ästhetisch ansprechende Umgebung, sonst gerät er aus dem Gleichgewicht. Der Künstler*in-Archetyp ist sehr speziell in dem, was er mag und was er nicht mag, und alles, was er tut, folgt einem unverwechselbaren Stil.

An dieser Stelle sei angemerkt, dass dieser Archetyp nicht notwendigerweise ein professioneller Künstler sein muss – er bringt nur in alles, was er tut, Kunst hinein, ist gewissermaßen ein Botschafter der Schönheit. Er verwendet viel Zeit darauf sicherzustellen, dass auch wirklich alles schön ist, und ist frustriert, wenn andere seine Liebe zum Detail nicht teilen. Künstler*innen erfinden sich ständig neu. Meist üben sie im Laufe ihres Lebens mehrere Berufe aus, manchmal sogar gleichzeitig. Sie kreieren die Kunst, übernehmen die Markenentwicklung, entwerfen die Kostüme, bereiten den Drehort vor, führen Regie und bearbeiten das Material am Schluss nach. Alles in ihrem Leben ist darauf ausgerichtet, ihre Kreativität widerzuspiegeln, vom Social-Media-Feed über die Inneneinrichtung ihres Hauses bis zu ihrer Kleidung und der Ausstattung des Büros.

Worte zu seiner Kunst hingegen findet dieser Archetyp oft schwierig und zu verkopft: Er will, dass seine Arbeit für sich selbst spricht, und ist der Meinung, dass sie keiner Erklärung bedarf. Das, was er erschafft, soll auf eigenen Beinen stehen, unabhängig von ihm selbst fortdauern, und die Arbeit an seiner Kunst gibt ihm die Zeit, über sie nachzudenken, sie zu gestalten und sie zu formen, bevor er sie in die Welt entlässt. Sind tatsächlich einmal Worte das Medium dieses Archetyps, zeigen sie sich meist als Dichtung oder Werke, die es ihm ermöglichen, das Geschriebene noch einmal zu überarbeiten. Diese Menschen reagieren häufig nicht schnell und entschlossen oder schneiden nicht gut ab, wenn sie sich unter Druck gesetzt fühlen, vor allem dann nicht, wenn Publikum anwesend ist. (Für den Unterhalter*in- oder den Visionär*in-Archetypen wäre das wiederum die ideale Situation.)

Künstler*in-Archetypen sind stilprägend. Sie folgen keinen Trends, sie machen sie – werfen sich etwas aus dem Secondhandladen über und sehen aus, als kämen sie gerade vom Laufsteg. Frida Kahlo ist ein Musterbeispiel dafür: Ihr ureigener Stil hat Jahrzehnte überdauert und Kultstatus erlangt. Weil Künstler*in-Archetypen so viel Energie um sich herum aufnehmen, verbringen sie gern Zeit allein. Die brauchen sie, um die Energie zu verarbeiten, die schließlich zur Inspiration für ihre Kunst wird. Sie haben ein geringeres Bedürfnis nach zwischenmenschlichen Kontakten als die anderen Archetypen, manchmal sind sie sogar regelrechte Einsiedler.

Dieser Archetyp ist intuitiv veranlagt, aufgeschlossen und kreativ; durch seine Kunst bringt er das göttliche Bewusstsein auf die physische Ebene. In größeren Gruppen fühlt er sich meist nicht besonders wohl, dann kann er von der Energie, die auf ihn einströmt, überfordert sein. Ein Hauptunterschied zwischen ihm und den anderen Vata-geprägten Archetypen, den Lehrer*innen und Visionär*innen, besteht darin, dass bei ihm seine Kunst die Botschaft trägt, während Visionär*innen ihre Botschaft durch Worte konstatieren. Zudem ist der Künstler*in-Archetyp eher weniger an der »Sache« interessiert, für die sich die anderen beiden Archetypen einsetzen. Letztere hält er häufig für zu moralisierend – Kunst braucht schließlich keinen Zweck.

Wichtig für diesen Archetyp ist es, sich im eigenen Körper zu verankern. Ansonsten droht ein Vata-Ungleichgewicht mit Ängstlichkeit, Schlaflosigkeit, Zerstreutheit und Erschöpfung. Deshalb kommen uns diese Zustände in der Regel auch als Erstes in den Sinn, wenn wir an den Typus des genial-wahnsinnigen Künstlers denken. Erden Künstler*innen ihre Energie (Kapha) nicht und verbinden sie sich nicht immer wieder mit Mutter Erde und dem eigenen Körper, kann dies zu einer Abwärtsspirale und im schlimmsten Fall zu bipolaren Störungen oder psychotischen Episoden führen. Schaffen sie sich jedoch eine Routine, die sie immer wieder mit ihrem Körper und der Natur verbindet – etwa beim Wandern, Schwimmen oder einem anderen Sport –, sind sie viel ausgeglichener und besser für das Fortführen ihrer Kunst gerüstet.

Die größte Herausforderung für diesen Archetyp besteht darin, bei seiner Originalität zu bleiben und nicht etwas zu erschaffen, von dem er weiß, dass es erfolgreich sein wird. Vielleicht ist etwas für den Mainstream mehr gefragt, kann er jedoch keine Leidenschaft dafür entwickeln, ist dies für ihn zutiefst deprimierend. Der Künstler*in-Archetyp macht sich gut als Kreativer, Markenspezialistin, Grafikdesigner, Innenarchitektin, Modeschöpfer, Content Creator, Schriftstellerin, Fotograf, Kamerafrau, Musiker, Schmuckdesignerin, Maler und Dichterin.

KÜNSTLER*IN-CHAKRAS

Wurzelchakra: Meist gar nicht aktiv

Dieser Archetyp hat häufig die Verbindung zu seinem Wurzelchakra verloren, weil sich seine Energie in seinem Kopf (Vata) konzentriert. Deshalb empfehle ich ihm erdende Lebensmittel wie Süßkartoffel und anderes Wurzelgemüse sowie Kürbis. Er sollte seine Nahrung möglichst gegart und warm statt roh zu sich nehmen, und auch Smoothies, Cracker sowie Müsliriegel eignen sich für diesen Archetyp weniger. Künstler*innen brauchen Routine im Leben, um ihren Körper besser zu verankern; sie sollten beispielsweise immer zur gleichen Zeit essen, schlafen und Sport treiben. So weiß der Körper, worauf er sich einstellen kann. Zudem sollten sie viel Zeit in der Natur verbringen, dabei das Handy ausgeschaltet lassen und sich durch Bewegung wieder mit ihrem Körper verbinden.

Sakralchakra: Variiert

Das Sakralchakra des Künstler*in-Archetyps kann ausgeglichen, gar nicht aktiv oder übermäßig aktiv sein. Ein ausgeglichenes Sakralchakra bedeutet, dass er gesunde Beziehungen und ein gesundes Sexleben pflegt; ein inaktives Sakralchakra zieht häufig einen Mangel an sinnlicher und sexueller Energie nach sich. Ein übermäßig aktives Sakralchakra wiederum bedeutet, dass zu viel dieser Energie vorhanden ist. Konzentriert sich der Künstler*in-Archetyp zu sehr auf seine Kunst, kann sich die Sakralchakra-Energie rasch erschöpfen. Am anderen Ende der Skala ist der Archetyp vielleicht zu abhängig von der Liebe und Bestätigung des Sexualpartners beziehungsweise der Sexualpartnerin; deshalb können sich Künstler*innen durchaus zu »Seriendatern« oder Sexsüchtigen entwickeln. Sie können zu verknallt in ihre Muse sein und darüber die Erdung verlieren. Für diesen Archetyp ist es wichtig, die Balance zwischen Verliebtsein und Sich-in-der-Liebe-Verlieren zu finden. Die Bestätigung, die er sucht, kommt immer aus ihm selbst heraus.

Nabelchakra: Variiert

Manche Künstler*innen haben ein sehr gesundes Selbstwertgefühl und damit ein ausgeglichenes Nabelchakra, während andere ständig die Bestätigung und das Lob ihrer Mitmenschen suchen – bei ihnen ist die Nabelchakra-Energie blockiert. Wieder andere Künstler*innen sind narzisstisch veranlagt: Sie glauben, die Welt dreht sich allein um sie, ihr Nabelchakra ist übermäßig aktiv. Alle drei Zustände sind bei diesem Archetyp möglich.

Herzchakra: Ausgeglichen bis zu wenig aktiv

Manche Künstler*innen haben ein ausgeglichenes Herzchakra: Sie wollen sich wirklich mit den Menschen, von denen sie geschätzt werden, verbinden. Sie sind ihren Fans so dankbar, dass sie liebend gern in Kontakt zu ihnen treten. Andere Vertreter dieses Archetyps spüren diese Verbindung nicht – weder zu ihren Fans noch zu irgendeinem Mitmenschen. Sie wollen in Ruhe gelassen werden und sind genervt, wenn man sie anspricht. Beides kommt bei diesem Archetyp vor. Sind Künstler*innen jedoch in ihrem Element, also künstlerisch tätig, erleben sie immer das Einssein in der Liebe.

Halschakra: Ausgeglichen bis zu wenig aktiv

Oft bedient sich der Künstler*in-Archetyp seiner Kunst als Ausdrucksmittel – mit Worten erklären kann oder möchte er sie nicht. Er kann vielleicht wirklich nicht erklären, warum er beim Schaffensprozess diese oder jene Entscheidung getroffen hat, und es fällt ihm auch schwer, die Inspiration zu seinen Werken in Worte zu fassen.

Stirnchakra: Ausgeglichen bis übermäßig aktiv

Künstler*innen channeln das höhere Bewusstsein des Urgrunds durch ihr drittes Auge – genau das nennt man auch Kunst. Das Stirnchakra ist weit geöffnet, damit es diese Kreativität empfangen kann; in diesem Chakra ist die Energie am stärksten vorhanden. Seine Intuition ermöglicht es diesem Archetyp, künstlerische Entscheidungen zu treffen, die man Menschen nicht erklären kann. Ist das Wurzelchakra jedoch nicht gleichermaßen weit geöffnet, kann er rasch die Bodenhaftung verlieren und in der Folge an Überängstlichkeit, Zerstreutheit oder Schlaflosigkeit leiden.

Kronenchakra: Ausgeglichen

Der Künstler*in-Archetyp ist mit den Energiewellen, die wir empfangen, verbunden; sie bescheren ihm die Samen der Inspiration, aus denen dann Kunst wird. Jeder wahre Künstler und jede wahre Künstlerin wird versichern, die Idee sei nicht die seine oder ihre gewesen, sondern lediglich durch ihn beziehungsweise sie verkörpert.

Forscher*in

VORHERRSCHENDES DOSHA: VATA

Aufgabe des Forscher*in-Archetyps ist es, die Welt, den Gegenstand seiner Forschungen, zu beobachten und gemäß seiner ganz persönlichen Sicht zu analysieren. Er soll den Lauf der Dinge auf einer tieferen Ebene verstehen. Dieser Archetyp ist ausgesprochen neugierig und bewahrt sich diese kindliche Neugier sein ganzes Leben lang. Schon als Kind hat er immer nach dem Warum gefragt und sich mit halbherzigen Antworten nie zufriedengegeben. Forscher*in-Archetypen sind zwar nicht handlungsorientiert, bereiten Informationen aber so auf, dass andere auf dieser Basis handeln können. Sie widmen sich den Studien, die Unternehmer*innen, Visionär*innen, Lehrer*innen oder Aktivist*innen zur Grundlage ihres Handelns machen. Deshalb findet man Forscher*innen häufig in Berufen wie dem des Research Analyst, der Journalistin, des Wissenschaftlers, der Ermittlerin, des Historikers, der Zukunftsforscherin und des Mediziners, und auch in anderen beruflichen Laufbahnen, die etwas mit Daten zu tun haben, leisten sie Besonderes.

Dieser Archetyp saugt Wissen auf wie ein Schwamm Wasser. Wenn der Forscherdrang ihn packt, kann er sich stundenlang sehr intensiv mit einem Thema beschäftigen. Häufig vernachlässigt er sogar seinen eigentlichen Beruf, weil er das Gefühl hat, mehr lernen zu müssen. Vielleicht macht er einen Abschluss nach dem anderen, weil ihm dies Sicherheit verschafft und die Zeit schenkt, die er für das braucht, was er wirklich gern tut. Welchen Nutzen aber hat Forschung, die man anderen nicht zur Verfügung stellt? Aus diesem Grund muss dieser Archetyp auch seinen inneren Lehrer, Visionär, Aktivisten oder Unternehmer anzapfen, um gewonnene Erkenntnisse zu verbreiten; alternativ muss er sich mit einem der genannten Archetypen zusammentun.

Forscher*innen streifen gern endlos durch Museen, wo sie jedes einzelne Wort über jedes einzelne Ausstellungsstück lesen. Sie sind gründlich in allem, was sie tun. Das kann auf andere etwas zwanghaft wirken, bedeutet aber lediglich, dass sie sich all der Feinheiten eines Gegenstands oder Themas überaus bewusst sind. Der Forscher*in-Archetyp würde niemals über ein Thema sprechen, mit dem er sich nicht auskennt; weiß er die Antwort auf eine Frage nicht, sagt er das und kommt Tage später, wenn er sich informiert hat, noch einmal auf den Fragesteller zu. Mit dem Aufpolieren des Egos hat es dieser Archetyp nicht so. Sein Motto lautet eher: Je mehr ich weiß, desto mehr erkenne ich, wie wenig ich weiß.

Dieser Archetyp ist ein integraler Bestandteil der Gesellschaft, weil er bereit ist, dorthin zu gehen, wohin andere nicht gehen wollen: ins Detail. Er forscht im Labor an der Heilung von als unheilbar geltenden Krankheiten, erfindet neue Technologien und formt die Welt von morgen. Er fügt die verstreuten Puzzleteile der Geschichte zusammen, damit wir die heutige Welt besser verstehen können. Seine Superkraft ist seine Konzentrationsfähigkeit. Wo andere längst gelangweilt sind, gibt er immer noch hundert Prozent. Er hat keinerlei Problem damit, sich tage-, wochen-, monate-, ja sogar jahrelang mit einem einzigen Thema auseinanderzusetzen. Wissen treibt ihn an – aus ihm schöpft er seine Lebenskraft. Seine Motivation entstammt seinem Inneren; er braucht niemanden, der ihn anbrüllt, schneller oder härter zu arbeiten. In der Tat reagieren Forscher*innen äußerst sensibel auf laute Geräusche, ebenso wie auf Menschenmassen und überschießende Energie. Sie sind lieber allein, einzig in Gesellschaft ihrer Bücher.

Verdeutlicht werden muss hier jedoch, dass Wissen nicht dasselbe ist wie Weisheit. Wissen kann man sich aneignen, Weisheit kommt von innen. Der Forscher*in-Archetyp kann sich jede Menge Wissen zu einem bestimmten Thema aneignen, muss im Alltag deshalb aber längst noch nicht weise sein. Der Unterschied zwischen Forscher*innen und Visionär*innen besteht darin, dass das Augenmerk Ersterer auf der Aneignung von Wissen liegt, während Letztere Weisheit channeln. Letztere sind die spirituell Gläubigen, Erstere die wissenschaftlich Skeptischen. Was nicht heißt, dass man nicht auch beides gleichzeitig sein könnte: Deepak Chopra etwa ist das perfekte Beispiel dafür, dass beide Archetypen Seite an Seite in einem Menschen existieren können. Durch seinen Forscherhintergrund wurde er Arzt und beschäftigte sich wissenschaftlich mit alternativer Medizin und Meditation; seine Qualitäten als Visionär inspirierten ihn dazu, die ärztliche Laufbahn aufzugeben und spirituelle Bücher zu verfassen. Spiritualität und Wissenschaft Hand in Hand – das Beste aus beiden Welten.

Eine der Stärken des Forscher*in-Archetyps besteht in seiner Unvoreingenommenheit. Er sieht die Dinge als Fakten und urteilt nicht darüber, ob diese Dinge nun gut oder schlecht sind. Die Fähigkeit dieser Menschen, die Neutralität zu wahren, macht sie zu exzellenten Richterinnen, Schlichtern, Diplomatinnen und Moderatoren. Empathie hingegen ist nicht ihr Ding; sie wären keine guten Therapeutinnen oder Coaches, es sei denn, sie verkörperten auch den Nährer*in-Archetyp. Nicht dass sie keine Gefühle hätten – sie haben diese nur fest im Griff und lassen sich von ihnen nicht allzu sehr beeinflussen.

Nicht selten wird bei diesem Archetyp ein Hobby zur Besessenheit. Beschließt er, Japanisch zu lernen, beherrscht er die Sprache nicht nur innerhalb weniger Monate fließend, er wird darüber hinaus auch zum Experten für japanische Kalligrafie und Dichtkunst. Der Forscher*in-Archetyp braucht Planungssicherheit und muss immer wissen, was als Nächstes passiert, ansonsten versteht er im wahrsten Sinne des Wortes die Welt nicht mehr. Diese Menschen fertigen Listen an, welche Sehenswürdigkeiten sie im Urlaub unbedingt sehen wollen, welche Museen und Restaurants unbedingt

besucht werden müssen. Anschließend verteilen sie farblich mar-
kierte Ausdrucke dieser Listen an mitreisende Familienmitglieder.

Dieser Archetyp sollte wissen, dass er sich zwar ein Leben lang
vorbereiten kann, aber nie ganz auf jede Eventualität vorbereitet
sein wird. Manchmal muss man einfach handeln. Ein weiterer Abschluss sollte nicht als Ausrede dafür herhalten müssen, sich der
Verantwortung, das Wissen auch weiterzugeben, zu entziehen. Es
gibt Menschen da draußen, die viel weniger wissen und trotzdem
die Welt verändern. Nimm dies als Botschaft des Universums und
Erlaubnis, aktiv zu werden – jetzt.

FORSCHER*IN-CHAKRAS

Wurzelchakra: Zu wenig aktiv
Die Energie dieses Archetyps konzentriert sich derart im Kopf,
dass er den Kontakt zu seiner körperlichen Gestalt verloren haben
kann und sich in seinem Körper nicht wohlfühlt. Das wiederum
kann zu Unregelmäßigkeiten und Verletzungen führen. Für Forscher*innen ist es wichtig, sich wieder mit ihrem Körper und ihrer
Urnatur zu verbinden – beides Dinge, die sie gern unterdrücken
oder beiseiteschieben. Zeit in der Natur, Bewegung und Tanz sind
wunderbare Möglichkeiten, die Wurzelchakra-Energie dieses Archetyps zu wecken.

Sakralchakra: Zu wenig aktiv
Für den Forscher*in-Archetyp spielt der Geist eine größere Rolle
als der Körper. An Sex und anderen Vergnügen ist er in der Regel
wenig interessiert, dafür ist er einfach zu beschäftigt mit seinen
Studien. So intelligent er auch ist – in Sachen Liebe zeichnet er
sich häufig durch eine verblüffende Naivität aus, die zu einer Beziehung mit einem instabilen oder zu dominanten Partner führen
kann. Durch seine Neutralität und Unvoreingenommenheit über-

sieht er Anzeichen beim Partner oder bei der Partnerin, die andere längst als Alarmstufe Rot wahrgenommen hätten. Für diesen Archetyp ist es wichtig, mit jemandem zusammen zu sein, der seine Suche nach Wissen respektiert, im Idealfall also mit einem Vertreter desselben Archetyps.

Nabelchakra: Ausgeglichen bis zu wenig aktiv

Manche Forscher*in-Archetypen haben ein gesundes Selbstwertgefühl und wissen genau, warum sie ihre Forschungen betreiben. Andere hingegen können sich in ihren Forschungen verlieren und darüber vergessen, wer sie eigentlich sind. In diesem Fall besteht ihre einzige Motivation zu forschen möglicherweise darin, sich Wissen anzueignen. Für Forscher*innen ist es wichtig, auch einmal innezuhalten und sich zu fragen, warum sie etwas wissen wollen und wie dieses Wissen ihnen und anderen nützlich sein kann.

Herzchakra: Zu wenig aktiv

Der Forscher*in-Archetyp ist mit seinen Emotionen weniger verbunden. In geistigen Dingen ist er unglaublich versiert, in Angelegenheiten des Herzens erstaunlich unwissend. Hin und wieder bereitet es ihm Schwierigkeiten, seine Gefühle exakt zu benennen, weshalb er allgemeinere Aussagen wie »Es geht mir gut« trifft. Da er den Kontakt zum eigenen Herzen verloren hat, hat er meist auch den Kontakt zu den Emotionen seiner Mitmenschen verloren. Tantra ist eine wundervolle Möglichkeit, diesen Archetyp wieder mit seiner Herzchakra-Energie zu verbinden.

Halschakra: Ausgeglichen bis zu wenig aktiv

Während einige Forscher*innen über die Fähigkeit verfügen, ihr Wissen an andere weiterzugeben, können andere dies nicht. Das hängt davon ab, ob der Forscher*in-Archetyp mit dem Lehrer*in-/Visionär*in-Archetyp gepaart ist oder nicht. Ein Forscher*in-Archetyp mit ausgeglichenem Halschakra kann seine Erkenntnisse mit anderen teilen, einer mit einem zu wenig aktiven Halschakra ist nicht fähig, derart komplexe Dinge in Worte zu fassen, oder es mangelt ihm in dieser Hinsicht schlicht an Geduld. Forscher*innen sind geistig so beweglich, dass sie nicht wissen, wie man die Denkgeschwindigkeit auf die der Mitmenschen drosselt. Sie müssen verstehen, dass manchmal einfach nur die Kurzversion reicht.

Stirnchakra: Variiert

Dies ist das stärkste Chakra des Forscher*in-Archetyps, dort konzentriert sich seine gesamte Energie. Allerdings ist die Stirnchakra-Energie eher auf den Intellekt als auf ihren eigentlichen Fokus gerichtet: die Intuition. Dieser Archetyp entziffert ständig Dinge, er denkt, statt zu fühlen. Er verlässt sich auf das, was schwarz auf weiß auf Papier steht, und nicht auf sein Bauchgefühl. Der Forscher*in-Archetyp gelangt dann zu voller Entfaltung, wenn er über die »Fakten« des 3-D hinausgeht und beginnt, mit dem inneren Auge zu sehen. Seine wichtigste Lektion besteht darin, auf seine innere Stimme ebenso zu vertrauen wie auf die äußeren.

Kronenchakra: Ausgeglichen bis zu wenig aktiv

Der Archetyp muss lernen, sein Kronenchakra zu öffnen, um auch Informationen vom universellen Urgrund und nicht nur aus irdischen Quellen zu empfangen. Es gibt einen Grund, warum er sich vom Forschen so angezogen fühlt – es ist Teil seines Dharma. Der Flow, den er verspürt, wenn er in seine Forschungen vertieft ist, ist das Kriya; nun muss er sich nur noch von seiner Intuition leiten lassen, um die fehlenden Puzzleteile zu finden.

Unterhalter*in

VORHERRSCHENDE DOSHAS: VATA, PITTA, KAPHA

Aufgabe des Unterhalter*in-Archetyps ist es, uns zum Lachen, Weinen, Schmunzeln, Staunen, Nachdenken und allem anderen dazwischen zu bringen. Emotionen in anderen auszulösen, ist seine größte Freude. Der Archetyp bringt es fertig, etwas Altbekanntes und Langweiliges neu und aufregend erscheinen zu lassen. Am lebendigsten fühlt er sich, wenn er auf der Bühne steht, sei es nun vor Publikum oder einer Kamera. Für ihn ist die ganze Welt eine Bühne, was manchmal die Grenzen zwischen dem, was er wirklich ist, und dem, was zu sein er vorgibt, verwischen kann.

Unterhalter*innen genießen es, im Mittelpunkt der Aufmerksamkeit zu stehen. Bei einem langweiligen Gespräch sind sie die Ersten, die einen Witz reißen, einen Fun Fact aus dem Hut zaubern oder plötzlich etwas absolut Überraschendes sagen. Sie wollen ihr Gegenüber zum Staunen bringen, weil sie sich dann selbst erstaunlich fühlen, und sind die idealen Schauspielerinnen, Comedians, Moderatorinnen, Agenten, Rednerinnen, Vlogger und Content Creators.

Dieser Archetyp probiert immer wieder neue Rollen aus. Er fragt sich, wie andere Leute denken, sprechen, sich kleiden, lieben oder streiten würden. Er beobachtet das Verhalten seiner Mitmenschen ununterbrochen und achtet dabei besonders auf deren Eigenheiten, damit er sie gegebenenfalls aus dem Stand nachahmen kann. Es fasziniert ihn, sich im Kopf anderer Menschen aufzuhalten. Jim Carrey ist ein Musterbeispiel des (ausgesprochen Vata-geprägten) Unterhalters: Er verwandelt sich ständig in die verschiedensten Figuren, um der menschlichen Psyche auf den Grund zu gehen.

Gerät er ins Ungleichgewicht, weiß der Archetyp nicht mehr,

wer er wirklich ist. Er spielt so viele Rollen, dass er in den Wahrheiten anderer aufgeht. Deshalb leiden so viele professionelle Schauspieler*innen, Sänger*innen und Comedians an Depressionen und kämpfen mit Suchtverhalten. Sie setzen sich derart selbst unter Druck, der Welt ein Lächeln ins Gesicht zu zaubern, dass sie vergessen, was *sie* zum Lächeln bringt. Ein gutes Beispiel dafür ist der Kapha-Unterhalter Robin Williams. Er war so sehr damit beschäftigt, lustig zu sein, dass er die Traurigkeit und die tiefe Einsamkeit, die er selbst empfand, nicht mehr ausdrücken konnte. Mitunter denkt dieser Archetyp, dass niemand ihn mehr mögen würde, wenn er einmal nicht unterhaltsam wäre. Das kann zur Abhängigkeit von betäubenden Substanzen führen, die einen immer mehr vergessen lassen, wer man ist.

Sagt man diesem Archetyp als Kind, er solle aufhören zu spielen oder den Mund halten, wächst er in dem Glauben auf, es sei nicht sicher, laut und unterhaltsam er selbst zu sein. Dann schiebt er seine wahre Persönlichkeit beiseite und passt sich an. Er hat das Gefühl, sein Talent sei »übertrieben« und er würde weniger geliebt, lebte er es aus. Dabei ist genau das Gegenteil der Fall. Bei ihm geht es in diesem Leben einzig darum, seine Stimme wiederzuerlangen und sein Talent zurückzufordern, in dem Wissen, dass er es erstrahlen lassen darf. Es kommt nicht selten vor, dass dieser Archetyp um sein Talent weiß, das aber nicht zugibt, weil es sich so wild und verrückt anfühlt.

Ein Vertreter dieses Archetyps zu sein, bedeutet nicht, sofort zu kündigen und nach Hollywood zu ziehen (es sei denn natürlich, du *willst* kündigen und nach Hollywood ziehen!), es bedeutet jedoch, einige deiner unterhaltsamen Eigenschaften wieder zuzulassen. Vielleicht trittst du auf der Weihnachtsfeier deiner Firma auf, besuchst gemeinsam mit deinen Freunden eine Karaoke-Bar, schließt dich einer Theatergruppe an oder startest deinen eigenen YouTube-Kanal. Es gibt da draußen jede Menge andere Unterhalter*innen, mit denen man auf niedrigem Verpflichtungsniveau zusammenarbeiten kann.

Der Unterhalter*in-Archetyp muss anerkennen, was er ist. Weil wir dazu erzogen werden zu glauben, professioneller Entertainer zu sein wäre wie ein Sechser im Lotto, hat dieser Archetyp oft Angst davor, sich einzugestehen, dass zu unterhalten genau das ist, was er will. Da sage ich nur: Blödsinn! Es gibt so viele Möglichkeiten zu unterhalten, und wenn die Kinoleinwand dein Traum sein sollte, dann musst du auch diese Vision anerkennen. Unterhalter*in-Archetypen werden mit der Leidenschaft geboren, die sie durch hingebungsvolle Jahre hindurch antreibt.

Dieser Archetyp passt meist gut zu anderen Archetypen, etwa zu den Künstler*innen und Visionär*innen. Dennoch ist er leicht zu erkennen, weil er sich selbst immer gern ins Rampenlicht stellt. Der Künstler*in-Archetyp schafft Kunst, der Unterhalter*in-Archetyp *ist* Kunst. Außerdem sind Unterhalter*innen immer zufrieden damit zu unterhalten, während Visionär*innen die Unterhaltung nutzen, um zu inspirieren. Beide rufen Gefühle in uns hervor, allerdings zu unterschiedlichen Zwecken.

Der Unterhalter*in-Archetyp besitzt für gewöhnlich auch eine tief spirituelle Seite. Er ist oft so fasziniert vom Menschen an sich, dass sein Verständnis der menschlichen Natur weit über das Oberflächliche hinausgeht. Wissen zu wollen, warum sich der Mensch so verhält, wie er sich verhält, führt ihn zum Sitz der Seele. Die Komikerin Chelsea Handler, bekannt für ihren eher derben Humor, begab sich auf eine spirituelle Reise, die sie nach Peru führte; dort nahm sie an einer Ayahuasca-Zeremonie teil, über die sie in ihrer Sendung berichtete. Und sie ist nicht die einzige Komikerin, die öffentlich über ihre spirituellen Praktiken spricht – das tun auch viele Schauspielerinnen, Musiker, Regisseurinnen und Models.

Unterhalter*innen sehen aufgrund ihrer Fähigkeit, in verschiedene Charaktere zu schlüpfen, meist beide Seiten einer Medaille.

Streiten sich zwei ihrer Freunde, ergreifen sie keine Partei, weil sie beide Sichtweisen wirklich verstehen. Und auch wenn sie sich selbst mal mit jemandem streiten, kann es vorkommen, dass sie mitten im Streit die Seite wechseln und aus der entgegengesetzten Perspektive heraus argumentieren. Ihre Natur ist fließend, weshalb ihnen verwurzeltere Archetypen wie beispielsweise die Krieger*innen oft nicht folgen können.

UNTERHALTER*IN-CHAKRAS

Wurzelchakra: Ausgeglichen bis zu wenig aktiv
Ein Unterhalter*in-Archetyp mit robustem Wurzelchakra ist gut in sich selbst verankert. Er kümmert sich täglich um sich selbst, verbringt viel Zeit in der Natur und kann auch mal abschalten. Er weiß, dass er in erster Linie Mensch ist und erst in zweiter Linie Unterhalter, und lässt nicht zu, dass sein Archetyp über ihn herrscht.

Allerdings spielt dieser Archetyp häufig so viele Rollen, dass er den Kopf oft in den Wolken hat und die Verbindung zu seinem gewählten Körper verliert. Er darf jedoch nicht vergessen, dass sein Körper sein Tempel ist. Für Unterhalter*in-Archetypen ist es wichtig, sich regelmäßig in der Natur aufzuhalten, erdende Nahrungsmittel wie Wurzelgemüse zu sich zu nehmen und die Finger von bewusstseinsverändernden Substanzen zu lassen.

Sakralchakra: Ausgeglichen bis übermäßig aktiv
Manche Unterhalter*in-Archetypen pflegen gesunde Beziehungen, manche daten oder heiraten einen Partner nach dem anderen. Dieser Archetyp ist meist auf der Suche nach Neuem, unter Umständen auch in erotischer Hinsicht. Er will, dass sich die Liebe wie im Kino anfühlt – leidenschaftlich, romantisch, dramatisch. Das kann zu Instabilität sowie dazu führen, dass er sich ohne eine

»bessere Hälfte« nicht vollständig vorkommt. Die Vollständig-
keit, nach der er sucht, kann jedoch nur aus ihm selbst entstehen.
Einige dieser Archetypen neigen durch ihr Bedürfnis nach Aufmerksamkeit zur Sexsucht, und meist fällt es ihnen leichter, ihr
Seelenleben vor einem Publikum auszubreiten statt vor dem eigenen Partner. Der Unterhalter*in-Archetyp muss lernen, aufrichtig
zu lieben und zu seinem Partner oder seiner Partnerin zu stehen,
auch wenn sich die Beziehung einmal nicht anfühlt wie eine ro-
mantische Komödie.

Nabelchakra: Variiert
Ein Unterhalter*in-Archetyp mit ausgeglichenem Nabelchakra
weiß genau, wer er ist. Ein Unterhalter*in-Archetyp mit schwa-
chem Nabelchakra hingegen kann zwischen sich und den Rollen,
die er spielt, nicht unterscheiden. Er verliert sich in dem Versuch,
andere zu unterhalten oder zu beeindrucken, und endet einsam
und deprimiert. Ein Unterhalter*in-Archetyp mit hyperaktivem
Nabelchakra legt zu viel Wert auf sein Ego. Dieses falsche Selbstvertrauen ist jedoch leicht durchschaubar und fällt bei Kritik in
sich zusammen.

Herzchakra: Ausgeglichen bis zu wenig aktiv
Ein Unterhalter*in-Archetyp mit ausgeglichenem Herzchakra ist
mit der Freude verbunden, die er anderen durch seine Unterhaltung bereitet. Er probt gnadenlos, damit er die positive Wirkung
erzielt, die er erzielen will. Er spürt die Liebe in seiner Kunst und
empfindet tiefe Hingabe an den Dienst am Mitmenschen. Ein
Unterhalter*in-Archetyp mit blockiertem Herzchakra hingegen
ist nicht bereit, die Liebe seiner Mitmenschen anzunehmen, weil
er sich selbst nicht liebt. Diese Menschen sind bitter, sarkastisch
und herablassend – und wollen damit doch nur ihr zerbrechliches
Herz schützen.

Halschakra: Ausgeglichen bis übermäßig aktiv

Ein Unterhalter*in-Archetyp mit ausgeglichenem Halschakra übt seine Kunst mühelos und absolut entspannt aus. Er kann sich hervorragend ausdrücken, sei es nun durch Worte, Gesang oder Comedy. Ein Unterhalter*in-Archetyp mit übermäßiger Halschakra-Energie reagiert hin und wieder, ohne nachzudenken. Dieser Archetyp verletzt zwar nie jemanden absichtlich, doch kann ihn das Bedürfnis, immer das letzte (witzige) Wort zu haben, in heikle Situationen bringen.

Stirnchakra: Variiert

Ein wahrer Unterhalter*in-Archetyp, der seinem Dharma folgt, muss mit seinem Stirnchakra verbunden sein. Dies gewährt ihm die Intuition, die er braucht, um die Rolle zu spielen, die der Urgrund in diesem Leben für ihn vorgesehen hat. Hört er der Stimme der Wahrheit zu, weiß er genau, wie er seinem Talent Ausdruck verleihen kann. Obwohl es einfacher sein mag, auf niedrigerer Schwingungsebene zu unterhalten, so ist es doch am Dharma des Unterhalter*in-Archetypen herauszufinden, wie zu unterhalten er tatsächlich bestimmt ist, wie er seine Wahrheit wirklich zum Strahlen bringen kann. Und hat er das erst herausgefunden, gibt sich dieser Archetyp mit weniger nicht zufrieden.

Kronenchakra: Ausgeglichen bis zu wenig aktiv

Öffnet der Unterhalter*in-Archetyp seinen Kanal über das Kronenchakra, spielt er die Rolle seines Lebens. Er weiß zwar nicht, wie das kommt, er wurde jedoch schlicht zum Gefäß, das empfängt. Damit bewegt sich dieser Archetyp vom Spielen einer Rolle zu seinem Platz auf diesem Planeten.

Aktivist*in

VORHERRSCHENDES DOSHA: PITTA

Aufgabe des Aktivist*in-Archetyps ist es, gesellschaftliche, ökologische oder politische Veränderungen herbeizuführen. Er hält die Zeit, die ihm auf Erden gewährt wurde, nicht für selbstverständlich und ist entschlossen, die Welt in einem besseren Zustand zu hinterlassen als in dem von ihm vorgefundenen. Der Archetyp sieht die Welt als zusammenhängendes Wesen, in dem die Schicksale aller Menschen miteinander verflochten sind. Das Problem eines Menschen ist das Problem aller Menschen, und so weigern sich Aktivist*innen, die Ungerechtigkeit, die auf der Welt herrscht, zu ignorieren. Sie sind die Stimme der Stimmlosen und setzen sich für den Schutz der Umwelt ebenso ein wie für den der Marginalisierten und aller Lebewesen. Sie richten ihr Leben nach ihren Prinzipien aus, indem sie sich beispielsweise pflanzenbasiert oder vegan ernähren, sich umweltfreundlich verhalten und versuchen, Müll und anderes Überflüssige zu vermeiden. Sie wissen genau, dass sie mit ihren Entscheidungen – von der Kleidung über das Auto bis hin zum Essen – etwas bewirken können, und informieren sich und andere darüber, wie man ein kluger Verbraucher sein kann.

Der Aktivist*in-Archetyp läuft vor den Problemen der Welt nicht davon, im Gegenteil: Er sucht regelrecht nach ihnen. Patriarchat? Geistige Gesundheit? Transgender-Fragen? Sprechen wir darüber. Es bringt ihn auf die Palme, wenn Menschen diesen sehr realen Problemen aus dem Weg gehen und es vorziehen, in ihrer Traumblase zu bleiben. Er erachtet es als seine Pflicht als privilegierter Mensch, sich dieser Probleme anzunehmen, und ergreift jede Gelegenheit, das auch zu tun. Aus diesem Archetyp werden hervorragende Anwältinnen, Redner, Gründerinnen gemeinnütziger Gesellschaften und Influencer.

Egal, welchen Beruf der Aktivist*in-Archetyp ergreift: Das soziale Bewusstsein wird immer Teil dieses Berufs sein. Er wird alles daransetzen, dass sein Büro möglichst plastikfrei wird. Er stylt die Haare seiner Kunden ausschließlich mit umweltfreundlichen Produkten. Im Yogakurs spricht er über die Wichtigkeit von spirituellem Aktivismus. Er macht alles zu einer Plattform, von der aus er seine Anliegen vorbringen kann. Hat dieser Archetyp nicht die Freiheit, seine Arbeit mit dem Engagement für soziale Gerechtigkeit zu verbinden, reagiert er verärgert und wütend und fühlt sich mundtot gemacht.

Dieser Archetyp ist ausgesprochen handlungsorientiert und verfügt über Unmengen von Pitta-Energie. Er will Maßnahmen ergreifen, und zwar gestern. Er ist nicht bereit, passiv zu bleiben und nur selbst die Veränderung vorzuleben, in der Hoffnung, dass andere seinem Beispiel schon irgendwann folgen werden. Er tut alles, was in seiner Macht steht, um aus der Veränderung eine Bewegung zu machen. Und gegen dieses Bedürfnis sollte dieser Archetyp auch keineswegs ankämpfen – es ist seine Gabe. Allerdings muss er lernen, seine Energie zu kanalisieren, er muss lernen, worauf er sie effektiverweise richten sollte. Aktivist*innen lieben es zu debattieren; die meisten Debatten jedoch sind vollkommen überflüssig, insbesondere dann, wenn sie in den Kommentaren von Social-Media-Posts stattfinden. Bewirkt das Ergebnis einer solchen Debatte tatsächlich eine Veränderung, dann nur zu! Geht es dabei jedoch lediglich ums Rechthaben, ist die Debatte reine Zeitverschwendung, weil sicherlich keiner der Beteiligten am Ende seine Meinung ändern wird.

Für Aktivist*innen ist das Heilen des Planeten die ultimative spirituelle Praxis. Ihnen geht es darum, auch in die dunkelsten Ecken Licht zu bringen. Ein Musterbeispiel für eine solche spirituelle Lehrerin und Politikerin ist Marianne Williamson. Ich habe einmal einen Vortrag von ihr besucht, in dem sie sagte, die spirituelle Community sollte die politisch aktivste sein. Du wirst selbst nie ganz »geheilt« sein; das sollte dir aber nicht als Ausrede dafür dienen, andere nicht heilen zu wollen. Sie sagte außerdem, die beste Heilung, die wir bekommen könnten, sei die, uns die Tränen abzuwischen, nach draußen zu gehen, die Welt zu retten, nach Hause zurückzukehren und uns klarzumachen, wie viel Glück wir doch haben. Wie jede wahre Aktivistin kandidierte Marianne bei den Vorwahlen der Demokraten im Jahr 2020 für das Amt des amerikanischen Präsidenten. Eines der größten Talente dieses Archetyps ist es, andere ebenfalls zu Aktivismus zu inspirieren. Auch ich verließ Mariannes Vortrag mit dem Vorsatz, meine Plattform künftig für mehr sozialen Aktivismus zu nutzen und auch andere dazu zu inspirieren. Aktivist*innen bringen es fertig, in nur einem Gespräch unsere Weltsicht zu verändern.

Marianne ist zwar Aktivistin und Visionärin, doch gibt es auch Unterschiede zwischen den beiden Archetypen. Ersterer konzentriert sich eher auf die Sache, Letzterer auf die Botschaft. Der reine Aktivist*in-Archetyp zieht es vielleicht vor, hinter den Kulissen zu arbeiten, an Dingen, die nicht unbedingt spirituelle Implikationen beinhalten. Treffen die beiden Archetypen jedoch zusammen, finden sie garantiert Lösungen für die Probleme dieser Welt.

Die Kehrseite der Leidenschaft des Aktivist*in-Archetyps ist die, dass er die Kunst zu informieren, ohne dabei aggressiv oder allzu missionarisch zu wirken, oft erst erlernen muss. Ein wütender Aktivist*in-Archetyp drängt seine Adressaten in die Defensive und verliert sie dadurch. Es gibt durchaus auch taktvolle Wege, Menschen zu »erziehen«, ohne ihnen dabei Vorwürfe zu machen. Ich bin selbst Vertreterin dieses Archetyps und habe gelernt, mir meine Kämpfe auszusuchen; ich spreche freundlich mit Menschen, die sich der Auswirkungen ihrer Entscheidungen nicht bewusst sind. Niemand lernt, wenn er sich angegriffen fühlt.

Aktivist*innen sind an eine kosmische Energiequelle

angeschlossen, die weit über sie selbst hinausgeht und sie endlos mit Antrieb versorgt. Ein Aktivist*in-Archetyp, der seinem Dharma folgt, wird bald feststellen, dass er weniger Ruhephasen braucht, weil bei dem, was er tut, wenig Energie verloren geht. Wer mit seinem Dharma-Archetyp beziehungsweise mit seinen Dharma-Archetypen im Kriya lebt, bekommt Ansporn und Inspiration, wie er sie nirgendwo sonst findet.

Bist du ebenfalls ein Vertreter des Aktivist*in-Archetyps, besteht dein Dharma darin, globale Veränderungen herbeizuführen. Konzentriere dich auf was auch immer *dein* Feuer entfacht. Du musst nicht *alle* Probleme der Welt lösen und bringst viel mehr zustande, wenn du dich einer Sache widmest, die dir wirklich am Herzen liegt.

AKTIVIST*IN-CHAKRAS

Wurzelchakra: Variiert

Aktivist*innen mit ausgeglichenem Wurzelchakra haben ihre Mitte gefunden und werden nicht nervös, wenn jemand einmal nicht ihrer Meinung ist. Sie halten an ihren Überzeugungen fest und verspüren nicht das Bedürfnis, gegen alle anzukämpfen, die diese Überzeugungen nicht teilen. Aktivist*innen mit blockiertem Wurzelchakra sind unsicher und deshalb angriffslustig. Sie haben ständig das Gefühl, ihre Überzeugungen verteidigen zu müssen, und sind ununterbrochen auf der Hut, da sie nicht geerdet und verwurzelt sind. Aktivist*innen mit übermäßig aktivem Wurzelchakra fühlen sich mitunter unbesiegbar, gehen dabei aber baden, da sie nicht nur die eigene Sicherheit aufs Spiel setzen, sondern auch das Wohl anderer gefährden.

Sakralchakra: Ausgeglichen bis zu wenig aktiv

Aktivist*innen mit ausgeglichenem Sakralchakra können sich

auch einmal von der Sache, für die sie kämpfen, lösen und mit ihren Liebsten verbinden. Auf dem Schlachtfeld sind sie wahre Krieger, zu Hause die friedfertigsten Geschöpfe auf Erden. Sie nehmen die Angst aus ihrem Arbeitsalltag nicht mit zum Partner oder zur Partnerin und können auch über anscheinend weniger Wichtiges reden, beispielsweise darüber, wie der Neffe sich letztes Wochenende beim Fußball geschlagen oder wie ihnen der Film neulich im Kino gefallen hat. Aktivist*innen mit blockiertem Sakralchakra befinden sich im Dauermodus Superheld. Ihnen fällt es schwer, sich dem Vergnügen und der Lust hinzugeben, weil sie immer meinen, die Welt retten zu müssen. Für den Aktivist*in-Archetyp ist es wichtig, von Zeit zu Zeit die Rüstung abzulegen und auch einmal zu nehmen, statt immer nur zu geben.

Nabelchakra: Ausgeglichen bis übermäßig aktiv

Aktivist*innen mit ausgeglichenem Nabelchakra besitzen ein gesundes Selbstbewusstsein, sie müssen sich niemandem beweisen. Sie sind selbstsicher, zuversichtlich und in ihrem einzigartigen Selbstausdruck verankert. Vertritt jemand eine andere Meinung als sie, fällt ihnen nicht gleich ein Zacken aus der Krone. Aktivist*innen mit überschüssiger Nabelchakra-Energie hingegen verspüren häufig das Bedürfnis, anderen ihre Meinung aufzudrängen. Sie glauben, ihre Sicht der Dinge sei die einzig richtige, und gehen automatisch in die Defensive, wenn ihnen jemand widerspricht.

Halschakra: Ausgeglichen bis übermäßig aktiv

Aktivist*innen mit ausgeglichenem Halschakra können ihre Meinung flüssig, präzise und unangestrengt vorbringen. Durch ihren mitfühlenden und motivierenden Vortrag inspirieren sie ihre Mitmenschen zu positiven Veränderungen. Sie wissen, wie man der Wichtigkeit des Aktivismus angemessen Ausdruck verleiht, ohne dabei moralisierend oder herablassend zu wirken. Aktivist*innen mit überschüssiger Halschakra-Energie hingegen wollen durch Schreien überzeugen. Sie kommen beim Gegenüber oft hyperaggressiv an; häufig tun sie auch ihre Meinung kund, ohne darum gebeten worden zu sein. Das ist im Grunde genommen nur die Leidenschaft, die sie nicht im Zaum halten können, doch muss dieser Archetyp lernen, Sprache effektiv zu gebrauchen, wenn er mit seinen Argumenten wirklich überzeugen will.

Stirnchakra: Ausgeglichen bis zu wenig aktiv

Aktivist*innen mit geöffnetem Stirnchakra sind spirituelle Aktivist*innen. Sie sind sich der feinstofflichen Energien bewusst, die unsere physische Realität erzeugen, und setzen sich für Dinge ein wie beispielsweise Gruppenmeditationen, Energieheilung, Menschen im Strafvollzug zu verzeihen oder Obdachlose im Yoga zu unterrichten. Sie wenden sich an andere spirituelle Menschen, um diese dazu zu bewegen, sich ebenfalls mehr sozial zu engagieren und die Welt als Verlängerung dessen, was wir sind, zu sehen. Sie wissen, dass alles Lebendige, sei es nun menschlich oder nicht, miteinander verwoben ist und dass Aggression nur zu mehr Aggression führt. Öffnen Aktivist*innen ihr drittes Auge, verändert sich die Welt wahrhaftig.

Kronenchakra: Variiert

Die Bestimmung des Aktivist*in-Archetyps ist es, anderen zu helfen, und das ist ein altruistisches Ziel. Manchmal konzentriert sich dieser Archetyp jedoch zu sehr auf die 3-D-Welt und vergisst die spirituellen Implikationen dahinter. Erweckte Aktivist*innen erkennen, dass alles mit allem verbunden ist und dass das Wichtigste, das wir für den Planeten tun können, darin besteht, das Bewusstsein unserer Mitmenschen zu erhöhen.

Krieger*in

VORHERRSCHENDES DOSHA: PITTA

Aufgabe des Krieger*in-Archetyps ist es zu beschützen. Er besitzt einen unfehlbaren moralischen Kompass und hat das sehnliche Verlangen, die Machtlosen zu behüten und den Stimmlosen eine Stimme zu geben. Dieser Archetyp verfügt über einen starken Selbstausdruck und hat keine Angst davor, er selbst zu sein. Er weiß, wie es ist, schwach zu sein, gemobbt oder ausgenutzt zu werden, und will nicht, dass irgendjemand anders in eine solche Situation gerät. Krieger*innen haben feste Überzeugungen und ein ausgeprägtes Gerechtigkeitsgefühl. Meist liebt oder hasst man sie, persönliche Zugeständnisse zu machen ist nicht ihre Stärke. Sie sind bereit, für ihre Überzeugungen einzutreten, und sagen, was andere nur denken, selbst dann, wenn sie sich dadurch angreifbar machen oder ihre Mitmenschen verärgern. Sie sind fest in ihrer Wahrheit verwurzelt. Diesen Archetyp findet man häufig in Berufen wie Fitnessprofi, Geschäftsführerin, Motivationsredner, Managerin oder Ermittler.

Krieger*innen verfügen über eine Urenergie und sind tief mit ihrem Körper verbunden. Und bei all dem Pitta haben sie einiges zu verbrennen. Deshalb brauchen sie eine intensive Sportart, um die in ihrem Körper gespeicherten Energiefelder auf physischem Wege wieder freizusetzen. Üben sie einen solchen Sport nicht aus, sind Ärger, Wut und Ungeduld die Folge – Anzeichen übermäßiger Pitta-Energie. Krieger*innen boxen gern, sie laufen, machen Spinning, heben Gewichte oder betreiben andere Ausdauersportarten. Sie brauchen viel Stimulation und sind schnell gelangweilt. Sie müssen sich immer etwas ausdenken, da sie dann das Gefühl haben, dass sie ihre Energie im Einklang mit ihrer Persönlichkeit nutzen. Lösen sie keine Rätsel, wissen sie nicht, wohin mit ihrer überschüssigen Energie, und reagieren sich womöglich an anderen ab.

Dem Archetyp wurde so viel Energie mit auf den Weg gegeben, weil er dazu bestimmt ist, Lösungen zu finden. Häufig sind Krieger*innen Unternehmer, weil sie niemanden über sich ertragen können, der ihnen Anweisungen erteilt. Unabhängig davon brauchen sie viel Freiheit im Beruf, die es ihnen gestattet, eigene Entscheidungen zu treffen. Sie lassen sich ungern Vorgaben machen, und ein potenzieller Chef wäre vermutlich durch ihre Power eingeschüchtert. Nicht selten ist dieser Archetyp Profisportler, denn er hat nicht nur ein ausgeprägtes Körperbewusstsein, sondern auch den Trieb zu gewinnen. Er ist hochgradig kompetitiv und denkt mitunter im Schema »wir gegen die«. Der Krieger*in-Archetyp muss hart an sich arbeiten, will er nicht alles als schwarz oder weiß, gut oder schlecht, richtig oder falsch sehen.

Der Archetyp ist sehr loyal und tut alles für seine Freunde. Er sollte aber auch einsehen, dass Letztere nicht immer recht haben. Er muss lernen, sich zunächst beide Seiten anzuhören, bevor er eine Entscheidung trifft, und sich nicht in Dinge einzumischen, die ihn nichts angehen. Krieger*innen lieben das Drama und genießen es, wenn jemand sie nicht mag – das gibt ihnen das Gefühl, alles richtig gemacht zu haben. Sie werden lieber von wenigen als von allen gemocht, und für diese »liebevolle Strenge« werden sie tatsächlich von vielen bewundert. Mit Nährer*innen, Forscher*innen und Lehrer*innen kommt dieser Archetyp gar nicht gut aus, dafür ist er diesen einfach zu grob. Die Kongressabgeordnete Alexandria Ocasio-Cortez ist ein Musterbeispiel des Krieger*in-Archetyps: Sie kämpft wild entschlossen für soziale Gerechtigkeit und Reformen, selbst wenn das bedeutet, auch einmal anzuecken.

Krieger*innen legen viel Wert auf die Gemeinschaft, und durch ihre Pitta-Energie wollen sie Teil von etwas Größerem sein. Sie ziehen es vor, persönlich mit ihrem Team zu arbeiten, nicht online, da sie sich aufgrund ihrer niedrigen Vata-Energie lieber im Physischen statt im Ätherischen mit anderen verbinden. Auch bei der Kommunikation bedienen sie sich häufig des körperlichen Kontakts, indem sie dem Gegenüber beispielsweise die Hand auf die Schulter legen. Der Archetyp braucht eine Mission, die er mit anderen teilen kann, und weiß als guter Teamführer, wie man Truppen um sich schart und diese bei Laune hält.

Die Gabe dieses Archetyps ist es, andere mit seiner Pitta-Energie zu motivieren. Er fühlt sich wohl, wenn er Schwierigkeiten überwinden kann, sei es nun, indem er anderen dabei hilft, zehn Kilo abzunehmen, in eine Geschäftsidee zu investieren oder etwas zu kaufen, von dem sie nicht wussten, dass sie es brauchen. Der Krieger*in-Archetyp ist ein unglaublicher Verkäufer, weil er immer mit großer Sicherheit und Autorität spricht und keine Angst davor hat, wieder und wieder ein Nein zu hören. Die größte Schwierigkeit, die dieser Archetyp meistern muss, ist die, sich vom Schwarz-Weiß-Denken zu lösen. Denn ob er es nun glaubt oder nicht: Die Welt besteht aus Grautönen.

KRIEGER*IN-CHAKRAS

Wurzelchakra: Ausgeglichen bis übermäßig aktiv

Krieger*innen sind geerdet, mit Urtrieben verbunden und energiegeladen. Sie haben ungebrochenen Kontakt zu ihrem Körper und zu Mutter Erde. Manchmal jedoch nimmt ihre Wurzelchakra-Energie überhand, was sie in der Folge kompetitiv, revierverteidigend oder zornig macht. Sich in Handgreiflichkeiten verwickeln zu lassen, ist ein deutliches Anzeichen für überschüssige Wurzelchakra-Energie.

Sakralchakra: Ausgeglichen bis übermäßig aktiv

Da sie so körperverbunden sind, sind Krieger*innen auch sehr sexuelle Wesen. Ein Krieger*in-Archetyp mit ausgeglichenem Sakralchakra hat einen Lebenspartner, den er als andere Hälfte des gemeinsamen Teams erachtet. Mit ihm gründet er eine Familie und baut ein belastbares Fundament auf. Solche Menschen zeigen sich dem Partner gegenüber unglaublich hingebungs- und liebevoll. Krieger*in-Archetypen mit übermäßig aktivem Sakralchakra hingegen können eifersüchtig und besitzergreifend sein. Zudem können sie auch sexsüchtig werden; dann dient Sex ihnen als Ventil für überschüssige Energien, oder der Archetyp benutzt Sex, um andere zu »erobern«. Um ganz zu werden, muss der Krieger*in-Archetyp zu einem ausgeglichenen Sakralchakra finden.

Nabelchakra: Ausgeglichen bis übermäßig aktiv

Krieger*innen haben ein großes Selbstbewusstsein und wissen genau, was sie in dieser Welt tun wollen. Dies schenkt ihnen Selbstvertrauen, Mut und Eigenkompetenz. Bei einem Übermaß an Nabelchakra-Energie allerdings sind Egoismus und Kompromissunfähigkeit die Folge. Dann ist der Archetyp zu sehr ins »wir gegen die« verstrickt und beständig damit beschäftigt, mit seiner Umgebung zu konkurrieren.

Herzchakra: Ausgeglichen bis zu wenig aktiv

Krieger*innen mit Herz sind auf dieser Welt, um zu beschützen und der Menschheit zu dienen. Sie nutzen ihre Kraft und Stärke zur Unterstützung ihrer Mitmenschen. Krieger*innen mit blockiertem Herzchakra hingegen geht es nur ums Kämpfen. Sie fangen mit allem und jedem Streit an. Das kann sehr gefährlich werden, da die Kraft kein Gegengewicht in der Liebe findet.

Halschakra: Ausgeglichen bis zu wenig aktiv

Einige Krieger*in-Archetypen besitzen eine ausgezeichnete Ausdrucksfähigkeit, andere agieren eher auf der körperlichen statt auf der verbalen Ebene. Viele Sportlerinnen und Sportler beispielsweise würden nie einen Vortrag halten oder ein Buch schreiben, andere hingegen schon – und Letztere haben auch tatsächlich eine Botschaft zu verkünden.

Stirnchakra: Ausgeglichen bis zu wenig aktiv

Einige Krieger*in-Archetypen verfügen über eine sehr deutliche Intuition, die meisten aber sind zu sehr in der Realität verwurzelt, als dass sie das Dazwischen sehen könnten. Sie bewegen sich zu schnell und nehmen die Feinheiten nicht mehr wahr. Das Spirituelle widerspricht sich andauernd, das kann dieser Archetyp nur schwer begreifen. Für ihn ist es wichtig, meditative Praktiken auszuüben, damit er Zugang zu feinstofflicheren Energien erhält.

Kronenchakra: Ausgeglichen bis zu wenig aktiv

Ist das Kronenchakra des Krieger*in-Archetyps geöffnet, wird er vom Urgrund des Seins geleitet und handelt entsprechend. Ist es nicht geöffnet, kämpft er um des Kampfes willen und vertraut nicht auf die höheren Mächte, die im Spiel sind.

FÜR ÜBERFLIEGER
KURZ ZUSAMMENGEFASST

Unser Dharma-Archetyp ist die einzigartige Brille, durch die wir die Welt sehen und mit der wir unserem Dharma folgen. Wer seinen Archetyp kennt, weiß, worin er von Natur aus gut ist und welche Arbeit er hier auf diesem Planeten verrichten soll.

DAS DHARMA DER VERSCHIEDENEN ARCHETYPEN

Lehrer*in	*Lehren und leiten*
Nährer*in	*Sich kümmern und verbinden*
Visionär*in	*Vom neuen Paradigma künden*
Unternehmer*in	*Profit und Wirkung erzeugen*
Künstler*in	*Schönheit erschaffen*
Forscher*in	*Umfassend verstehen*
Unterhalter*in	*Emotionen in Menschen auslösen*
Aktivist*in	*Die Welt gerechter machen*
Krieger*in	*Beschützen und anführen*

In welchen der beschriebenen Archetypen hast du dich wiedererkannt? Schreibe sie der Reihenfolge nach auf.
Welche Menschen inspirieren dich? Welchen Archetyp vertreten sie?

7

Dein Dharma-Plan

Jetzt, da du besser verstehst, wer du bist und welche Arche-typen du auf diesem Planeten verkörpern sollst, wollen wir einen Blick darauf werfen, womit wir alle konfrontiert werden: Hindernisse. Sie scheinen dir zunächst vom Universum in den Weg gelegt worden zu sein, sind aber eigentlich die Art und Wei-se, wie das Universum dich fein zeichnet, damit du dein Dharma so leben kannst, wie du es sonst nicht würdest leben können. Du kennst doch sicher auch diese Momente, in denen du keine Ah-nung hast, wie du da durchkommen sollst – und das sind genau die Momente, in denen sich der Urgrund seinen Weg zu dir bahnt. In diesen Momenten wirst du *jenseitig*.

Viele Menschen berichten von Augenblicken, in denen eine Stimme (meist die eigene) ihnen sagt, sie könnten so nicht wei-termachen und etwas Grundlegendes müsse sich ändern. Und in diesem tiefen und dunklen Loch erstrahlt plötzlich ein Licht. Die Menschen erinnern sich daran, dass sie eine Bestimmung im Le-ben haben. Und wenn sie auch nicht wissen, wohin diese sie letzt-lich führen wird, so tun sie doch den ersten Schritt in Richtung ihres Dharma.

Zeige mir jemanden, der noch nie Hindernisse überwinden musste, und ich zeige dir ein (ausgesprochen langweiliges) Ein-horn. Wir mussten alle schon über leidvolle Erfahrungen hinwegkommen, auch diejenigen mit einem privilegierten Leben. Warum geschehen diese leidvollen Dinge? Vielleicht ist es Karma aus vergangenen Leben, vielleicht eine Lektion, die sich deine Seele für diese Inkarnation vorgenommen hat. Wir werden nie genau wissen, warum. Wichtig ist, wie du die Erfahrung umwandelst und zur Medizin machst.

Das Universum bürdet dir nie mehr auf, als du bewältigen kannst. Was auch immer du also erlebst: Vergiss nie, dass du die Kraft hast, die du brauchst, um darüber hinwegzukommen. Im Laufe deiner Weiterentwicklung änderst du deine Sichtweise radikal. Du erkennst, dass der Grund dafür, warum dir die Hindernisse in den Weg gelegt wurden, der ist, damit du dich über sie erheben und einen höheren Standpunkt einnehmen kannst. Das Ausmaß an Schmerz, das zu überwinden du fähig warst, erweitert die Grenzen dessen, was du zu sein glaubtest, und es stärkt gleichzeitig deine Fähigkeit, anderen durch ihren Schmerz zu helfen. Wenn du etwas Ähnliches gerade durchmachst, dann sei versichert, dass die Erfahrung deine Botschaft formt.

Die Mutter einer meiner besten Freundinnen, Tara Mackey, war drogenabhängig und hat sogar noch im Taxi auf dem Weg zur Entbindung gekokst. Als Tara sechs Jahre alt war, gab sich ihre Mutter vor ihren Augen eine Überdosis; sie kam zu ihren Großeltern und wuchs mit Essensmarken in einer Sozialwohnung in Brooklyn auf. Die Ärzte verschrieben ihr »vorbeugend« Psychopharmaka, bis Tara annähernd vierzehn verschiedene Medikamente in ihrem jugendlichen Körper hatte. Darunter litt ihre Hirnchemie so sehr, dass sie an einer schweren Depression erkrankte und in ihren Zwanzigern sogar einen Selbstmordversuch unternahm (der scheiterte). Als sie an diesem Tiefpunkt angelangt war, meldete sich ihre innere Führung: Sie erkannte, dass ihr Leben einen Sinn hatte und dass es ganz und gar nicht normal war, sich ständig betäubt zu fühlen. Und so begab sie sich auf den Pfad der Besserung;

sie las Bücher über Kräuterheilung, Meditation und Spiritualität, die ihr dabei halfen, sich ihrer Depression und Angst zu stellen und mit der Selbstheilung zu beginnen. Allmählich erinnerte sie sich wieder daran, wer sie *wirklich* war, und verpflichtete sich zu einem sinnhaften Leben. Sie schrieb ein Buch, *Cured by Nature*, in dem es um die ganzheitliche Heilung von Depressionen geht, und unterrichtet mittlerweile Frauen auf der ganzen Welt. Dazu Tara: »Ich konnte zweierlei tun: Ich konnte meine Bestimmung im Leben erfüllen – oder eben nicht. Beides erschien mir gleichermaßen beängstigend und schwierig. Das Schwierigste aber, das wusste ich, wäre es, es nicht wenigstens zu versuchen und mich dann für den Rest meines Lebens zu fragen, was wohl gewesen wäre, wenn.«

Die einzigartigen Hindernisse, die dir auf deinem Weg begegnen, werden dir aus einem ganz bestimmten Grund geschenkt: Nur du kannst deine einzigartige Geschichte erzählen, aus deiner einzigartigen Erfahrung heraus. Die Tiefe und das Verständnis deines Schmerzes ermöglichen es dir, dich noch mehr deiner Leidenschaft zu widmen. Du musst diesen Hindernissen begegnen, damit du bei deiner Bestimmung im Leben bleibst.

Das Trauma geht aus dem Festhalten hervor, Heilung entsteht aus dem Loslassen. Wenn du an etwas festhältst, wird es in deinem Zellgedächtnis gespeichert, und du lässt es wieder und wieder vor deinem inneren Auge ablaufen. Du hast dein Trauma immer bei dir, es beeinflusst jede einzelne Entscheidung, die du triffst. Lässt du hingegen los, schaffst du Raum, um deine Geschichte neu zu schreiben. Unsere Heilung mit anderen zu teilen, ist oft die letzte Phase des Prozesses, in der wir das Leid vollständig überwinden und ihm eine Bedeutung geben können. Du musst noch nicht ganz geheilt sein, um anderen bei ihrer Heilung helfen zu können – manchmal ist das Helfen der Katalysator, den wir brauchen, um Schmerz in Heilung umzuwandeln.

Du bist einsam und wünschst dir Gemeinschaft? Dann ist Gemeinschaft genau das, was du anderen schenken kannst. Du hattest eine gesundheitliche Krise und wusstest nicht, ob du sie überstehen würdest? Warum nicht anderen durch ihre gesundheitliche Krise helfen? Du hast einen geliebten Menschen verloren und dein gebrochenes Herz wieder geheilt? Andere haben ebenso gelitten wie du, und du kannst ihnen zeigen, wie man seinen Weg durch die Dunkelheit findet. Du hattest einen Zusammenbruch und lagst um Hilfe flehend auf den Knien? Erzähle anderen, wie du wieder zu dir selbst gefunden hast. All das sind Wege, Hindernisse in Dharma umzuwandeln.

DEM ROTEN FADEN FOLGEN

Es gibt einen roten Faden, dem du von Augenblick zu Augenblick folgst, und manchmal wird er dir erst bewusst, wenn du ihn zurückverfolgst und siehst, wie er dich bis hierher geleitet hat. Sehen wir uns den roten Faden einmal an.

Wer warst du vor fünf Jahren? Was war damals in deinem Leben los? Was waren die Hauptthemen dieses Jahres?

Und vor vier Jahren? Was hat sich geändert? Wie hat das Jahr davor zu diesem geführt? Was hast du in diesem Jahr gelernt?

Denk nun daran, was vor drei Jahren war. Was war damals los? Kannst du inzwischen erkennen, dass das nicht dir geschah, sondern für dich, damit du wachsen konntest?

Wenden wir uns nun der Zeit von vor zwei Jahren zu. Sie scheint immer noch eine Ewigkeit her zu sein. Was hat sich verändert? Was konntest du in diesem Jahr loslassen, um zu werden, wer du heute bist?

Und nun: Was war vor einem Jahr? Mit welchen Hindernissen hast du damals gekämpft? Wie hast du sie überwunden, um dorthin zu gelangen, wo du jetzt bist?

Beim Rückblick auf die vergangenen fünf Jahre wird dir sicher der rote Faden auffallen, der alle Ereignisse in deinem Leben miteinander verbindet und zu dir führt, zu diesem gegenwärtigen Augenblick. Du wärst nicht dort, wo du heute bist, hätte dich der rote Faden auch nur an einem Punkt in eine andere Richtung geführt. Wenn du erkennst, dass du Teil dieses roten Fadens bist und dass alles, was du erlebt hast, dich auf den gegenwärtigen Augenblick vorbereitet hat, dann kannst du darauf vertrauen, dass du unaufhörlich dorthin geleitet wirst, wo du sein sollst. Dein Dharma ist nicht nur ein einzelner Augenblick; es besteht aus den Lektionen, die du lernst und die die einzelnen Augenblicke miteinander verbinden. Die Lektionen, die du in der Schule der Erde gelernt hast, sind in deinem einzigartigen Seelenlehrplan festgehalten, den du auf eine nie zuvor da gewesene Weise erfüllst.

Ein Hoch auf deine Eigenheiten!

Ebenso wie die einzigartigen »Hindernisse« in deinem Leben dich zu deiner Bestimmung führen können, können es auch deine Eigenheiten. Die meisten Menschen verbergen die Teile ihrer Geschichte, die sich sperrig, peinlich oder schlicht seltsam anfühlen. Ich verrate dir mal ein kleines Geheimnis: Die Teile deines Selbst, die dir am peinlichsten sind, zeigen genau, wo dein Dharma zu finden ist. Unvollkommenheit gehört nun einmal zum Menschen, sie verbindet uns miteinander. Wir wollen vom Schmerz, Kampf und der Mühsal der anderen wissen, weil diese Erfahrungen immer menschlich sind, auch wenn sich die Umstände nicht ähneln; Hindernisse zu überwinden ist etwas zutiefst Universales. Sehen wir andere, die Schlimmes durchgemacht haben und trotzdem nicht aufgeben, ist das ungeheuer inspirierend.

Vielleicht denkst du, du seist nicht interessant, aber dazu sage ich nur wieder: Blödsinn! Wenn wir uns auf das einlassen, was wir sind und von Herzen mögen – sei es nun Tribal-Fusion-Bauchtanz, Tomateneis oder ein wirklich spezieller Humor –, brechen wir aus der Masse aus, die nur versucht, sich anzupassen. Zeigst du eine Seite an dir, mit der wirklich niemand gerechnet hat, wirst du unvergesslich.

Gibt es etwas, das andere auf gar keinen Fall über dich wissen sollen, weil du Angst hast, sie würden dich nicht ernst nehmen, wenn sie es wüssten? Hast du eine obsessive Leidenschaft für Musicals? Besuchst du gern Hula-Hoop-Festivals? Hast du eine Feensammlung zu Hause? Bist du der absolute Harry-Potter-Nerd? Prima – lass es alle wissen!

Als ich damit begonnen habe, meine Botschaft des Ayurveda zu verbreiten, wollte ich, dass niemand wusste, wie gern ich auf der Tanzfläche abfeiere. Ich dachte, die Menschen würden mich als spirituelle Lehrerin nur ernst nehmen, wenn ich einen Om-Schal, fließende weiße Kleidung und eine Gebetskette trug. Nun, ich liebe diesen Look, habe aber noch eine andere Seite – und die liebt das Twerken. Dharma, Tanz und Trommel – *das* ist meine Medizin. Als ich diese Seite an mir dann allmählich zeigte, war mein Publikum begeistert. Neulich erst habe ich meine Follower gefragt, wann sie mich am besten finden, und die meisten Antworten gingen in die Richtung: »In deinen Tanzvideos!« oder »Als DJ!«. Von allem, was ich tue, ist das definitiv Schrägste, das, was mir immer peinlich war, anscheinend auch das, was meinem Publikum am lebhaftesten in Erinnerung bleibt. Außerdem ist es jetzt ein integraler Bestandteil meiner Arbeit. Mich heilt, was ich mit anderen teilen kann, und sei es noch so wild, ursprünglich und ekstatisch. Es ist höchste Zeit, dass wir uns von unserer Domestizierung verabschieden und zu unserem vollen Selbstausdruck gelangen.

Wir *müssen* von Zeit zu Zeit aus der Routine ausbrechen. Das weckt uns auf und bewirkt, dass wir wortwörtlich wieder zu Sinnen kommen. Zeigen wir etwas Ungewöhnliches an uns, können andere uns als Wesen mit vielen Facetten sehen. Wäre es nicht cool, Yoga von jemandem zu lernen, der pinkfarbene Haare und Tattoos hat und gern Led Zeppelin hört? Wäre es nicht wirklich außergewöhnlich, mit einem ehemaligen Häftling zu meditieren, der die Praxis in der Justizvollzugsanstalt erlernt hat? Würden wir nicht mitfühlen, wenn wir wüssten, dass unsere Therapeutin Weihnachten im Kreis der Familie anstrengend findet? Wir fühlen uns mit anderen Menschen verbunden, wenn wir spüren, dass diese authentisch und verletzlich sind. Würde ich dir von einem schwierigen oder unangenehmen Moment in meinem Leben erzählen, könntest du sehen, dass ich ein Mensch bin wie du, und das schafft eine Verbindung zwischen uns. Du musst nicht perfekt sein, um dein Dharma zu erfüllen – das würde andere Menschen auch nicht anziehen. Deine seltsamen »Macken«, dein ganz spezieller Hintergrund, dein anderer Blickwinkel machen dich zum Unikat.

Ich wurde schon für Hunderte von Podcasts interviewt, und nun ratet mal, worüber ich darin am häufigsten spreche. Über den Augenblick des Zusammenbruchs, von dem ich euch zu Beginn dieses Buchs erzählt habe. Den Augenblick, in dem ich mich am meisten geschämt habe, den ich verdrängt habe, weil er mich immer so traurig macht. *Darüber* rede ich tatsächlich am häufigsten, denn *das* wollen die Leute wissen. Sie wollen nicht wissen, wo du schon überall Vorträge gehalten hast, sie wollen nicht wissen, wie viele Auszeichnungen oder Preise du gewonnen hast. Klar, die sind toll – aber das macht uns nicht nahbar. Die Leute interessieren sich für die Augenblicke, in denen du verwirrt, orientierungslos und am Boden warst und es wieder zu dir selbst geschafft hast, denn auch sie sind manchmal verwirrt, orientierungslos und am Boden und wollen es wieder zu sich selbst schaffen. Das, was du zu verstecken versuchst, ist das, was dich sympathisch macht.

Verletzlichkeit ist ein Anzeichen von Authentizität. Solange wir auf diesem Planeten sind, gehen wir in die Schule der Erde, wo wir lernen, wachsen und heilen. Teil unserer Erfahrung als Mensch ist es, Phasen der absoluten Klarheit und Phasen der totalen Unsicherheit zu erleben. Dies anzuerkennen und an andere weiterzugeben ist ein Indikator für Selbstgewahrsein, das wiederum unerlässlich dafür ist, sein Dharma zu leben.

Um dir die Wichtigkeit der Verletzlichkeit zu zeigen, werde ich dir im Folgenden fünf unbequeme Wahrheiten über mich verraten, von denen eigentlich *niemand* wissen soll. Ich habe tausend Mal darüber nachgedacht, sie wieder aus diesem Buch zu streichen, doch ich weiß, dass ich den ersten Schritt machen muss, damit du mir glaubst. Hier sind sie also:

1. Ich bin süchtig nach meiner Arbeit. Manchmal stopfe ich zwölf und mehr Stunden Arbeit am Tag in mich hinein und vernachlässige darüber mich selbst sowie alles andere, bis die Arbeit erledigt ist. Ich liebe von Herzen, was ich tue, es spornt mich an; ein Teil meines Arbeitseifers aber stammt aus meiner Kindheit, in der ich mir die Liebe meines Vaters nur mit guten Noten verdienen konnte. Außerdem stehen in meinem Horoskop sieben Planeten im Steinbock, was auch nicht wirklich hilfreich ist.

2. Häufig bin ich Lob gegenüber taub und konzentriere mich ausschließlich auf die Kritik. Ein Teil von mir will immer noch, dass jeder mich mag, was in der heutigen Welt jedoch unmöglich ist, vor allem dann, wenn man sich so sehr exponiert wie ich.

3. Momentan ist das Erste, das ich morgens tue, nach meinen Social-Media-Kanälen und Mails zu sehen. Ich bin auch schon länger ohne ausgekommen, kehre aber immer wieder

zu ihnen zurück. Ich werde nervös, wenn ich nicht weiß, ob nicht vielleicht etwas Dringendes eine umgehende Antwort von mir erfordert; meist jedoch endet es damit, dass ich auf Instagram die Story von irgendjemandem lese.

4. Ich lasse meine Gedanken gern in die Zukunft abschweifen, insbesondere beim Meditieren. Dann denke ich darüber nach, was ich als Nächstes tun/essen/sagen/mailen/schreiben/posten werde. Der Beziehungsstatus zwischen mir und der Meditation wäre wohl als »kompliziert« einzustufen. Manchmal liebe ich sie, und manchmal habe ich so gar keine Lust auf sie.

5. Ich bin überängstlich, zu grüblerisch und zu kritisch, was meinen Körper angeht. Immer noch. Immerhin wird mir mittlerweile bewusst, wenn es mal wieder so weit ist. Ich nenne diese Stimmen in meinem Kopf »die überanalysierende Olivia« und »Beatrice«; wenn sie sich zu Wort melden, danke ich ihnen für ihren Input, sage ihnen aber auch, dass er nicht gebraucht wird.

So, jetzt ist es raus! Ich bin also eine spirituelle Lehrerin, die süchtig nach ihrer Arbeit ist, durch Kritik immer noch verletzt wird, sich Sorgen um die Zukunft macht und beim Meditieren aufs Gedankenkarussell aufspringt. Der Grund dafür, warum ich lehre, was ich lehre, ist der: *Ich* brauche es mehr als jede andere! Bin ich deshalb eine Hochstaplerin? Willst du sofort alles vergessen, was du bislang in diesem Buch gelesen hast, und das Buch zurück in den Laden bringen? Hoffentlich nicht. Hoffentlich zeigen dir meine Geständnisse, dass ich auch nur ein Mensch bin, genau wie du, und auf dieser irdischen Ebene immer noch lerne.

Um dein Dharma zu leben, musst du nur deine Wahrheit

leben. Du musst nicht perfekt sein, nicht super gebildet, und du musst auch keine perfekte Website haben. Du musst nur die ehrlichste Version deiner selbst sein. Wenn du dich mit all deinen Fehlern lieben kannst, liebst du dich auch genug, um deine Wahrheit zu kennen.

Jetzt möchte ich dich darum bitten, fünf unbequeme Wahrheiten über dich selbst aufzuschreiben – Dinge, die andere verurteilen oder kritisieren würden (das denkst du jedenfalls) oder die dir einfach nur peinlich sind. Aber keine Sorge: Du musst sie in einem zukünftigen Buch nicht veröffentlichen und auch nicht an jeden mailen, den du kennst. Das ist nur eine Sache zwischen mir und dir, versprochen.

Meine Fünf Unbequemen Wahrheiten

1. ....
2. ....
3. ....
4. ....
5. ....

Puh! Wie hat sich das angefühlt? Hat die erste Wahrheit vielleicht nur an der Oberfläche gekratzt, und wurdest du immer verletzlicher, je weiter du vorgedrungen bist? Selbst wenn ich dich bitten würde, noch zig weitere Dinge aufzuschreiben, würdest du immer noch mehr finden, das garantiere ich dir. **Aus Angst davor, kritisiert, geächtet oder verlassen zu werden, unterdrücken wir bestimmte Aspekte unserer selbst.** Das sind unsere *Schattenaspekte*, die Teile unserer Persönlichkeit, die niemand sehen soll, weil sie weniger rühmlich, respektiert und akzeptiert sind. Sie sind zu hundert Prozent ein Teil von dir, deine ganz persönlichen Monster, die du eins nach dem anderen killen wirst, um dein höchstes Selbst zu erlangen. Sie werden nie ganz verschwinden, du lernst aber im Laufe

der Zeit, besser mit ihnen umzugehen. Gehe deine Fünf Unbequemen Wahrheiten mit einem Freund oder einer Freundin durch und
du wirst sehen, wie erleichtert du hinterher bist. Oder schicke sie
mir auf Instagram unter @iamsahararose und lies dir dabei gleich
all die anderen Wahrheiten durch, die man mir geschickt hat – ich
wäre liebend gern Zeugin deiner Wahrheit!

Der Bestimmung durch die Chakras auf die Spur kommen

Deine Träume sind kein Zufall. Sie haben dich als ihr Gefäß gewählt, damit du sie Wirklichkeit werden lässt. Und durch die Reise
deiner Chakras machst du aus deinen Träumen Realität.

Du weißt, dass dein Dharma deine Bestimmung im Leben ist –
der Grund, warum du hier bist. Die Chakras sind Energiezentren
im Körper, die dir dabei helfen, Körper und Geist im Gleichgewicht zu halten. Wir sprechen oft über die Chakras, wenn es um
unsere Gesundheit geht; doch eines Tages beim Spazierengehen
hatte ich plötzlich einen Download. Unsere Chakras sind mehr als
bloße Energieräder in unserem Körper. Sie sind der Plan, mit dem
wir aus unserem Dharma Realität machen.

Wir haben nicht plötzlich eine Idee und setzen sie sofort in die
Tat um. Wäre das so, würden wir so ziemlich *alles* tun, was uns
einfällt. Nein, wir denken zuerst über die Idee nach, stellen sie uns
bildlich vor, recherchieren zu ihr und entscheiden dann, ob sie zu
uns passt. Und ist das der Fall, sprechen oder schreiben wir über
die Idee. Je mehr aus der Idee Wirklichkeit wird, desto leiden-
schaftlicher und aufgeregter sind wir. Anschließend müssen wir
den Mut finden, den Sprung zu wagen und schließlich – *springen*.
Verlieren wir bei dem ganzen Prozess jedoch die Balance, frisst

uns die Idee auf. Um sie zukunftsfähig zu machen, muss uns die Vision übersteigen und irgendwann ein Eigenleben führen.

Wir bewegen uns auf folgende Art und Weise durch die Chakras, so channeln wir unsere Energie:

- Kronenchakra – Download; wir empfangen die Idee

- Stirnchakra – Intuition; wir denken über die Idee nach

- Halschakra – Kommunikation; wir fassen die Idee in Worte

- Herzchakra –Leidenschaft; wir verlieben uns in die Idee

- Nabelchakra – Verkörperung; wir handeln, um die Idee Wirklichkeit werden zu lassen

- Sakralchakra – Freude; wir entdecken, wie viel Spaß uns die Idee macht

- Wurzelchakra – Geburt; wir gründen eine Bewegung, die größer ist als wir selbst

Wir sind alle auf der Suche nach unserem Dharma. Und wenn wir unsere Chakras als Kompass nutzen, werden wir immer in die richtige Richtung geführt. Probiere es aus: Welche Leidenschaft verspürst du augenblicklich? Betrachte sie durch die Brille der Chakras und du weißt genau, worauf du deine Aufmerksamkeit als Nächstes richten solltest.

- Vielleicht bist du gerade in der *Kronenchakra-Phase*: Du suchst noch nach dieser großen Idee. Dann solltest du dich öffnen und zu einem Gefäß werden, das empfängt.

- Vielleicht bist du gerade in der *Stirnchakra-Phase*: Du denkst darüber nach, wie die Idee wohl aussehen könnte. Dann solltest du dir deine Intuition zunutze machen, um absolute Klarheit zu finden.

- Vielleicht bist du gerade in der *Halschakra-Phase*: Du versuchst, deine Idee in Worte zu fassen und zu Papier zu bringen. Vielleicht hast du gerade eine Blockade, und das Proposal, das Drehbuch oder der erste Blogeintrag will einfach nicht, wie du willst. Dann solltest du dein Halschakra aktivieren.

- Vielleicht bist du gerade in der *Herzchakra-Phase*: Du liebst deine Idee, weißt aber nicht, ob du diese Leidenschaft auf Dauer aufrechterhalten kannst. Wenn du an deinem Herzchakra arbeitest, wird dies dein inneres Feuer entfachen und du kannst mit deiner Vision durchstarten.

- Vielleicht bist du gerade in der *Nabelchakra-Phase*: Du hetzt deinem Dharma hinterher, und es ist alles ziemlich aufreibend. Möglicherweise brauchst du etwas zusätzliche Nabelchakra-Energie, um am Ball bleiben zu können und den Mut aufzubringen, den nächsten Schritt zu gehen. Vielleicht bist du aber auch bereit für die nächste Entwicklungsstufe und gönnst dir dafür eine kreative Pause.

- Vielleicht bist du gerade in der *Sakralchakra-Phase*: Du suchst mehr Vergnügen, Kreativität und Erfüllung außerhalb deiner Arbeit. Wenn du dein Sakralchakra aktivierst, wirst du all das im Alltag finden, was dich wiederum zu deinem Dharma führt.

- Vielleicht bist du gerade in der *Wurzelchakra-Phase*: Du hast eine Bewegung gegründet, die über dich hinausgeht. Erdung und Verankerung werden dir dabei helfen, deine Vision mehr Menschen näherzubringen, und dich für das nächste Dharma öffnen, das sich manifestieren will.

Wenn du deine Chakras als eine Art Straßenkarte nutzt, die dir dabei hilft, dein Dharma zu entdecken und zu verkörpern, wirst du dir deiner Reise immer gewisser. Die Chakras sind dein Kompass, der dir die Richtung anzeigt, in die du deine Energie als Nächstes lenken solltest. **Wenn das Dharma dein Nordstern ist, dann sind die Chakras die Punkte auf der Karte, die dich zu ihm führen.** Jedes Dharma durchläuft alle Chakras.

Vielleicht hast du *ein* Dharma und durchläufst unablässig die Chakras, um es weiterzuentwickeln. Vielleicht bewegst du aber auch jedes deiner Dharmas nur einmal durch alle Chakras. Wie dem auch sei: Um dein Dharma zum Leben zu erwecken, musst du so viel Engagement dafür aufbringen, dass es die Chakras durchlaufen kann.

Du kannst auch verschiedene Praktiken nutzen, um die einzelnen Chakras zu stärken, was in die Art und Weise einfließt, wie du mit diesem Chakra bezüglich deines Dharma arbeitest. Vielleicht stellst du fest, dass du immer wieder bei einem bestimmten Chakra stecken bleibst: Du empfängst keine Idee (Kronenchakra), redest sie dir aus (Stirnchakra), hast Schwierigkeiten damit, sie zu kommunizieren (Halschakra), fühlst dich ihr nicht verbunden (Herzchakra), bist von der Arbeit für die Idee überfordert (Nabelchakra), leidest gar an Burn-out (Sakralchakra) oder vermisst eine Community in ihrem Umfeld (Wurzelchakra). Durch die Chakras kannst du lokalisieren, wo das Problem liegt, warum es das Problem gibt und wie du es lösen kannst, um dein Dharma zu erfüllen. Gleichzeitig heilst du damit das Chakra-Ungleichgewicht, das dich auch in anderen Bereichen deines Lebens beeinträchtigt. **Die Art und Weise, wie du dein Dharma erfüllst, ist die Art und Weise, wie du alles im Leben tust.** Arbeitest du an der Heilung des betroffenen Chakras, wirkt sich das auf alle Aspekte deines Lebens aus. Du hast plötzlich insgesamt mehr Ideen und kannst sie auch in die Tat umsetzen.

Stell dir vor, die Ideen trieben in den Wolken in der höchsten Schicht, dem sogenannten *akasha*. Wir denken uns diese Ideen nicht aus – sie sind da und warten darauf, durch uns zu fruchten. Die Idee fällt auf das Kronenchakra derjenigen, zu deren Dharma sie passt. **Deshalb wird dir auch nie eine Idee geschenkt, die du nicht Wirklichkeit werden lassen kannst: Die Idee hat dich als ihr Gefäß erwählt.** Das bedeutet aber auch, dass diese Ideen nicht singulär sind. Aus diesem Grund wollen manchmal mehrere Leute dasselbe Patent anmelden, zur gleichen Zeit, an verschiedenen Orten – ihnen hat der Urgrund schlicht dieselbe Idee geschenkt. Sie ist bereit, Wirklichkeit zu werden, und es liegt an uns, sie aufzugreifen und umzusetzen. Die Chakras helfen uns dabei, diesen Prozess in kleinere Schritte aufzugliedern.

CHAKRAS IN AKTION

- Ist die Idee durch dein Kronenchakra in dich gelangt, musst du über sie nachdenken und mittels Stirnchakra beurteilen, ob sie zu dir passt und ob sie zur richtigen Zeit gekommen ist.

- Ist das der Fall, sprichst du über die Idee und verleihst ihr mittels Halschakra eine Gestalt.

- Das erweckt mittels Herzchakra die Leidenschaft für die Idee in dir, während dich dein Nabelchakra mit der Power versorgt, die Idee in die Tat umzusetzen.

- Wenn du jetzt nicht durchdrehen willst, bleibt dir nichts anderes übrig, als mittels Sakralchakra Freude an der Idee zu haben und sie somit zukunftsfähig zu machen.

- Erst jetzt wird sie mittels Wurzelchakra als Bewegung geboren und nimmt ihre wahre Form an.

- Hier hast du die Wahl: Du kannst die Idee den Prozess

noch einmal durchlaufen lassen oder eine weitere Vision gebären.

Wir besitzen die Energien aller sieben Chakras, weil wir Creatices, Schöpferinnen, sind, deren Bestimmung es ist, aus universellen Wahrheiten irdische Realität werden zu lassen. Die Reise unseres Dharma durch die Chakras ist unser höchstes Ziel. Wir sind hier, um den heiligen Kanal für die göttlichen Botschaften und die Brücke zwischen Kosmos und Erde zu bilden. Wenn wir uns darauf einlassen und den nächsten Schritt gehen, schaffen wir den Himmel auf Erden.

CHAKRA	AUSGEGLICHEN	UNAUS- GEGLICHEN	DOSHA	STÄRKUNG
Kronen- chakra	Channelt mühelos Ideen	Ist kreativ blockiert	Vata	Durch Meditation, Zeit in der Natur, Raum schaffen
Stirn- chakra	Denkt absolut klar, kommt auf kreative Lösungen, glaubt an sich selbst	Hat einschrän- kende Glaubens- sätze, neigt zum Grübeln und zum Überanalysieren sowie zu Angst, Depression und Wut	Vata	Durch Meditation, Kontemplation, Neuausrichtung des Mindsets, Bildung
Hals- chakra	Drückt Ideen absolut klar aus	Ist unfähig, Ideen aufzuschreiben oder in Worte zu fassen; die Ideen bleiben im Kopf stecken	Vata	Durch Worte zu Papier bringen, sich von der Perfektion und der Angst, kritisch bewertet zu werden, ver- abschieden, die Idee anderen mitteilen, die Unterstützung anbieten

CHAKRA	AUSGEGLICHEN	UNAUS-GEGLICHEN	DOSHA	STÄRKUNG
Herz-chakra	Empfindet Leidenschaft und Liebe für seine Tätigkeiten	Empfindet nicht genügend Leiden-schaft, um alles zu geben	Pitta	Durch Visualisieren aller Menschen, denen man dienen wird, arbeiten für einen höheren Zweck, sich das Warum klarmachen
Nabel-chakra	Bringt die Arbeit, Zeit und Mühe auf, die zum Erfüllen des Dhar-ma nötig sind	Leidet an Burn-out und Arbeits-sucht (Übermaß an Energie) oder zu wenig Engagement und Fokus (Mangel an Energie)	Pitta	Durch Aufgeben von Ausreden, Mut finden, einen Fuß vor den anderen setzen, vom Grübeln ablassen, den Sprung wagen
Sakral-chakra	Hat Freude an der Arbeit, sie geht locker von der Hand; erlebt Fülle, Kreativität und Vergnügen; lebt auch ansons-ten ausgewogen, etwa in puncto Beziehungen und liebevolle Selbst-fürsorge	Verliert die Liebe zum Projekt, fühlt sich kreativ blockiert, verspürt einen Mangel an Vergnügen und Fülle	Kapha	Durch die Er-innerung daran, wie aufregend es war, das Projekt zu be-ginnen; notwendige Veränderungen, damit das Projekt wieder Spaß macht; sich auch wieder um andere Aspekte des Lebens kümmern
Wurzel-chakra	Verankert Ideen in der Wirk-lichkeit, geht über sich selbst hinaus, baut eine Community um die Mission her-um auf, nimmt sich die heilige Pause und schafft Raum für andere Entwicklungen	Macht alles selbst, teilt die Mission nicht mit anderen, ist unfähig, ein Team oder eine Community um die Arbeit herum aufzubauen	Kapha	Sich das Warum klarmachen, andere ins Boot holen, um Unterstützung bitten, ganze Netz-werke aufbauen, andere unterrichten und betreuen

So findest du deinen Dharma-Plan

Du kennst jetzt dein Dosha und deinen Dharma-Archetyp und fragst dich wahrscheinlich, wie es nun weitergeht. An dieser Stelle kommt dein Dharma-Plan ins Spiel. Er gibt dir Aufschluss über die unmittelbaren Möglichkeiten, wie sich dein Dharma manifestieren kann. Der Archetyp ist also die Art von Creatrix, Schöpferin, die du bist, und der Dharma-Plan zeigt an, was du in diesem Augenblick bewirken sollst. Er ist für diejenigen besonders effektiv, die analytischer orientiert sind und gewissermaßen eine Schritt-für-Schritt-Anleitung brauchen, um ihr Dharma zu verstehen.

DHARMA

**Deine Seelenbestimmung,
deine Firmenphilosophie**

DHARMA
ARCHETYP

**Die Herangehensweise an die Erfüllung
deiner Bestimmung**

DHARMA
PLAN

**Der Plan, was du in diesem Augenblick tun
kannst, um deine Bestimmung zu erfüllen**

Als ich mich auf dem Pfad zur Entdeckung meines Dharma befand, wusste ich zwar, dass ich Menschen helfen und ihr Bewusstsein erhöhen wollte, hatte aber keine Ahnung, wie ich das anstellen sollte. Ich wusste zudem, dass ich liebend gern schreibe, ausgesprochen kreativ bin, eine unternehmerische Veranlagung habe, mich gut ausdrücken kann und die geborene Lehrerin bin. Hätte mir damals schon die entsprechende Terminologie zur Verfügung gestanden, hätte ich auch meine Dharma-Archetypen gekannt: Visionärin, Lehrerin, Aktivistin, Künstlerin, Unternehmerin (in dieser Reihenfolge). Wann immer ich einen dieser Archetypen zu lange vernachlässigte, fühlte ich mich früher oder später unerfüllt. Heute kombiniert mein Dharma-Plan diese verschiedenen Seiten von mir miteinander, sodass ich mich beim Weitergeben meiner Gaben ganz fühle. Selbst wenn die Facetten nicht alle gleichzeitig zum Ausdruck kommen, bemerke ich inzwischen doch, wenn Teile von mir nach ein wenig mehr Aufmerksamkeit verlangen; dann widme ich mich diesen Aspekten und lebe sie wieder verstärkt aus. Ich glaube fest daran, dass wohin mein Dharma-Plan mich in Zukunft auch führen wird, dies immer in göttlichem Einklang mit meinem Dharma-Archetyp geschieht.

Wer seinen Dharma-Plan kennt, weiß, worauf er in diesem Augenblick seine Energie richten sollte. Obwohl das Dharma ewig ist, manifestiert es sich doch unterschiedlich. Vielleicht ist es dein Dharma, dich für Tiere einzusetzen, und das kannst du als Aktivist*in ebenso erfüllen wie als vegane Köchin, nachhaltiger Designer, Tierärztin, Dokumentarfilmer, Schriftstellerin oder etwas ganz anderes. **Viele Menschen sind sich deshalb nicht sicher, ob sie überhaupt eine Bestimmung im Leben haben, weil sich ständig ihre Interessen verlagern. Das bedeutet jedoch nur, dass sich der Dharma-Plan verändert. Du bist immer noch dieselbe Seele, die das Dharma Wirklichkeit werden lässt.**

Kennst du dein Dharma, erweiterst du deine Fähigkeit, auf vielfältige Weise mit der Welt zu interagieren. Ich empfehle dir, immer dann einen Blick in deinen Dharma-Plan zu werfen, wenn du das Gefühl hast zu stagnieren und eine Veränderung brauchst. Vielleicht haben sich deine Superkräfte, »Hindernisse« oder die gewählten Mittel verlagert und befinden sich aus diesem Grund nicht mehr im Einklang mit deinem Dharma. Bewertest du neu und siehst dir an, was sich verändert hat, eröffnest du dir damit die Möglichkeiten, die nötig sind, um angemessenere Wege zu finden, dich deinem Dharma zu widmen.

In deinem Dharma-Plan kommt Folgendes zusammen:

1. Dein(e) Dharma-Archetyp(en)

2. Das Medium, das dich von Natur aus durchströmt

3. Was dich begeistert

4. Die Hindernisse, die du überwunden hast oder die zu überwinden du anderen geholfen hast

5. Deine Superkraft

DIE EINZELNEN ASPEKTE DES DHARMA-PLANS

DEIN(E) DHARMA-ARCHETYP(EN)

Siehe vorangegangenes Kapitel.

MEDIUM, DAS DICH VON NATUR AUS DURCHSTRÖMT

Wir alle besitzen machtvolle Ausdrucksmittel, und unser Dharma macht sich die zunutze, die uns am natürlichsten durchströmen. Manche können sich am besten schriftlich ausdrücken, andere eher mündlich, und wieder andere drücken ihre Emotionen durch Farben aus. Es gibt auch Menschen, die Erfahrungen erzeugen, die nicht von dieser Welt sind. Jeder von uns ist der Gestalter seines Dharma; das Medium ist die Art und Weise, wie wir es zum Leben erwecken. Dein Medium, dein Ausdrucksmittel, könnte beispielsweise eines der folgenden sein: schreiben, sprechen, bloggen, lehren, designen, analysieren, produzieren, verwalten, Gespräche führen, coachen,

Strategien entwickeln, malen, singen, fotografieren, tanzen, filmen, organisieren, visualisieren und formulieren.

WAS DICH BEGEISTERT

Was dich begeistert, bringt dich in Schwung! Wie schon öfter in diesem Buch erwähnt, ist die Begeisterung der Schlüssel zum Manifestieren deines Dharma. Ohne diese Begeisterung fehlt dir die Leidenschaft, dein Dharma zum Leben zu erwecken. Du musst der Begeisterung folgen, sie ist der Weg aus (glutenfreien) Brotkrümeln, die dich zu deinem Dharma führen.

Diese Komponente deines Dharma-Plans verändert sich am häufigsten; deshalb ist sie auch der Grund dafür, warum so viele Menschen glauben, keine wirkliche Bestimmung im Leben zu haben – wofür sie sich begeistern, verändert sich ständig. Das bedeutet jedoch nur, dass sich die Art und Weise, wie du dein Dharma ausdrücken sollst, verändert hat! Es bedeutet nicht, dass sich dein Dharma an sich verändert hat. Dein Dharma lenkt dich lediglich in einen neuen Bereich. Deine Arbeit auf dem alten Gebiet ist vollbracht, und nun ist es an der Zeit, dass du sie weiterentwickelst.

Betrachte die Wandlung deiner Begeisterung einfach als Kompass, der dir auf dem Terrain deines Dharma eine neue Richtung weist. Du musst es dir gestatten, dich immer weiterzuentwickeln, damit sich dein Dharma entfalten kann.

ÜBERWUNDENE HINDERNISSE

Die Hindernisse, die du überwindest, stehen in unmittelbarem Zusammenhang damit, wie du dienen kannst. Für manche Menschen bedeutet das den direkten Kontakt zu anderen, etwa beim Coachen oder Unterrichten. Bei anderen kann dieser Kontakt auch indirekt sein, etwa durch das Erschaffen wunderschöner Kunst oder durch den Aufbau eines Unternehmens, das Mitmenschen das Leben erleichtert. Doch was es auch sei: Beim Dharma geht es immer um das Dienen, um das Nützlichsein. Deshalb sind wir hier! Ob sich das nun auf der Mikroebene, der persönlichen Ebene oder der Makroebene, in größerem Umfang oder irgendwo dazwischen abspielt.

In den meisten Fällen kennen wir das Hindernis, das zu überwinden wir anderen helfen, aus eigener Erfahrung; dann verstehen wir die mitschwingenden Nuancen einfach besser als ein Außenstehender. Vielleicht kennst du das auch: Du hast irgendein persönliches Problem, beispielsweise einen Hautausschlag oder du musst eine Hypothek aufnehmen, und plötzlich wirst du zum Experten für dieses Thema. Das liegt daran, dass du persönlich involviert bist. Und bevor du es dich versiehst, hilfst du damit anderen, die das gleiche Problem haben, und dir wird bewusst, dass es gar kein so persönliches Problem ist.

Wenn du ein Problem hast, setzt du in der Regel alles daran, dieses Problem zu lösen. Ein Beispiel: Angenommen, du hast als Jugendliche an Akne gelitten. Du hast dich deswegen furchtbar geschämt und hattest regelrecht Angst davor, unter Leute zu gehen. Also machtest du es zu deiner Mission, deine Haut zu heilen. Du hast deine gesamte Freizeit darauf verwendet herauszufinden, wie das möglich wäre. Und schließlich hast du es herausgefunden: durch den Verzicht auf Milchprodukte, durch mehr Probiotika, durch eine Gesichtsreinigung auf der Basis von kolloidalem Silber und eine dreistufige Gesichtspflege. Tschakka! Du warst so aus dem Häuschen, dass du erst deiner Schwester und einigen Freundinnen mit dem gleichen Problem geholfen und dann einen Blog mit Tipps zum Thema ins Leben gerufen hast. Und aus diesem Blog ist ein ganzes Onlineprogramm geworden. Weil deine Tipps den Leuten wirklich geholfen haben und sie wissen wollten, welche Produkte du ver-

wendest, hast du beschlossen, gleich deine eigene Produktlinie zu entwickeln. Dein Dharma-Plan wurde es, Menschen beim Heilen ihrer Akne zu helfen. Das bedeutet allerdings nicht, dass dein gesamtes Dharma darin besteht, Akne zu heilen – das wäre eher etwas Übergeordnetes wie dafür zu sorgen, dass andere sich in ihrer Haut wohlfühlen.

Allerdings ist es nicht immer notwendig, ein Problem aus eigener Erfahrung zu kennen, um anderen dabei zu helfen, es für sich zu lösen. Ärzte und Ärztinnen haben nicht jede Krankheit selbst durchlebt, um ihre Patienten heilen zu können, doch haben sie die Krankheiten ausgiebig studiert, sind also zum Heilen qualifiziert. Auf zahlreichen Gebieten ist die persönliche Erfahrung ein Bonus und keine Voraussetzung. Auf manchen Gebieten jedoch ist sie es, etwa beim Coaching. Ich jedenfalls würde keine Beziehungstipps von jemandem annehmen, der sein ganzes Leben lang Single war, und keinen gesundheitlichen Rat von jemandem, der sich ausschließlich von Fast Food ernährt. Wissen und das Umsetzen von Wissen sind zwei Paar Stiefel, und einen Rat holt man sich dann doch lieber von Menschen, die ihren Worten Taten folgen lassen.

SUPERKRÄFTE

Unter Superkraft verstehe ich das Wie, die Geheimzutat, die wir allem, was wir tun, hinzufügen. Das Werkzeug in der Hinterhand, das Gewöhnliches in Magie verwandelt. Meist wissen wir, was unsere Superkraft ist, weil Menschen uns sagen, wir täten etwas so, wie niemand anders es tut. Hörst du von anderen dauernd: »Du machst alles mit so viel Liebe zum Detail!« oder »Deine Wohnung ist so unglaublich schön eingerichtet!«, weißt du, dass die betreffende Fähigkeit zumindest eine deiner Superkräfte ist. Superkräfte gibt es in vielen Formen und Farben, und jeder von uns besitzt eine ganze Reihe von ihnen. Eine

meiner Superkräfte beispielsweise besteht darin, spirituelle
Weisheit auf eine witzige und nachempfindbare Art in die Welt
zu bringen. Was sind deine Superkräfte?

Dein Dharma-Plan vereint alle diese Aspekte und ermöglicht es dir zu erkennen, wie sich dein Dharma im Alltag manifestieren kann.

1. Dein Archetyp ist, wer du bist.

2. Das Medium, das dich durchströmt, ist, wie der Urgrund des Seins dich durchströmt.

3. Was dich begeistert, ist dein heiliger Bote.

4. Die Hindernisse, die du überwunden hast, sind die Wege, wie du am besten dienen kannst.

5. Deine Superkraft ist die Begabung, die der Urgrund dir geschenkt hat und die du teilen sollst.

Alles zusammen ist dein Dharma-Plan, die Straßenkarte, auf der du den Weg zu deinem Ziel findest. Alles, was du sonst noch brauchst, damit sich dein Dharma entfalten kann, sind ein Quäntchen Intuition und die Bereitschaft, den Straßenschildern zu folgen.

Im Folgenden findest du einige Beispiele dafür, wie der Dharma-Plan funktioniert. Vielleicht kennst du die eine oder andere der Personen und siehst anhand der Beschreibungen, wie sie ihrem Dharma folgen.

Dharma-Plan-Beispiele

DEEPAK CHOPRA

Dharma-Archetyp: Lehrer, Forscher, Visionär, Unternehmer

Medium, das ihn von Natur aus durchströmt: Schreiben, unterrichten

Was ihn begeistert: Meditation, Spiritualität, Wissenschaft, Nicht-Dualität

Hindernisse, die er überwunden hat oder die zu überwinden er anderen geholfen hat: Kein starkes spirituelles Fundament, keine geistige Stille, keinen inneren Frieden zu haben

Superkraft: Die Fähigkeit, ein Buch nach dem anderen zu schreiben und Spiritualität darin wissenschaftlich zu untermauern

Deepak Chopra folgt seinem Dharma!

LILLY SINGH

Dharma-Archetyp: Unterhalterin, Künstlerin

Medium, das sie von Natur aus durchströmt: Comedy und Satire machen

Was sie begeistert: Menschen dazu zu bringen, ihre Alltagsprobleme mit Humor zu betrachten

Hindernisse, die sie überwunden hat oder die zu überwinden sie anderen geholfen hat: Als bisexuelle, indischstämmige Frau diskriminiert zu werden

Superkraft: Ihr Humor, ihr Elan, ihr Arbeitsethos

Lilly Singh folgt ihrem Dharma!

AMMA, DIE HEILIGE, DIE ALLE UMARMT

Dharma-Archetyp: Nährerin

Medium, das sie von Natur aus durchströmt: Liebe, Hingabe, Meditation

Was sie begeistert: Die Welt durch körperliche Berührung und mütterliche Liebe zu heilen

Hindernisse, die sie überwunden hat oder die zu überwinden sie anderen geholfen hat: Von ihrer Familie aufgrund ihrer heilenden und spirituellen Fähigkeiten ausgestoßen zu werden

Superkraft: Durch ihre heilenden Umarmungen das göttlich Weibliche zu verkörpern

Amma folgt ihrem Dharma!

GRETA THUNBERG

Dharma-Archetyp: Aktivistin, Visionärin

Medium, das sie von Natur aus durchströmt: Sprechen

Was sie begeistert: Die Umwelt zu schützen und den Klimawandel aufzuhalten

Hindernisse, die sie überwunden hat oder die zu überwinden sie anderen geholfen hat: Als »zu jung« nicht gehört zu werden, das Asperger-Syndrom

Superkraft: Ihre Fähigkeit, die Massen dazu aufzurufen, sich gemeinsam für den Umweltschutz einzusetzen

Greta Thunberg folgt ihrem Dharma!

Nun mögen dir diese Beispiele als offensichtlich erscheinen, weil die genannten Menschen eindeutig erfolgreich sind. Werfen wir deshalb einen Blick darauf, wie sich anhand dieses Schemas der Dharma-Plan eines jeden Menschen offenbaren kann.

Lynna war meine Praktikantin und hat an einem meiner »Discover Your Dharma«-Kurse teilgenommen. Dadurch hat sie ihr Dharma entdeckt (und die Praktikumsstelle gekündigt – ich freue mich aber trotzdem für sie!). Und hier die einzelnen Aspekte von Lynnas Dharma-Plan:

LYNNA

Dharma-Archetyp: Künstlerin

Medium, das sie von Natur aus durchströmt: Design, Grafik

Was sie begeistert: Bewusstes Konsumverhalten, schöne Markengestaltung

Hindernisse, die sie überwunden hat oder die zu überwinden sie anderen geholfen hat: Sich orientierungslos zu fühlen, nicht zu wissen, was ihre Bestimmung im Leben ist

Superkraft: Ihre Fähigkeit, ihre Visionen in wunderschöne Kunst zu verwandeln

Und nun rate, welchen Dharma-Plan die folgende Person haben könnte.

LIBBY

Dharma-Archetyp: Nährerin, Unternehmerin

Medium, das sie von Natur aus durchströmt: Unterrichten

Was sie begeistert: Liebevolle Selbstfürsorge

Hindernisse, die sie überwunden hat oder die zu überwinden sie anderen geholfen hat: Nebennierenschwäche, Burn-out

Superkraft: Ihre Fähigkeit, Hardliner-Unternehmer mit ihrer sanften, liebevollen Art anzustecken

Welchen Dharma-Plan hat Libby wohl? Wie kann sie ihre Fähigkeiten dazu nutzen, anderen zu helfen? Welche Ideen hättest du für sie? Ich verrate dir am Ende dieses Kapitels, was aus ihr geworden ist!

»Dein höchstes Selbst«-Meditation für deinen Dharma-Plan

Im Gebet sprechen wir zum Göttlichen, in der Meditation hören wir ihm zu. Die meisten Menschen wüssten nur allzu gern, was ihr Dharma ist, hören aber nicht auf das Flüstern, das sie in Richtung ihres Dharma schubst. Wer die richtigen Fragen stellt, bekommt auch die richtigen Antworten. Mir hat ein Download verraten, dass jeder Archetyp über seine ganz persönliche, einzigartige Affirmation meditieren muss, damit sich sein Dharma offenbart. Meditiere also über deine Affirmation am Morgen, am Abend, wenn du spazieren gehst, vor dem Einschlafen. Wiederhole die Affirmation so lange, bis sich der Satz von selbst vervollständigt. Höre auf das, was sich zeigt, auch wenn es noch so seltsam oder weit hergeholt klingen mag – es ist die Brücke zu deinem Dharma. Bist du – wie viele Menschen – eine Kombination mehrerer Archetypen, widmest du dich den verschiedenen Affirmationen zu unterschiedlichen Zeiten.

Setz dich, schließ die Augen, atme ruhig und langsam. Nimm wahr, wie du atmest, nimm jede Empfindung in deinem Körper wahr. Nimm auch die Geräusche um dich herum wahr, ebenso wie die Gedanken, die noch in deinem Kopf nachklingen.

Atme ein und zähle dabei bis sieben. Halte den Atem an und

zähle dabei bis vier. Atme anschließend wieder aus und zähle dabei noch einmal bis sieben. Verbinde dich mit deinem Wurzelchakra, spüre deine Verbindung zur Energie der Erde. Lass zu, dass sich dein Atem vertieft und dein Körper weicher wird. Fahre so einige Minuten lang fort, bis Körper und Geist zur Ruhe gekommen sind.

Lass nun je nach deinem vorherrschenden Archetyp oder deinen vorherrschenden Archetypen deine Intuition die folgenden Sätze vervollständigen:

- Lehrer*in: Ich bin hier, um ... zu lehren.

- Nährer*in: Ich bin hier, um ... zu unterstützen.

- Visionär*in: Ich bin hier, um ... zu teilen.

- Unternehmer*in: Ich bin hier, um ... zu machen.

- Künstler*in: Ich bin hier, um ... zu erschaffen.

- Forscher*in: Ich bin hier, um ... zu verstehen.

- Unterhalter*in: Ich bin hier, um ... fühlen zu lassen.

- Aktivist*in: Ich bin hier, um ... zu helfen.

- Krieger*in: Ich bin hier, um ... zu schützen.

Wiederhole die Affirmation immer leiser und lass zu, dass irgendwann eine heilige Pause eintritt. Vielleicht fällt dir auf Anhieb eine Vervollständigung des Satzes ein, vielleicht hörst du aber auch erst einmal gar nichts. Vielleicht fällt dir sehr viel dazu ein, vielleicht verändert es sich auch jedes Mal, wenn du die Meditation aufs Neue durchführst. Vertraue darauf, dass alles seine Richtigkeit hat und dass du dich bei jeder Ausübung der Meditation tiefer in deine Seele hineingräbst.

Möglicherweise nimmt es seinen Anfang als schlichte Idee. Du begeistert dich für das Thema Saft, berichtest auf deinen Social-Media-Accounts davon, gibst dann einen E-Kurs und eröffnest schließlich eine eigene Saftbar inklusive Lieferservice. Vielleicht willst du aber auch schwangeren Frauen helfen, machst eine Ausbildung als Doula und gründest schließlich dein eigenes Geburtshaus. Wir wissen im Voraus nie, wie sich die Dinge entwickeln werden, und das müssen wir auch gar nicht. Wir müssen nur die richtigen Fragen stellen und den Brotkrümeln folgen, Sonnenwesen.

Übrigens: Libby entwickelte einen Selbstfürsorgekurs für Unternehmer mit Burn-out und spielt derzeit mit dem Gedanken, Ärztin für Funktionelle Medizin zu werden, nachdem ihre eigene Ärztin ihr dabei geholfen hatte, ihre gesundheitlichen Probleme zu überwinden. Dazu hatte sie tief nach den wahren Ursachen dieser Probleme geschürft.

FÜR ÜBERFLIEGER
KURZ ZUSAMMENGEFASST

Die Hindernisse, die du überwinden musstest, haben dich einen roten Faden entlang geführt, der dir schon immer den Weg zu deinem Dharma gewiesen hat. Jedes dieser Hindernisse erschließt dir eine Seelenlektion, die zu lernen du bestimmt bist, damit du dein Dharma vollständiger verkörpern kannst. Alles, was du tun musst, ist, radikal du selbst zu sein. Dir Fünf Unbequeme Wahrheiten über dich selbst einzugestehen, ist sicherlich verdammt schwer (und interessanter als alles, was in deinem Lebenslauf steht). Aber vergiss nie: Menschen wollen sich mit Menschen verbinden – und nicht mit perfekt gestylten Social-Media-Feeds.

Die Chakras sorgen nicht nur für unser inneres und äußeres Gleichgewicht, sie führen uns auch zu unserem Dharma. Sie sind gewissermaßen der Schritt für Schritt vonstattengehende Entbindungsprozess, bei dem universelle Wahrheiten irdische Realität werden. Dein Dharma ist deine Bestimmung im Leben, dein Dharma-Archetyp ist deine Herangehensweise an die Erfüllung dieser Bestimmung und dein Dharma-Plan ist der Ausdruck dieser Bestimmung.

DEIN DHARMA-PLAN BESTEHT AUS:

- Deinem Dharma-Archetyp
- Dem Medium, das dich von Natur aus durchströmt
- Dem, was dich begeistert
- Den Hindernissen, die du überwunden hast oder die zu überwinden du anderen geholfen hast
- Deiner Superkraft

Nutze deinen Dharma-Plan, um den Code zu entschlüsseln, der dir verrät, was du als Nächstes tun sollst.

8

Aktiv zu werden erfordert Mut

Du warst schon immer bereit für dein Dharma – du wurdest buchstäblich dafür geboren –, gleichzeitig aber wirst du nie vollkommen bereit dafür sein. Dualität, Dilemma, Paradoxon – oh, wie schön ist es doch, ein Mensch zu sein!

Der Teil von dir, der schon immer bereit war, will verdammt noch mal endlich loslegen. Du hast das Gefühl, dein ganzes Leben lang auf diesen Moment gewartet zu haben. Du hast das Gefühl, so kurz davorzustehen, nur die Hand ausstrecken und dein Dharma beim Schopf packen zu brauchen. Der Teil von dir jedoch, der nie bereit sein wird, denkt sich: »Das sieht nach einer Menge Arbeit, Verantwortung und Zeitaufwand aus, und all das kann ich mir im Augenblick einfach nicht leisten.« Dieser Teil von dir hat sich in den alltäglichen Aufgaben, Hürden und Pflichten verschanzt, die jeden von uns plagen. Beides hat seine Richtigkeit, beides ist aber auch falsch. Beide Seiten sind wichtig und balancieren einander aus.

Noch einmal: Du wirst nie zu hundert Prozent bereit für dein Dharma sein. Deshalb ist es wichtig zu lernen, wann du *ausreichend* bereit dafür bist. Und das weißt du, wenn du *Angst* hast. Wenn du das Gefühl hast, absolut bereit zu sein für alles, was du tust, dann verlangst du dir zu wenig ab. Jeder von uns verspürt Angst und Nervosität; das Geheimnis erfolgreicher Menschen besteht jedoch darin, dass sie es trotzdem tun.

Deine Reise zur Entdeckung deines Dharma bereitet dich darauf vor, es zu leben. Je mehr du zögerst, desto mehr Widerstand rufst du hervor. Der einzige Weg, bereit zu werden, besteht darin zu beschließen, es zu sein.

Wir können unser Dharma nicht leben, wenn wir nicht darauf vertrauen. Ehrlich gesagt halten die meisten Menschen an einer Vorstellung dessen fest, wie ihr Dharma aussehen sollte. Klopft es dann an ihre Tür, hören sie das Klopfen nicht oder weigern sich, die Tür zu öffnen. Das Dharma zeigt sich in Gestalt günstiger Gelegenheiten, die sich ohne unser Zutun ergeben. In Gestalt von Menschen, die über Seiten an uns staunen, die wir für nichts Besonderes halten. Der Plan, den das Leben für uns bereithält, geht meilenweit über das hinaus, was unser Bewusstsein auch nur annähernd ergründen kann.

Haben wir erst gelernt, der intuitiven Führung zu folgen, die uns vom Urgrund des Seins angeboten wird, müssen wir nicht mehr zweifeln. Dann wird unser Dharma verdammt offensichtlich. Bei welchen Dingen bitten dich Menschen immer wieder um Hilfe? Welchen Rat gibst du Menschen immer wieder? Was fällt dir im Gegensatz zu anderen Menschen leicht? Was tust du praktisch mit geschlossenen Augen, das andere noch nicht einmal mit offenen Augen hinbekommen?

Dinge, die dich von deinem Dharma abhalten

Das Universum legt dir dann Steine in den Weg, wenn es will, dass du über sie hinwegschreitest.

Ich habe mein Publikum dazu befragt, welche Dinge es in erster Linie vom Entdecken und Leben seines Dharma abhalten. Als ich mir die Antworten durchlas, hatte ich das Gefühl, sie stammten alle von einer Person – derselben Person, die ich auf der Suche nach meinem Dharma gewesen war. Ich las immer wieder von denselben Zweifeln, Ängsten, Bedenken, Sorgen und Verhaltensmustern! Ich führe sie hier auf, um dir zu zeigen, dass du nicht allein bist. Dass die negativen Glaubenssätze, die sich bei dir festgesetzt haben, keine Ausnahme und deshalb auch kein Teil von dir sind. Sie entstammen äußeren Quellen. Und es ist endlich an der Zeit, Schluss mit dem alten Paradigma zu machen.

Angst, nicht gut genug zu sein	Unehrlichkeit gegenüber sich selbst
Wenn man sich selbst im Nachhinein anzweifelt	De- und Reprogrammierung der Glaubenssätze
Zeitmanagement	Angstgesteuertes Denken
Familiäre Konditionierung (kein Verständnis bei der Familie oder dem Partner / der Partnerin)	Falsche Denkweise (ich habe nicht genug Geld, der Markt ist übersättigt)
Gesellschaftlicher Druck (Was sollen die Leute von mir denken?)	Überforderung (ich weiß nicht, wo ich anfangen soll, ich habe zu viele Ideen auf einmal)
Mangelnder Mut	Angst
Unfähigkeit, Kontakt zur eigenen Intuition aufzunehmen	Eifersucht, Neid, Missgunst
Wenn man sich in dem verzettelt, was man glaubt, tun zu müssen	Sich »seltsam« dabei vorzukommen
Wenn man sich für die Angst statt für die Liebe entscheidet	Ablenkungen
Die alten Mantras, die man sich unbewusst antrainiert hat	Ungeduld

Nun, da die Ängste auf dem Tisch sind – sprechen wir darüber. Werfen wir einen Blick auf die vier wichtigsten Dinge, die uns davon abhalten, unser Dharma zu entdecken, und sehen wir uns auch an, wie wir diese Hindernisse überwinden können.

1. VERWIRRUNG

Grund Nummer eins, warum die Menschen ihr Dharma nicht leben, ist folgender: Sie glauben, sie seien verwirrt. Wir werden heute mehr denn je mit den unterschiedlichsten Facebook-Chroniken konfrontiert: Da hat sich jemand selbst gefunden, als Reiseblogger in Bali oder als Mutter des süßesten vierjährigen Kindes der Welt oder als Geschäftsmann mit zwei Unternehmen, die beide siebenstellige Gewinne abwerfen. Das klingt alles wirklich toll und sieht in den sozialen Netzwerken auch ziemlich beeindruckend aus – nur wir selbst haben nicht die geringste Ahnung, was wir aus unserem Leben machen sollen.

Früher standen uns einfach nicht so viele Optionen offen. Als Frau wurde man entweder Hausfrau und Mutter oder Krankenschwester oder Lehrerin. Als Mann konnte man entweder in die Fußstapfen des Vaters treten oder sich von jemand anderem unter die Fittiche nehmen lassen. Heute gibt es Millionen von Möglichkeiten, und jeden Tag entstehen neue. Die Menschen werden tantrische Life Coaches und ganzheitliche Raumausstatter. Da kann es verwirrend sein herauszufinden, was man selbst gern tun würde – denn was, wenn man die falsche Entscheidung trifft?

Tatsache ist nur, dass es so etwas wie Verwirrung gar nicht gibt. Häufig fühlen wir uns »verwirrt«, weil wir noch nicht ganz begriffen haben, was uns unsere Intuition sagen will. Es gibt nur eine Wahrheit, und die ist ewig. Verwirrung ist lediglich die Verschwommenheit, zu der es kommt, wenn wir nicht auf die Wahrheit hören. Du trägst die Antworten bereits in dir, doch verhindern deine Ängste, dass du sie wahrnehmen kannst.

Wir empfinden »Verwirrung« als etwas Schlechtes, dabei ist sie eigentlich etwas ganz Großartiges. **Was wir als Verwirrung erfahren, ist in Wirklichkeit der Prozess, die eigene Wahrheit zu überprüfen.** Verwirrung ist eine höhere Schwingung als die Apathie, die Teilnahmslosigkeit. Sie ist ein Anzeichen dafür, dass du dich auf dem Weg zu deinem Dharma befindest. Du kannst keine Klarheit gewinnen, ohne zuvor Unklarheit erlebt zu haben. Wir schieben die Unsicherheit oft von uns weg, fühlen uns schuldig, weil wir nicht genau wissen, was wir tun sollen, dabei sind das tatsächlich die ausschlaggebendsten Momente in unserem Leben. Verwirrung vor der Klarheit ist notwendig, denn nur dadurch finden wir zur Wahrheit.

Lass dich auf die Unsicherheit ein! Sie ist der einzige Pfad zur Klarheit.

Fühlst du dich aufgrund der widersprüchlichen Ratschläge, die du bekommst, verwirrt, dann habe ich genau das Rezept für dich, das du brauchst. Es ist nicht das, das du willst, aber das, das alles verändern wird: Mach eine Ratschlagsentgiftung. Bitte einen Monat lang niemanden, aber auch niemanden, um Rat. Nicht deine Mutter, nicht deine beste Freundin, nicht deinen Mann oder deine Frau und vor allem nicht das Internet. Die Übung ist am effektivsten, wenn du dich am »verwirrtesten« fühlst, denn genau dann bewertest du deine Wahrheit neu und brauchst dein klarstes Denken, ohne dass dieses von den Gedanken, Ängsten und Erfahrungen anderer beeinflusst würde. Sicher gibt es Zeiten, in denen Ratschläge nützlich sind. Doch wenn du den Unterschied zwischen deiner Meinung und der anderer nicht mehr kennst, solltest du aufhören, dir Ratschläge einzuholen, denn dann denkst du, jemand anderes wüsste besser, was gut für dich ist, als du selbst.

Andere um Rat zu bitten, ohne auf die eigene innere Stimme zu hören, bedeutet, dass du deine Macht an jemanden abgibst, der nicht du ist. Wendest du dich ständig an jemanden, um bei jeder Entscheidung in deinem Leben um Rat zu bitten, solltest du dir deine Macht zurückholen und stattdessen dein höchstes Selbst befragen. Natürlich heißt das nicht, dass du ab sofort niemanden mehr um seine Meinung bitten solltest. Hole dir Rat, wenn du in deiner eigenen Wahrheit so verankert bist, dass der Rat nicht deine Lebensbahn verändert. Nimm jeden Rat *cum grano salis*, mit einem Körnchen Salz (am besten rosa Himalajasalz), und wirf erst einen Blick auf deinen inneren Kompass.

Sicherlich hast du auch schon die Erfahrung gemacht, dass es Menschen gibt, die jede deiner Ideen sofort abschießen und eine lange Liste mit Gründen anführen, warum sie einfach nicht funktionieren können. Erzähle diesen Menschen nicht mehr von deinen Ideen, insbesondere dann nicht, wenn du dich noch in der Vata-Phase deiner Dharma-Reise befindest. In dieser Phase ist dein Dharma noch nicht in Stein gemeißelt, und so können solche Unterhaltungen dazu führen, dass du dein Dharma nie zum Leben erweckst. Die Intentionen, Unsicherheiten oder Ängste deines Gegenübers sind die deines Gegenübers, nicht deine. Behandle dein Dharma wie ein schutzloses Neugeborenes und zeige es nur denen, die es ebenso behandeln.

Manche Menschen fühlen sich dadurch, dass du deinem Dharma folgen willst, vielleicht so provoziert, dass sie gar nicht anders können, als zu versuchen, dich davon abzuhalten. Es kann sogar sein, dass du noch nicht einmal mit einigen sehr nahestehenden Menschen darüber sprechen kannst. Und es kann schwer für dich sein, über einen so wichtigen Aspekt deines Lebens Stillschweigen zu bewahren. Wenn aber jede Unterhaltung mit diesen Menschen darauf hinausläuft, dass du dich am Ende niedergeschlagen fühlst, solltest du etwas daraus lernen. Wenn du erst die Kraft gefunden hast, deinem Dharma zu folgen, und es bereits in Bewegung ist, kannst du immer noch darüber sprechen, wenn du es dann überhaupt noch willst. Solange es aber das schutzlose Neugeborene ist, solltest du es auch beschützen.

Hast du das Gefühl, dein inneres GPS sei unbeirrbar und auch ein Hater könnte dich nun nicht mehr aufhalten, bist du bereit, dich Ratschlägen wieder zu öffnen; sei aber trotzdem noch sehr wählerisch im Hinblick auf die Person, die du um Rat bittest. Das kann beispielsweise jemand sein, der etwas Ähnliches getan hat wie das, was dir vorschwebt. Willst du etwa Schriftstellerin werden, könntest du dich für einen Schreibworkshop anmelden. Denkst du darüber nach, Lebenscoach zu werden, dann sprich mit anderen, die das geworden sind! Es ist nicht immer leicht, jemanden um Rat zu bitten, der genau das tut, was man selbst gern tun möchte – diese Menschen sind möglicherweise sehr beschäftigt, du kennst keinen von ihnen, du traust dich nicht, sie anzusprechen. Aber nur sie können dir eine Antwort geben, mit der du auch etwas anfangen kannst, denn sie haben das alles schon erlebt und können Bereiche ausleuchten, die du nie im Leben bedacht hättest. Doch noch nicht einmal sie haben *alle* Antworten, denn das Dharma ist und bleibt einzigartig. **Betrachte Ratschläge als Speisen eines Büfetts – nimm, worauf du Appetit hast, und lass den Rest stehen.**

Manche Menschen werden weiterhin versuchen, dir Ratschläge zu geben, auch wenn du sie nicht darum gebeten hast. Zu diesen Menschen können etwa deine Eltern gehören. Für sie ist es eine Art, dir ihre Liebe zu zeigen. Oft basiert die gesamte Beziehungsdynamik auf dem Schema Eltern/Ratgeber – Kind/Ratnehmer, und ohne dieses Schema fühlen sich deine Eltern arbeitslos. Doch diese Grenze wirst du ziehen müssen, sowohl innerlich als auch äußerlich. Ich schlage vor, du sagst deinen Eltern, du hättest vor, eine Ratschlagsentgiftung zu machen, und sosehr du ihre Fürsorge auch zu schätzen wüsstest, würdest du im Moment daran arbeiten, mehr auf dich selbst zu hören. Du ließest sie wissen, wann

Ratschläge wieder willkommen seien. Das kommt vielleicht nicht gut bei ihnen an, muss aber gesagt werden. Es ist ungeheuer wichtig für dich, hier eine klare Grenze zu ziehen. Sag ihnen auch, die beste Art, dir ihre Liebe zu zeigen, sei die, dich diese Phase deines Lebens allein bewältigen zu lassen.

Ein weiterer Grund zu glauben, man sei »verwirrt«, ist der, dass man es noch gar nicht versucht hat! Mich haben schon Schüler gefragt: »Soll ich mein Dharma finden, indem ich eine Million Dinge ausprobiere und dann sehe, was hängen bleibt? Das kann ja ewig dauern!« Und die Angst, dass es ewig dauern könnte, hält sie anschließend davon ab, überhaupt etwas zu unternehmen. Die Wahrheit ist: Ja, du musst schon einiges ausprobieren, bevor du dein Dharma findest. Bei niemandem klappt es beim ersten Versuch, und selbst wenn dem so ist, müssen sich die Dinge danach erst entwickeln. Das ist ja gerade das, was Spaß macht. Du erlebst das Leben in so vielen unterschiedlichen Facetten und weißt irgendwann, welche am besten zu dir passen. Wir können heute auf so viele unterschiedliche Karrieren in so kurzer Zeit zurückblicken, weil es nie zu spät für sie ist! Unsere Lebensspanne ist länger als jemals zuvor; beginnst du also erst mit fünfzig mit einem neuen Beruf, kannst du diesen immer noch viele Jahre lang ausüben. Hier heißt es nicht: Schlusspfiff, sondern: Halbzeit! Und wie jeder Sportfan weiß, ist die Halbzeit die Chance, die Dinge neu zu bewerten, die Situation zu überdenken und die Strategie in der zweiten Hälfte an die Erkenntnisse anzupassen.

Früher sprach man immer von der Midlife-Crisis. Heute erleben viele Menschen eher eine Krise nach dem ersten Lebensviertel, und bei ihr handelt es sich eigentlich auch nicht um eine Krise, sondern um ein *Erwachen*. Wir erkennen viel früher im Leben, dass wir nicht unbedingt das tun müssen, was andere tun, um glücklich zu sein – die »anderen« sind es nämlich oft nicht. Wir sind nicht mehr bereit, unser Leben für einen Gehaltsscheck zu opfern. Und das macht aus uns noch lange keine Egoisten, das macht uns selbstgewahr.

Häufig sagen wir, wir seien verwirrt, wenn wir eigentlich Angst davor haben, was andere wohl über uns denken. Sollte die Erklärung dafür, warum du deinem Dharma nicht folgst, mit den Worten »Ich will nicht, dass die Leute denken ...« beginnen, dann stehst du nicht zu dir selbst. Es gibt Menschen, die dir das Etikett »verrückt« verpassen würden? Ausgezeichnet! Das bedeutet, dass du Regeln brichst und etwas richtig machst! Wenn du andere nicht wenigstens ein bisschen aufrüttelst, dann folgst du der Norm und nicht deinem Dharma. **Du bist dazu bestimmt, etwas zu erschaffen, das es noch nie zuvor gegeben hat, und dafür ist erforderlich, dass es dir nichts ausmacht, nicht von allen gemocht zu werden.** Wenn du verwirrt bist, bist du auf der richtigen Fährte. Dann stellst du die richtigen Fragen. Die meisten kommen noch nicht einmal an den Punkt, verwirrt zu sein, weil sie die gegebenen Umstände akzeptieren und nie nach mehr streben.

2. DAS GEFÜHL DER UNZULÄNGLICHKEIT

Hauptgrund Nummer zwei, warum wir unser Dharma nicht leben, sind wir *selbst*. Du weißt, was das bedeutet? Nichts und niemand hält dich davon ab – *nur du selbst*. Das Gefühl der Unzulänglichkeit ist die Plage der denkenden Welt. Ich bin mir sicher, dass viel zu viele bescheidene Menschen gerade dieses Buch lesen und nicht wissen, wie verdammt großartig sie sind! Sie zweifeln an sich, während andere mit nur halb so viel Selbstgewahrsein es einfach *tun*.

Das Gefühl der Unzulänglichkeit ist tatsächlich der erste Schritt zur Selbstverwirklichung. Du kannst zugeben, dass du nicht alles weißt. Was du weißt, ist, dass du noch an dir arbeiten musst. Das alles sind Anzeichen deiner Bescheidenheit und Selbstwahrnehmungsfähigkeit – bewundernswerte Eigenschaften. Weniger bewundernswert sind sie jedoch dann, wenn sie dich ausbremsen. Einer Science-of-People-Umfrage zufolge mögen wir andere Menschen nicht, wenn sie uns unecht vorkommen, etwa wenn sie wie auf Hochglanz poliert wirken. Warum also haben wir selbst dann das Gefühl, wir müssten drei Doktortitel und zehn Millionen auf dem Konto haben, um die Anerkennung unserer Mitmenschen zu verdienen?

Du bist gut genug. Allein die Tatsache, dass du atmest, macht dich gut genug. Dass du dir die Zeit nimmst, dieses Buch zu lesen, zeigt, dass du etwas Besseres aus dir machen willst. Du hast bereits mehr an dir gearbeitet als der Großteil der restlichen Bevölkerung. Du bist eine Göttin mit einem hohen Bewusstsein und fortgeschrittenem Selbstgewahrsein! Du besitzt so viel Weisheit, die du mit anderen teilen könntest, so viel persönliche Erfahrung und so viele Erfahrungen aus vergangenen Leben, aus denen du schöpfen kannst. Denk an jemanden, von dem du glaubst, er lebe voll und ganz im Einklang mit seinem Dharma. Ich garantiere dir, dass auch dieser Mensch nicht pausenlos alle Neune trifft. Doch was wäre, wenn Oprah Winfrey sagen würde, sie sei nicht schlank genug, um anderen zu helfen? Wenn Einstein gesagt hätte, er sähe nicht gut genug aus, als dass man ihm zuhörte? Oder wenn Malala Yousafzai sagen würde, sie sei nicht alt genug, um etwas in der Welt zu verändern? Was wäre gewesen, hätten diese Menschen sich von solcherlei Überlegungen davon abhalten lassen, ihrem Dharma zu folgen und mit ihren Gaben anderen zu helfen?

Wir haben alle unser Päckchen zu tragen, das macht uns nahbar. Ich persönlich habe gedacht, ich sei nicht alt genug, um ein Buch über Ayurveda zu schreiben. Niemand würde mir zuhören wollen. Niemand würde sich überhaupt für Ayurveda interessieren. Diese einschränkenden Glaubenssätze fanden ihr Echo in über dreißig Verlegern, von denen ich eine Absage bekam, und Dutzenden von Literaturagenten, die auf meine Anfrage noch nicht einmal antworteten. Ich hatte also allen Grund, meinen eigenen negativen

Glaubenssätzen zu glauben – bis ich beschloss, das nicht mehr zu tun. Die Tatsache, dass ich zur Generation Y gehöre und über ein fünftausend Jahre altes Gesundheitssystem schreibe, macht mich ja gerade einzigartig. Die Menschen, denen mein moderner und witziger Zugang gefällt, hören mir zu, und meine Begeisterung weckt ihr Interesse am Ayurveda. Genau die Dinge, von denen ich dachte, sie machten mich unzulänglich, sind gerade die Dinge, die mich zu dem gemacht haben, was ich bin.

Frage dich also selbst:

In welcher Hinsicht fühlst du dich unzulänglich?

Inwiefern könnte das auch ein Vorteil sein?

Wie könntest du dich selbst davon überzeugen, dass du gut genug bist?

3. NICHT WISSEN, WO MAN ANFANGEN SOLL

Vielleicht haben wir als Kind alle zu viele Brettspiele gespielt, aber manchmal kommt es mir so vor, als warteten wir darauf, dass jemand die Spielanleitung herausholt und uns genau sagt, was wir tun sollen. Doch wäre es nicht saublöd, wenn wir unseren Beruf anhand einer Anweisung auf einer Ereigniskarte wählen müssten? Wir spielen das Spiel namens Leben nach unseren eigenen Regeln und fangen an, wo wir wollen. Du willst als Erstes deinen alten Job kündigen? Zur Hölle: Ja! Du willst noch einmal zur Schule gehen und lernen? Tu das! Du willst mit einem Praktikum anfangen? Großartig! Das hier ist kein Marathon, bei dem alle dieselbe Strecke laufen. Dein Dharma zu entdecken, ähnelt eher Alice' Reise durchs Wunderland – eine wirklich psychedelische Erfahrung, die manchmal so ganz und gar keinen Sinn ergibt. Vielleicht wirst du erst in der Rückschau erkennen, dass alles genau so hat sein müssen, dass eins zum anderen geführt hat.

Der Ort, an dem du anfangen sollst, ist hier, und der Zeitpunkt ist jetzt. Ob es dir nun bewusst ist oder nicht: Du steckst schon längst in deinem Erwachensprozess. Woher ich das weiß? Nun, weil du gerade das hier liest. Jeder vergangene Augenblick hat dich auf diesen hier vorbereitet.

Hab Vertrauen in das göttliche Timing. Um dein Dharma zu entdecken, brauchst du bestimmte Seelenlektionen, bestimmte Erfahrungen, musst bestimmten Menschen begegnen oder dich von ihnen lösen. Es entfaltet sich alles so, wie es soll. **Wir fragen die Sonne ja auch nicht, warum sie nicht früher aufgegangen ist. Und so wirst auch du zu dem vom Göttlichen vorgesehenen Zeitpunkt erstrahlen.**

Statt dir selbst Vorwürfe zu machen, dass du bestimmte Erkenntnisse nicht früher gewonnen hast, solltest du für die Erkenntnisse, die du jetzt hast, dankbar sein. Hättest du den letzten Pfad nicht beschritten, befändest du dich jetzt nicht auf diesem. Alles musste sich exakt so entwickeln, wie es sich entwickelt hat, damit du das Gewahrsein hast, das du jetzt besitzt. Würdest du irgendetwas davon missen wollen? Hättest du auch nur eine der Erfahrungen nicht geschenkt bekommen, wärst du nicht hier, auf dieser Reise zur Entdeckung deines Dharma. **Nichts geschieht dir, es geschieht für dich, damit du dich weiterentwickeln kannst.** Mehr noch: Es geschieht *durch dich*, die Creatrix, die Schöpferin deiner Realität. Du hast die Mosaikstückchen zusammengetragen, und jetzt ist es an der Zeit, dein höchstes Selbst anzunehmen. Erinnere dich an deine heilige Macht und werde aktiv; die Schwungkraft, die du dabei gewinnst, wird dich in Richtung Wahrheit und Erweiterung deines Bewusstseins treiben.

4. ZEITMANGEL

Viele Menschen warten auch auf den perfekten Augenblick, um mit dem Leben ihres Dharma zu beginnen. Es ist schon erstaunlich, dass der Terminkalender für den kommenden Monat immer so leer aussieht – bis es dann der kommende Monat ist. Und auf einmal ist dieser Monat sogar noch vollgepackter als der vorherige. Sagst du auch Woche für Woche: »Im Moment geht's drunter und drüber, aber nächste Woche habe ich mehr Zeit«? Tja, das nennt sich Leben, Schätzchen.

Die Einzige, die Platz für dein Dharma schaffen kann, bist du. Das Leben wird dir immer mehr Termine verpassen, und nur du kannst entscheiden, welche wahrzunehmen sich lohnt und welche nicht. Manchmal sind wir stinksauer auf andere. »Warum laden die mich immer wieder ein? Wissen die nicht, wie beschäftigt ich bin?« Dabei liegt es in unserer eigenen Verantwortlichkeit, mit gesundem Menschenverstand Prioritäten zu setzen. Nur du kannst dir den Raum schaffen, den du brauchst, um dich voll und ganz deinem Dharma zu widmen.

Um Fortschritte in puncto Dharma zu machen, muss der Terminkalender an bestimmten Tagen nicht *absolut* leer sein. Unterschätze nie, was du in einer Stunde schaffen kannst, wenn du deine Zeit klug nutzt. Mach einen Termin mit deinem höchsten Selbst aus und schreib ihn in den Kalender. Räum vorher das Zimmer auf, in dem ihr euch treffen wollt, stell was Leckeres zu trinken bereit (ein adaptogenes Getränk, bitte!), schließ alle Ablenkungen weg, schalt das Handy auf Flugmodus und lösch deine Social-Media-Apps (du kannst das Smartphone auch im Auto lassen, wenn die Sucht so schlimm ist). Halte eine Tagesordnung für euer Treffen schriftlich fest und halte dich dann auch daran. Oder würdest du anfangen, das Geschirr abzuwaschen, oder deine Mails checken, wenn du Besuch hast? Eben. Gehe ebenso respektvoll mit deinem höchsten Selbst um, der Königin der Möglichkeiten. Auf deiner Agenda könnte beispielsweise stehen: »Marktanalyse für vergleichbare Unternehmen auf dem gewünschten Gebiet durchführen«, oder: »Für mindestens fünf Jobs bewerben, die im Einklang mit meinem Dharma zu sein scheinen«, oder: »Die ersten fünf Seiten meines Buchs schreiben.« Wenn du der absolute Vata-Typ und alles andere als gut in Zeitmanagement und im Organisieren bist, wird dir diese Vorgehensweise enorm helfen (und dich mit dem Pitta befeuern, das du brauchst!).

Bevor es dann losgeht mit der Tagesordnung, kannst du die Augen schließen und eine kurze Meditation durchführen, um dich mit deinem höchsten Selbst zu verbinden. Die Meditation muss nicht länger als eine Minute sein. Mach dir deine Absicht bewusst. Bitte dein höchstes Selbst, mit dir zu verschmelzen und dir die göttlichen Schöpfungen einzugeben, die in diesem Leben zu verkörpern du bestimmt bist. Stell dir vor, wie weißes Licht durch dein Kronenchakra ganz oben auf dem Kopf in dich fließt, und lass zu, dass der Urgrund dich mühelos durchströmt.

Such dir nun eine der folgenden Affirmationen aus. Wähle die, die am besten zu dir passt. Du kannst dir auch selbst eine ausdenken.

Ich bin ein Gefäß für die Weisheit, die mich durchströmt.

Ich lade mein Dharma ein, sich zu offenbaren.

Ich empfange die Weisheit, die sich durch mich verkörpern will.

Ich bin ein Kanal für die Ideen, die mich dazu erwählt haben, sie Wirklichkeit werden zu lassen.

Möge ich nützlich sein und das neue Paradigma einläuten.

Es ist wichtig, dies alles zum Wohle aller geschehen zu lassen, denn die Dinge manifestieren sich am besten, wenn sie der gesamten Menschheit nützlich sind. **Die Manifestierung funktioniert nur dann, wenn sie dem größeren Wohl aller dient.** Das Universum ist wohlwollend und will, was das Beste für die Gemeinschaft ist.

Verknüpfst du dein Dharma mit etwas, das dich übersteigt, wird es dich sofort durchströmen.

Und jetzt ist es an der Zeit, sich ans #werk zu machen! Gib dich dem Erschaffen hin, während du die Informationen empfängst. Spürst du, wie du sanft zu einem bestimmten Thema geführt wirst oder etwas anderes recherchieren sollst? Dann hab Vertrauen und lass es zu. Übe dich darin, dich von deiner Intuition lenken zu lassen statt von deinem Geist. Schöpfe aus dem Kanal der Inspiration, bis er leer geschöpft ist. Wenn du das Gefühl hast, auf eine Mauer zu treffen, nimm es als Einladung, dich ins Kapha sinken zu lassen. Verweile dort so lange, bis der Vata-Funke wieder überspringt und dich zum Pitta leitet.

Einen solchen zeremoniellen Raum für dein Dharma zu schaffen, ist ausgesprochen wichtig. Sollte dir während deiner Verabredung etwas anderes Wichtiges einfallen, schreib es auf und kümmere dich nach deinem Dharma-Date darum. Lass nicht gleich alles stehen und liegen, weil dir und deinem Dharma etwas dazwischenfunkt. Deinem Dharma wird langweilig werden, wenn du auf Instagram herumscrollst, während es bei dir zu Besuch ist. Erweis ihm deinen Respekt und zeig ihm deine Liebe!

Mit Worten zaubern

Die Art, wie wir mit uns selbst sprechen, ist wichtiger als jedes andere Gespräch, das wir führen. Viele Menschen unterhalten eine geradezu toxische Beziehung zu sich selbst, eine Beziehung voller Zweifel und unterminierender Bemerkungen. Wir alle wissen um die Macht der positiven Affirmationen, aber mal ehrlich: Welche Affirmationen betest du dir täglich selbst vor? »Ich bin so blöd«, »Das schaffe ich nicht«, »Das werde ich nie begreifen«. Mit dieser Leier gehen wir durchs Leben. Wenn du jedoch deinem Dharma folgen willst, musst du mit dir selbst wie mit einem Menschen sprechen, der sein Dharma bereits erfüllt. »Ich lerne jeden Tag so viel dazu«, »Ich spüre, wie ich mich weiterentwickle«, »Jeder neue Tag bringt mich meinem Dharma ein Stück näher«. Das hört sich doch schon besser an, oder nicht?

Wir leben in einer Gesellschaft, die so viel Angst davor hat, arrogant rüberzukommen, dass wir eine Kultur der Selbstherabsetzung erschaffen haben. Stolz auf sich zu sein bedeutet aber nicht, eingebildet zu sein – es bedeutet lediglich, selbstbewusst zu sein. Wir lassen unsere Leistungen links liegen und konzentrieren uns auf unsere Misserfolge, meist um die Anerkennung anderer zu erlangen. Du kennst sie doch sicher auch, diese Unterhaltungen, in denen wir mit anderen wetteifern, wer gestresster, fetter und generell beschissener dran ist im Leben. Was macht uns glauben, wir könnten uns nur mit anderen verstehen, wenn wir uns selbst abwerten? Das macht uns ganz sicher nicht nahbarer, es erzeugt nur eine Kultur der Unsicherheit.

Wie schön wäre es, könnten wir diese Negativität ablegen und uns stattdessen gegenseitig aufbauen! Wenn sich jemand in deiner Gegenwart darüber beklagt, wie gestresst er doch ist, frage ihn, was in der vergangenen Woche alles gut für ihn gelaufen ist. Lässt du dich nicht auf dieses sich selbst herabsetzende Niveau ein, hilfst du deinem Gegenüber auf dein Niveau herauf.

In ähnlicher Weise können auch unsere inneren Monologe auf diesem richtig geilen hohen Niveau schwingen.

Was würdest du gern von anderen hören?

....

....

Wofür möchtest du wertgeschätzt werden?

Wofür möchtest du gern ein »Danke« hören?

Warte nicht darauf, bis andere diese Seiten an dir sehen – beginne, sie selbst an dir wahrzunehmen! Sag dir selbst, was du so gern von anderen hören würdest: »Sahara, ich bin so stolz auf dich wegen allem, was du tust. Ich bewundere es, wie du Weisheit mit so viel Anmut und Fluss channelst. Ich bewundere es, wie du deine Ideen in die Tat umsetzt und deine Gaben mit der Welt teilst. Ich liebe deine Balance der weiblichen und männlichen Energien. Du hilfst so vielen Menschen und weißt das noch nicht einmal.« **Und jetzt du!** Hier noch ein Beispiel.

»Jolene, du bist eine so wunderbare Mutter und siehst an jeder Situation immer nur das Gute. Du kannst großartig zuhören und anderen ungeheuer mitfühlend bei Problemen helfen, die du selbst schon bewältigt hast. Ich bewundere deine Geduld, deine Stärke, deine Widerstandskraft.«

Jetzt bist du dran. Schreibe auf, was du gern von anderen hören würdest, und sag es dir dann selbst. Du selbst bist der Mensch, von dem deine Seele die Worte schon die ganze Zeit über hören wollte.

Wir üben so viel Druck auf unsere Umgebung aus, damit sie uns die Anerkennung zuteilwerden lässt, die wir uns wünschen, dabei wünschen wir uns nur Anerkennung von uns selbst. **Sobald du dich selbst mit den Worten nährst, die du dir so sehnlich von anderen wünschst, beginnst du, dich selbst zu heilen und dir selbst den Weg zu deinem Dharma zu ebnen.** Wenn du darauf gewartet hast, von jemand anderem zu hören, er sei stolz auf dich, hast du vielleicht einen Weg eingeschlagen, der zunächst vielversprechend aussah, dich aber nicht befriedigt hat. Wenn du darauf gewartet hast, von jemandem zu hören, du seist gut genug, befindest du dich vielleicht in einer Situation, in der Menschen das, was du tust, nicht zu schätzen wissen. Wir müssen uns mit unserer unterschwelligen Konditionierung beschäftigen, die uns zu unserem bisherigen Tun veranlasst hat. Nichts geschieht zufällig; wir sollten also besonders darauf achten, absichtsvoll zu leben.

Die Pitta-Phase

Wir können den ganzen Tag über unser Dharma nachdenken, Pläne bezüglich unseres Dharma schmieden und über unser Dharma sprechen, doch es wird sich erst dann etwas bewegen, wenn wir uns bewegen. Wie bereits erwähnt, bleiben viele Menschen in der Vata-Phase stecken. Wir lieben es, unseren hochtrabenden Träumen nachzuhängen, stellen uns vor, wie wir den Bestseller schreiben, die preisgekrönte Dokumentation filmen, das blühende gemeinnützige Unternehmen führen oder die erfolgreiche Produktlinie entwickeln – damit fügen wir unserer Dharma-Liste aber nur endlos neue Punkte hinzu und kriegen in Wirklichkeit gar nichts auf die Reihe. In der Vata-Phase zu bleiben, ist der sicherste Weg, sein Dharma niemals zu leben. Du musst aktiv werden, und sei es noch so chaotisch, unschlüssig und unsicher, denn nur das gibt klare Antworten auf die Fragen deiner Seele. Du lernst nicht, wie man Dart spielt, wenn du nur darüber nachdenkst. Du musst schon die Pfeile werfen, bis du irgendwann mal das Bull's Eye triffst. Setz dich also hin und schreib die ersten Seiten deines Romans oder deiner Kurzgeschichten, auch wenn sie nach einem Jahr alle zerknüllt im Papierkorb landen. Oder experimentiere mit deiner Hautpflegeserie und ihrer Verpackung, bis irgendwann einmal das Produkt dabei herauskommt, das du auf dem nächsten Bauernmarkt verkaufen kannst.

Häufig haben wir Angst davor, bezüglich unseres Dharma aktiv zu werden, weil wir uns vor den »Risiken« fürchten. Was, wenn ich es versuche und nicht schaffe? Es birgt jedoch keine Risiken, seinem Dharma zu folgen: Du hast eine hundertprozentige Erfolgsgarantie, solange du zu deiner Wahrheit stehst. Vielleicht ist das Ziel am Ende deiner Reise ein anderes, als du es dir am Anfang vorgestellt hast, doch es wird auf jeden Fall am besten zu dir passen. Und unterwegs lernst du alles, was dich auf den nächsten Durchlauf deiner Bestimmung im Leben vorbereitet. Menschen, die sagen, die Chancen, seine Bestimmung im Leben zu finden, stünden ähnlich gut wie bei einem Sechser im Lotto, leben in Angst. Du bist dazu bestimmt, dein Dharma zu leben, die Frage ist nur: Bist du auch bereit, deinem höchsten Selbst zu Diensten zu sein?

Das Dharma ist ein Prozess. Vielleicht bekommst du für dein erstes Buch keinen Vertrag, doch sollte dich das nicht davon abhalten, mit dem Schreiben fortzufahren. Vielleicht lässt der Erfolg im ersten Geschäftsjahr deines Unternehmens auf sich warten, doch dann weißt du, was du im zweiten Jahr anders machen musst. **»Misserfolg« ist lediglich ein Feedback vom Universum, das dir dabei helfen soll, dein Dharma weiter zu verfeinern.** Kannst du dich noch an das erste Mal erinnern, als du auf der Autobahn gefahren bist? Du hattest wahrscheinlich die Hosen voll, musstest dir die ganze Zeit gut zureden und hast auch nicht ein einziges Mal die Spur gewechselt, weil alle anderen so verdammt schnell waren. Heute ist das kaum noch ein Thema für dich. Und das geht nur durch wiederholte Übung. Warum also glauben wir, bei unserem Dharma schon beim ersten Versuch ins Schwarze treffen zu müssen? Übung macht den Meister!

Die meisten geben sich selbst aus Angst vor dem Scheitern

noch nicht einmal eine faire Chance. Diese Angst lähmt uns und verwehrt uns, was wir wirklich wollen. **Du wirst dein Dharma nur dann nicht erfüllen, wenn du gar nicht erst versuchst, es zu erfüllen. Die Angst vor dem Scheitern ist die Garantie fürs Scheitern.** Mir hat in dieser Situation immer eine ganz bestimmte Übung geholfen: Ich habe mir das Worst-Case-Szenario ausgemalt. Das klingt schrecklich, ich weiß, aber ich war vor Angst so starr, dass ich mich schlicht mit dem, was schlimmstenfalls passieren konnte, konfrontieren *musste.* All meine Selbstzweifel und Ängste hatten sich zu einem Knäuel zusammengeballt, und ich konnte den Anfang des Fadens einfach nicht mehr finden. Also fragte ich mich: »Was kann schlimmstenfalls passieren?« Und daraufhin: »Und dann?« Das tat ich so lange, bis mir klar wurde, dass das Schlimmste, was passieren konnte, im Grunde das Beste war, das mir passieren konnte.

Hier eine kurze Zusammenfassung meines Worst-Case-Szenarios:

Wenn ich meinem Dharma folge, was könnte dann schlimmstenfalls passieren?

Dann werden mich meine Eltern verstoßen und nie wieder mit mir reden.

Und was wird dann passieren?

Ich werde mich furchtbar fühlen, weil ich sie enttäuscht habe.

Und dann?

Na ja, dann werde ich vermutlich darüber hinwegkommen und erkennen, dass es nie meine Aufgabe war, sie glücklich zu machen. Meine Priorität muss es sein, mich selbst glücklich zu machen.

Und dann?

Dann bin ich frei und nicht mehr der Sklave der Erwartungen anderer.

Und dann?
Dann werde ich mich nicht mehr schuldig fühlen, wenn ich meinem Dharma folge.

Und dann?
Dann kann ich ganz ich selbst sein, ohne mich dafür entschuldigen zu müssen.

Manchmal ist das Schlimmste, das uns passieren kann, eigentlich das Beste, das uns passieren kann.

Und nun bist du mit der Übung dran.

Wenn du deinem Dharma folgst oder dich auf deine Dharma-Entdeckungsreise begibst, was könnte dir dann schlimmstenfalls passieren?

....

....

Und dann?

....

....

Und dann?

....

....

Und dann?

....

....

Fahre so fort, bis du die Antwort gefunden hast. In jedem augen-
scheinlichen Misserfolg steckt die Gelegenheit zur Wiedergeburt.
Daran erinnert uns auch die Göttin Kali Ma, die Wandlung verkörpert. Sie zeigt sich, wenn du das Gefühl hast, dein ganzes Leben
ginge in Flammen auf und kein Stein bliebe auf dem anderen. Sie
tut dies, damit du dich von allem lösen kannst, das dir nicht mehr
dienlich ist, und dir deine Wahrheit zurückeroberst. Manchmal
müssen wir das Haus bis auf die Grundmauern niederbrennen,
um ein neues darauf zu errichten. **Wenn du dich von allem, was
du nicht bist, löst, kannst du das sein, was du wirklich bist.**
Einzig in der allumfassenden Leere, im Mutterleib des Kosmos,
entstehen neue Möglichkeiten. Wir haben solche Angst vor dem
Raum zwischen dem Ein- und dem Ausatmen, dass wir ständig
hyperventilieren und nicht begreifen, dass wir nur in dieser Pause
wahrhaftig atmen.

Eine Freundin von mir wollte Rechtsanwältin werden, doch
jedes Mal, wenn sie für die Abschlussprüfungen lernte, verschlechterte sich plötzlich ihre Gesundheit. Es war ein Hilferuf
ihres Körpers – den sie nicht hören wollte. Als sie das zweite Mal
durch die Prüfungen rasselte, musste sie endlich die Wahrheit
akzeptieren: dass sie eigentlich gar nicht Rechtsanwältin werden
wollte. Heute ist ihr das Jurastudium auf vielerlei Weisen nützlich,
ihr wahrer Traum aber war es, als selbstständige Lektorin zu arbeiten. Sie kennt sich ausgezeichnet mit Verträgen aus und wird
eines Tages vielleicht auch ein Buch über ihr Fachgebiet heraus-
geben. Vielleicht hat ihre Seele die Erfahrung des Jurastudiums
gebraucht, doch im Augenblick kann sie den Lauf ihres Lebens

nur so anerkennen, wie er ist, und dankbar sein, dass Kali Ma ihr Haus niedergebrannt hat. Wir scheitern nur, wenn wir aus unseren Erfahrungen nicht lernen.

Das Dharma ist kein Zuschauersport

Angenommen, ich würde jeden Morgen um sechs aufstehen und mir einen Yogakurs ansehen. Ich würde keine einzige Yogastunde verpassen und zusehen, wie die Teilnehmer und Teilnehmerinnen den herabschauenden Hund, die Rückbeuge und sogar den Handstand ausüben. Würde mich das ebenfalls zur Yogaschülerin machen? Wohl kaum. Würde ich nach jahrelangem Zuschauen, aber keinerlei Praxis versuchen, in die Asana der Krähe zu gehen oder einen Kopfstand zu machen, würde ich wahrscheinlich ziemlich schnell umfallen. Yogi wird man nur, wenn man Yoga aktiv ausübt. Und so ist es mit dem Dharma auch. Du kannst es nur leben, wenn du dich auf die Matte begibst und zu üben beginnst.

Als ich auf meiner Dharma-Entdeckungsreise war, entwickelte ich eine Bekleidungslinie aus recycelten Sari-Stoffen, die ich Saraswati Couture nannte und mit der ich Opfern des Sexhandels in Indien helfen wollte. Ich war ungeheuer von der Sache überzeugt und machte mich leidenschaftlich an die Arbeit. Nachdem ich die Kleidung jedoch zwei Jahre lang auf Dutzenden von Festivals verkauft und mich dem Aufbau meiner Produktlinie intensiv gewidmet hatte, wurde mir plötzlich klar, dass dies nicht mein Dharma war. Ich wollte Wissen weitergeben, keine Produkte. Heute kann ich genau diesen Frauen auf eine Art und Weise helfen, die mehr zu meinen Talenten passt.

Jedes Dharma erfordert Mühe, aber du musst für dich entscheiden, ob es die Art von Mühe ist, die auf dich zu nehmen du bereit bist. Und das weißt du nur, wenn du es ausprobierst. Die meisten unserer Spekulationen darüber, was es wirklich bedeutet, einen bestimmten Beruf auszuüben, sind nicht mehr als das – Spekulationen. Weißt du, womit Hollywood-Schauspieler und -Schauspielerinnen den Großteil ihrer Zeit verbringen? Mit Herumsitzen am Set. Weißt du, womit die meisten auftretenden Künstler und Künstlerinnen den Großteil ihrer Zeit verbringen? Damit, von A nach B zu fahren. Wenn du von einem bestimmten Beruf träumst, solltest du dir ansehen, wie sich der Alltag dieses Berufs gestaltet. Würdest du gern den ganzen Tag in Meetings herumsitzen? Genau das tun Geschäftsführer nämlich. Würdest du gern überwiegend allein sein und gegen eine drohende Deadline anschreiben? Das tun Schriftstellerinnen. Wir sollten den neuralgischen Punkten eines Berufs unbedingt ins Auge sehen und uns überlegen, ob wir bereit wären, mit ihnen zu leben, denn jedes Dharma wird sie haben. Ich beispielsweise könnte nie Schauspielerin sein, weil ich es hasse, herumzusitzen und zu warten; eine Freundin von mir aber liebt den Beruf und nutzt die Zeit, um zu meditieren. Dich schreckt der Gedanke an Manuskriptabgabetermine vielleicht ab, ich aber genieße ihn regelrecht, weil die Deadlines mich dazu zwingen, ohne zu trödeln mein Bestes zu geben.

Von welchem Beruf träumst du?

Welches Dharma wäre mit ihm verbunden (Unternehmensleitbild)?

....

....

Was ist so toll an diesem Beruf?

....

....

Was wäre weniger toll (sei ehrlich)?

....

....

Was würde der Beruf demjenigen, der ihn ausübt, abverlangen?
Welche Eigenschaften müsste er mitbringen?

....

....

Besitzt du diese Eigenschaften?

....

....

BEISPIELE

Beruf: Heilpraktiker*in

Was ist toll daran? Ich helfe Menschen mit alternativen Heilweisen.

Was ist weniger toll? Ich muss zuerst eine vierjährige Ausbildung absolvieren, anschließend ein zweijähriges Praktikum. Und dann dauert es noch ein paar Jahre, bis ich mir eine eigene Praxis aufgebaut habe.

Was müsste man für diesen Beruf mitbringen? Extreme Geduld, Durchhaltevermögen, Spaß am Lernen und genug Rücklagen, um die ersten sechs bis acht Jahre ohne oder mit nur geringem Einkommen auszukommen.

Der Beruf passt leider nicht zu mir, weil ich so schnell wie möglich Geld verdienen muss, nicht gern lerne und zu ungeduldig bin, um die anfängliche Durststrecke zu überwinden.

Beruf: Lebenscoach

Was ist toll daran? Ich motiviere Menschen dazu, sich zur besten Version ihrer selbst zu entwickeln.

Was ist weniger toll? Ich muss ein Zertifikat als Lebenscoach erlangen und viel Innenarbeit leisten; es wird eine Weile dauern, bis ich mir ein Geschäft aufgebaut habe, ich werde kein festes Einkommen haben, ich gehe das Risiko finanzieller Unsicherheit ein.

Was müsste man für diesen Beruf mitbringen? Selbstgewahrsein, unternehmerisches Können, Risikobereitschaft.

Dieser Beruf passt zu mir, weil ich selbst eine große Leidenschaft für Innenarbeit habe. Ich weiß, dass ich in diesem Beruf nicht scheitern kann, weil meine Art, Menschen zu helfen, einzigartig ist.

Ich könnte dir nun jede Menge Persönlichkeitstests vorlegen und deinen Kopf mit allerhand Wissen und Informationen vollstopfen, die dir dabei helfen sollen, dir dein Dharma gewissermaßen auszurechnen. Doch es bleibt dabei: Um es wirklich zu entdecken, musst du aktiv werden. Hast du die richtige Richtung eingeschlagen, spürst du ein Gefühl der Befreiung, einen kräftigen Rückenwind in puncto Motivation, schlicht das *Wissen*, in die richtige Richtung zu marschieren. Plötzlich wird sich dein Dharma nicht mehr wie eine weit entfernte Luftspiegelung anfühlen. Es ist da, direkt vor dir, zum Greifen nah. Du kannst dir dein Dharma nicht herbeidenken. Du musst den Weg zu ihm gehen, Schritt für Schritt.

Was könnte ich jetzt sofort unternehmen, um mich meinem Dharma anzunähern?

Was habe ich erlebt, das mir gezeigt hat, was ich nicht will?

....

....

Wie konnte das Erlebte mir jedoch zeigen, was ich will?

....

....

Gibt es da draußen jemanden, der etwas lehrt, das vielleicht im Zusammenhang mit meinem Dharma steht?

....

....

Welche Bücher / Sendungen / Kurse / Tagungen könnten mir für mein Dharma wichtiges Wissen vermitteln?

....

....

Übung zum Dharma-Embodiment

Unsere Wirklichkeit basiert auf unserem energetischen Zustand: Unser energetischer Zustand erzeugt unsere Gedanken, und diese wiederum erschaffen unsere Realität. Also erschafft unser energetischer Zustand unsere Wirklichkeit. Willst du dich ausgerichtet fühlen, richte dich auf. Willst du dich lebendig fühlen, schwitze. Willst du dich offen fühlen, streck dich. Unser Geist korrespondiert immer damit, wie unser Körper sich fühlt. Bei den sogenannten

Embodiment-Übungen – diesen Begriff aus der neueren Kognitionswissenschaft könnte man mit Verkörperung übersetzen – lassen wir uns von der Körperweisheit leiten, gehen also »body up«, von unten nach oben, statt »top down«, von oben nach unten, vor; mit Letzterem meint man in der Psychologie die denkgesteuerte Informationsverarbeitung.

Meine Lieblingsform des Dharma-Embodiment ist der Tanz, und ich bin davon überzeugt, dass er bald eine ebenso beliebte Heilmethode sein wird wie das Yoga. Der Mensch tanzt schon seit Tausenden von Jahren, und erst seit sehr Kurzem denken wir, das Tanzen sei auf die Choreografie beschränkt. **Beim Tanzen geht es nicht ums Aufführen – es ist ein Ausdruck unserer Seele durch das Medium des Körpers.** Wir verbringen so viel Zeit in unserem Kopf und versuchen, Dinge herauszufinden. Doch allein mit dem Geist werden wir sie nie herausfinden, denn die Natur des Geistes ist es, sich immer in denselben Bahnen zu bewegen. Ab und zu müssen wir den Geist auch Geist sein lassen und uns wieder in unseren Körper begeben, um zu unserem Herzen nach Hause zurückzukehren. Wir halten somatisch, in unserem irdischen Gewand, an so viel Anspannung fest, und das Tanzen hilft uns dabei, diese geballten Anspannungen freizusetzen, sodass wir wieder ganz zu unserer wahren Göttinnennatur zurückkehren können. Wenn wir Körper und Geist hinter uns lassen, gelangen wir in unsere Seele.

Ich habe diese Übung zum Dharma-Embodiment so entwickelt, dass sie deinen Körper in genau den Zustand bringt, in dem du dein Dharma empfangen kannst. Die Übung erweckt jedes deiner sieben Chakras; so werden Blockaden beseitigt und du kannst das volle Potenzial deiner Chakras wieder nutzen. Sie bringt dich in Einklang mit deiner Bestimmung, deiner Kraft, deiner Verspieltheit und deiner Freude.

Am besten führst du die Übung morgens gleich nach dem Aufstehen durch, dann befindest du dich schon auf dem Weg zu deinem Dharma. Führe sie noch einmal durch, wenn du an deinem Dharma arbeitest, denn sie öffnet deine Empfangskanäle. Du wirst staunen, was sich dir dann alles offenbart.

Die Übung kann fünf, aber auch zwanzig Minuten dauern, das hängt ganz davon ab, wie viel Zeit du hast. Je mehr Zeit du dir für diese Übung allerdings nimmst, desto tiefer kannst du in sie eintauchen; doch selbst wenn du einmal nur ein paar Minuten erübrigen kannst, wirkt sie Wunder.

DHARMA-EMBODIMENT-ÜBUNG

SCHRITT 1

Schüttle deine Arme, Beine und Hüften aus, mach dich ganz locker. Lass jegliche Anspannung in deinem Körper (und Geist) los, begleitet von einem langen »aaaaah«. Verankere dich mit deinen Füßen fest auf dem Boden und gib alles, was dir nicht mehr dienlich ist, an Mutter Erde ab. Stell dir vor, wie du den ganzen Stress und all deine einschränkenden Glaubenssätze buchstäblich aus dir herausschüttelst.

SCHRITT 2

Nachdem du dich einige Minuten lang ausgeschüttelt hast, lässt du deine Hüften kreisen. Kreise stärken die weibliche Energie im Körper, über die sowohl Männer als auch Frauen verfügen, und sorgen für mehr Lockerheit und Fluss. Spüre deine Rundungen und dehne die kreisenden Bewegungen dann auf alle Teile deines Körpers aus: auf die Brust, die Schultern, die Handgelenke, den Nacken.

SCHRITT 3

Führe mit deiner Wirbelsäule eine wellenförmige Bewegung aus, wie beim Body Rolling. Die Bewegung erweckt die Kun-

dalini und lässt die Energie im Körper aufsteigen. Versuche es auch mit der entgegengesetzten Bewegung und lass Nacken und Schultern dabei möglichst locker.

SCHRITT 4

Leg deine Hände aufs Herz und bewege die Brust vor und zurück. Dies aktiviert die Herzchakra-Energie. Atme bei jeder Bewegung auf »huu« aus.

SCHRITT 5

Komm nun zur Ruhe, die Hände liegen immer noch auf dem Herzen. Schließe die Augen und spüre der liebevollen Energie nach, die du soeben erzeugt hast. Dein Herz hat seinen eigenen Kopf – verbinde dich mit ihm.

SCHRITT 6

Halte die Augen weiterhin geschlossen und strecke die Arme mit den Handflächen nach oben nach vorn aus. Sage: »Ich empfange« – entweder laut oder nur im Geist. Atme aus und lass deinen Atem weicher werden.

SCHRITT 7

Empfange jegliche Weisheit und energetische Heilung, die sich zeigen.

Diese Übung ist wirklich ein Game Changer. Nach ihr wirst du dich anders fühlen und in einer viel höheren Frequenz schwingen. Viele Menschen verspüren bereits nach der ersten Durchführung der Übung enorme Veränderungen, die mit zunehmender Übung exponentiell wachsen. Nimm die Gelegenheiten wahr, die sich allein dadurch zeigen, dass du diese Energie zu dir einlädst. Das ist die reinste Magie, ehrlich! Und das Beste daran ist, dass du jederzeit Zugang zu dieser Energie hast.

Klopfakupressur fürs Dharma

Wir alle fühlen uns manchmal zerstreut und unkonzentriert und brauchen einen Neustart, der uns wieder auf Kurs bringt. Die Klopfakupressur ist eine meiner Lieblingstechniken zum Neuprogrammieren des Unterbewusstseins; dabei wird es auf höhere Gedanken hin ausgerichtet, die unserem Wachstum förderlicher sind. Die Klopfakupressur, auch bekannt als Emotional Freedom Techniques (EFT), macht sich dieselben Energiemeridiane zunutze wie die traditionelle Akupunktur, die schon seit mehr als fünftausend Jahren zum Einsatz kommt, um körperliche und geistige Beschwerden zu lindern. Statt der Nadeln werden bei der Klopfakupressur jedoch die eigenen Fingerkuppen verwendet. Klopft man mit den Fingerspitzen auf bestimmte Meridiane und denkt dabei an das jeweilige Problem, während man gleichzeitig positive Affirmationen wiederholt, entfernt man die emotionale »Kurzschlussblockade« aus dem bioenergetischen System des Körpers und kann so das Problem leichter lösen.

Beim Klopfen ist es wichtig, sich zunächst dem zuzuwenden, was man in diesem Augenblick wirklich fühlt (Verwirrung, Frustration, Unsicherheit), und dann die positiven Affirmationen zu sprechen, um das emotionale Problem zu überwinden. Es spielt keine Rolle, ob du bereits an die positiven Affirmationen glaubst oder nicht, sprich sie einfach laut aus. So gelangen sie auf die eine oder andere Weise in dein Unterbewusstsein. Am besten sprichst du die Affirmationen mit Gefühl und Nachdruck – so, als würdest du sie glauben. Es ist zwar besser, sie laut auszusprechen, doch solltest du gerade andere Menschen um dich haben, kannst du sie auch flüstern oder stumm aufsagen. Wir denken also zuerst an unser emotionales Problem, bevor wir uns den positiven Affirmationen widmen, damit sich die mit dem Problem verbundenen Energieunterbrechungen zeigen. Die positiven Affirmationen dienen anschließend dazu, die Energie wieder fließen zu lassen. Die folgende Klopfakupressur-Übungssequenz habe ich vor allem im Hinblick auf das Dharma entwickelt. Du kannst sie auch umschreiben, um treffender auszudrücken, wie du dich fühlst.

KLOPFAKUPRESSUR »DAS DHARMA LEICHT MACHEN«

Scheitel: Auch wenn es im Moment zwar schwierig sein mag und ich unsicher bin,
Augenbraue: so liebe und akzeptiere ich mich doch voll und ganz.
Seitlich am Auge: Ich bin bereit, Hindernisse zu überwinden, um mein Bewusstsein zu erweitern.
Unter dem Auge: Je mehr ich mich meinem Dharma widme,
Unter der Nase: desto mehr Leichtigkeit erlebe ich.
Kinn: Diese Leichtigkeit ergibt sich ganz natürlich daraus zu sein, was ich bin.
Schlüsselbein: Mein Dharma soll sich leicht anfühlen.
Unter dem Arm: Ich befinde mich im Einklang mit meinem Dharma.
Wiederhole die Übung dreimal.
Atme tief ein und lass die Luft mit einem Seufzer entweichen.
Du kannst dein Dharma jetzt aus einer Position der Leichtigkeit, des Flusses und des Verstehens heraus leben.

KLOPFAKUPRESSUR »ABLENKUNG«
Scheitel: Auch wenn ich mich immer wieder ablenken lasse und aufs Handy sehe,
Augenbraue: so liebe und akzeptiere ich mich doch voll und ganz.

Seitlich am Auge: *Ich werde mich nicht mehr von meinem Dharma ablenken lassen.*

Unter dem Auge: *Jedes Mal, wenn ich wieder aufs Handy sehen oder etwas anderes tun will,*

Unter der Nase: *richte ich meine Aufmerksamkeit wieder auf mein Dharma.*

Kinn: *Dann widme ich mich ihm mit noch mehr Energie, Konzentration und Leidenschaft.*

Schlüsselbein: *Und erlebe einen Durchbruch wie nie zuvor.*

Unter dem Arm: *Ich befinde mich im Einklang mit meinem Dharma!*

KLOPFAKUPRESSUR »VERWIRRUNG«

Scheitel: *Auch wenn ich mich manchmal verwirrt und überfordert fühle,*

Augenbraue: *so liebe und akzeptiere ich mich doch voll und ganz.*

Seitlich am Auge: *Ich lade meinen Kopf dazu ein, sich zu entspannen.*

Unter dem Auge: *Ich weiß, dass ich mein Dharma in mir trage.*

Unter der Nase: *Ich bin wach und nehme die Zeichen wahr, die mich zu ihm führen.*

Kinn: *Ich weiß, dass ich eigentlich gar nicht verwirrt bin, sondern Optionen erkunde.*

Schlüsselbein: *Und diese Optionen werden mich zu meiner Wahrheit führen.*

Unter dem Arm: *Ich befinde mich im Einklang mit meinem Dharma!*

KLOPFAKUPRESSUR »ANGST / SORGEN«

Scheitel: *Auch wenn mir so viel durch den Kopf geht und ich Angst habe, mein Dharma nie zu finden,*

Augenbraue: so liebe und akzeptiere ich mich doch voll und ganz.

Seitlich am Auge: Ich weiß, dass meine Gedanken mich irgendwohin führen, mich schließlich zu meinem Dharma führen.

Unter dem Auge: Mit mir ist alles in Ordnung, ich bin genau da, wo ich sein soll.

Unter der Nase: Ich werde meine Gedanken nutzen, um kreativ zu sein.

Kinn: Ich muss mir um nichts Sorgen machen, ich bin auf Kurs.

Schlüsselbein: Ich bin in meiner Wahrheit geerdet und verankert.

Unter dem Arm: Ich befinde mich im Einklang mit meinem Dharma!

Die ersten Schritte, um aktiv zu werden

Vielleicht denkst du jetzt: »Ich würde ja gern aktiv werden … wenn ich nur wüsste, wie!« Dieser Gedanke ist eine Täuschung. Denn tiefer in dir drin weißt du das bereits – du brauchst nur den Mut und die Zuversicht, dir das einzugestehen. **Zuversicht ist das Ergebnis von Taten, auf die man stolz ist,** Taten wie das Verschicken einer Cold E-Mail, das Ansprechen eines Fremden bei einer Netzwerkerveranstaltung oder das Schreiben des ersten Entwurfs deines Buch-Proposals.

Hier einige Beispiele dafür, wie du hinsichtlich deines Dharma ganz leicht aktiv werden kannst:

- Tauche tiefer in die Materie ein und besuche einen meiner »Discover Your Dharma«-Kurse.

- Schließe dich dem zweiwöchentlichen »Dharma Support Circle« an; dort kannst du deine Fortschritte mit anderen teilen und ihr könnt euch gegenseitig anspornen. (Du findest den »Dharma Support Circle« und viele weitere nützliche Hilfsmittel im Mitgliederbereich meiner Community »Rose Gold Goddesses«).

- Erweitere deinen sozialen Kreis und verbringe Zeit mit anderen Menschen, die ihrem Dharma folgen, selbst wenn Letzteres dem deinen nicht hundertprozentig entspricht. Ihre Energie wird auf dich abfärben, und du kannst viel von ihnen lernen.

- Lass dich von jemandem coachen, der dich inspiriert.

- Setz dir wöchentliche Ziele. Du willst ein Buch schreiben? Dann setze es dir beispielsweise zum Ziel, ein Kapitel pro Woche zu verfassen.

- Mach dein Dharma zu deiner Priorität. Wie wird dein Leben in einem Jahr aussehen, wenn du ab heute jeden Tag etwas für dein Dharma tust? Und wie würde es aussehen, wenn du das nicht tätest?

MIT FEUER (PITTA) AN DIE SACHE HERANGEHEN

Für dein Dharma brauchst du Leidenschaft und dafür wiederum viel Pitta-Energie, das feurige Dosha, mit dem man Dinge im Nu wegschaffen kann. Wir alle verfügen über Pitta-Energie, bei manchen Menschen zeigt sie sich allerdings deutlich ausgeprägter. Um unser Dharma zu erfüllen, müssen wir diese Seite in uns zum Zuge kommen lassen.

Hier einige Tipps dazu, wie du deine Pitta-Energie stärken kannst:

- Die Zufuhr Pitta-stärkender Gewürze – Ingwer, Kreuzkümmel, Cayennepfeffer, Kurkuma – erhöhen. Alles Scharfe steigert das Pitta. (Aber Achtung: Übertreibe es andererseits auch nicht, um ein Übermaß an Pitta zu vermeiden!)

- Schwitzen. Das Pitta wird durch flotte Bewegung aktiviert. Wenn du glaubst, dich nicht mehr weiter antreiben zu können, hebt das Pitta dich auf die nächste Stufe. Bist du fähig, beim Sport mentale Blockaden zu überwinden, schaffst du das auch in anderen Bereichen deines Lebens.

- Lege Pitta-verbundene Aufgaben in die Zeit, in der die Pitta-Energie ohnehin stark vertreten ist, also zwischen zehn Uhr morgens und zwei Uhr nachmittags. Das Pitta wird aktiviert, wenn die Sonne ihren höchsten Stand am Himmel erreicht. Und für alle Nachteulen: Die Pitta-Energie steigt auch zwischen zehn Uhr abends und zwei Uhr morgens an – vielleicht ist das die Zeit, in der du zur Höchstform aufläufst.

- Schamanisches Ausschütteln. Diese uralte Methode, bei der man den Körper durch Hüpfen und Schütteln der Gliedmaßen aufweckt, sorgt für eine bessere Durchblutung, einen besseren Sauerstofftransport und eine erhöhte Pitta-Energie.

- Zeit blocken. Liste deine täglichen Aufgaben auf. Schreib sie dir in deinen Kalender und reserviere Zeit für sie. Die Liste sollte aus drei Blöcken bestehen: aus den Dingen, die oberste Priorität haben, beispielsweise die Arbeit an einem langfristigen Projekt; aus den typischen Alltagsaufgaben, etwa das Beantworten von Mails oder das Erledigen von Anrufen; und aus den nicht mit der Arbeit verbundenen Aktivitäten wie Yoga oder Kochen. Lege die schwierigsten Aufgaben in die produktivsten Zeiträume (10–14 Uhr, 22–2 Uhr) und verteile den Rest entsprechend um sie herum. Morgenmenschen arbeiten natürlich am besten morgens an den Dingen, die oberste Priorität haben, und beantworten erst dann ihre Mails. Den Abwasch machen sie am Abend. Für Nachtmenschen gilt das Umgekehrte. Vergiss beim Eintragen der Termine in den Kalender auch keinesfalls die Zeit für dich, deine Work-outs und Spaziergänge. Denn steht's nicht im Kalender, wird's auch nicht passieren. Darüber hinaus empfehle ich, mehrere Stunden pro Woche Zeit für Kreatives einzuplanen; in dieser Zeit kannst du dann an allen möglichen Ideen arbeiten, die dir in den Sinn kommen.

- Teile große Projekte in kleine Schritte auf. Arbeite dich vom gewünschten Ergebnis durch alle Schritte zurück, die notwendig sind, um zu diesem Ergebnis zu gelangen.

- Kreiere deine Stimmung. Häufig warten wir darauf, uns »inspiriert« zu fühlen, bevor wir aktiv werden, dabei entsteht die Inspiration in Wirklichkeit *durch* das Aktivwerden. Höre motivierende Musik, die dich in Bewegung bringt, vielleicht Hip-Hop oder Reggaeton. (Du findest meine Pitta-Booster-Playlists auf Rose Gold Goddesses!)

Du musst nicht alles auf einmal machen. Ich werde zum Thema Dharma immer wieder gefragt: »Was, wenn ich dreißig verschiedene Sachen machen will?« Meine erste Antwort darauf: Das kann ich gut nachfühlen. Ich will auch immer tausend Dinge gleichzeitig tun! Unsere Generation ist sehr Vata-orientiert geworden, wir tanzen meist auf fünfzig Hochzeiten gleichzeitig. Diese »Multileidenschaft« ist zwar toll, sich zu verzetteln aber nicht. Hier müssen wir Gewahrsein walten lassen und aufpassen. Was bringt dich deinem Ziel näher: ein Prozent Fortschritt bei zwanzig verschiedenen Dingen oder zwanzig Prozent Fortschritt an einem Projekt?

Läuft ein Projekt erst richtig, hast du den Kopf frei für das nächste. Die folgende Frage hilft dir bei der Entscheidung, worauf du dich im Augenblick konzentrieren sollst: Wäre dies dein letztes Jahr auf diesem Planeten, was würdest du der Welt dann gern hinterlassen? Welche Erfahrung ist die dringlichste für dich? Nimm dies als deinen Ausgangspunkt.

FÜR ÜBERFLIEGER
KURZ ZUSAMMENGEFASST

Du wirst nie hundertprozentig bereit sein – du musst nur herausfinden, wann du bereit genug bist. Durch diese Unsicherheit lernst du. Du bist bis unter die Haarspitzen verwirrt? Perfekt! Verwirrung ist nichts anderes als das Überdenken der eigenen Wahrheit, auch bekannt als: Du bist auf dem richtigen Weg. Unterziehe dich einer Ratschlagsentgiftung und nutze die Zeit, um stattdessen dein höchstes Selbst um Rat zu bitten. Deine Intuition mag dir zunächst wie ein Brieffreund vorkommen, dem du eine ganze Weile lang nicht zurückgeschrieben hast, doch glaub mir: Sie freut sich darauf, dich auf den neuesten Stand zu bringen.

Du musst gar nicht ganz genau wissen, wo du anfangen sollst. Fang einfach an – das wird dich unweigerlich zum nächsten Schritt auf deiner Reise führen. Das Universum reagiert auf unsere Schritte mit korrigierenden Eingriffen. Durch dieses Feedback lernst du. Also: Auf geht's, Göttin! Das Einzige, das zwischen dir und deinem Dharma steht, bist du selbst. Der einzige Weg durch die Verwirrung ist das Handeln. Dabei werden dir Klopfakupressur, Meditation und die Arbeit an deinem Mindset den Weg zu deinem Dharma leuchten und verhindern, dass du dich im Kreis drehst.

9

Frisch ans #werk!

as Dharma macht Arbeit, da beißt die Maus keinen Faden ab. Allerdings beinhaltet das »#werk« eine andere Schwingung als »Arbeit«. Was geht dir durch den Kopf, wenn du das Wort »#werk« hörst? Ich für meinen Teil will dann sofort mit den Fingern schnipsen, Pop'n'Lock, und mich fürs Abtanzen bereit machen. Ich bin begeistert, souverän, und fühle mich beinahe unbesiegbar.

Diese Energie wünschen wir uns für unser Dharma. Als käme Missy Elliott auf einem Einhorn angeritten, um uns mit einer Privatvorstellung von »Work It« höchstpersönlich einzuheizen. Das #werk ist aufbauend, inspirierend, motivierend – und es macht *Spaß*! Es lässt uns die Geschichten von Mühsal und Kampf umschreiben und erinnert uns daran, wie verdammt gut es tut, seinem Dharma folgen zu können. Dann sagst du: »VERDAMMT – JA!« zu den investierten Stunden, »VERDAMMT – JA!« zu den unzähligen Mails, »VERDAMMT – JA!« zum Kundendienst, »VERDAMMT – JA!« zur wachsenden Mühe, weil das bedeutet, dass DU wächst! Und das ist die Mühe so was von wert!

Der Mensch strebt immer nach Vergnügen und findet er es in der Mühe, ist er am #werk. Dafür muss er sich noch nicht einmal einreden, es mache Spaß, denn es *macht* Spaß. Zu erkennen, dass man seine Seelenbestimmung lebt, ist die reinste Ekstase. Und das an sich ist schon Ansporn genug, seinem Dharma zu folgen. **Es gibt nichts Schöneres als ein Leben im Einklang.**

Als Gesellschaft haben wir mittlerweile große Angst davor, uns ans #werk zu machen. Und suchen ständig nach einer Abkürzung: die geringstmögliche Mühe für die größtmögliche Belohnung. Wir sind sehr findig, wenn es darum geht, vor dem Chef so auszusehen, als würden wir arbeiten, während wir uns tatsächlich den ganzen Tag in den sozialen Netzwerken herumtreiben. In der Schule haben wir gelernt, wie man für Klassenarbeiten so büffelt, dass man die Noten bekommt, die man fürs Weiterkommen braucht – doch wer weiß schon heute noch, wann der Oregon Trail entstanden ist oder wie man die Fläche eines Fünfecks berechnet? Und warum wissen wir das heute nicht mehr? Weil es uns damals scheißegal war! Es hatte keinen praktischen Bezug zu uns. Doch dieselbe Einstellung hat sich seitdem auch im Rest unseres Lebens breitgemacht, mit dem Unterschied, dass es uns heute nicht mehr scheißegal sein sollte, weil wir die Einzigen sind, die davon profitieren. Heute sieht uns niemand mehr über die Schulter und kontrolliert, ob wir unser Dharma-#werk auch getan haben. Das müssen wir schon selbst tun. Und wir müssen uns von der Hoffnung verabschieden, wir kämen ohne wenigstens ein bisschen Anstrengung auch nur irgendwohin.

Wie wäre das: Du tust genau das, was du am besten kannst, wirst anerkannt und bejubelt für das, was du bist, und weißt, dass du an jedem einzelnen Tag deines Lebens dein Potenzial voll ausschöpfst. Und du hast trotzdem noch jede Menge Energiereserven!

Gehörst du zu denjenigen, die nur das Nötigste tun, um über die Runden zu kommen?

Welche Beziehung hast du zur Arbeit?

....

....

Wie fühlt sich das #werk für dich an?

....

....

Wann hat sich deine Arbeit wie das #werk angefühlt?

....

....

Was kannst du tun, damit sich deine Arbeit wie das #werk anfühlt?

....

....

Stell dir vor, dein Dharma wäre deine große Liebe. Eure Beziehung ist einfach unglaublich, ihr brennt füreinander und wisst, dass ihr füreinander geschaffen seid. Allerdings fühlt sich eure Beziehung nicht mehr so leicht an wie in der Anfangszeit. Du würdest gern über ein paar Dinge sprechen, die dich ärgern, fühlst dich für dieses unangenehme Gespräch aber nicht gewappnet. Was tut ihr in dieser Situation? Macht ihr Schluss und wünscht euch gegenseitig noch alles Gute, oder beißt ihr die Zähne zusammen und stellt euch dem Gespräch, um die Beziehung zu retten?

Die meisten machen Schluss. Sie machen sich vom Acker, sobald auch nur das kleinste Wölkchen den blauen Himmel trübt.

Und deswegen erleben sie auch nie das wahre Dharma. Du und dein Dharma, ihr werdet einige Klippen umschiffen müssen, aber lass die Liebe deines Lebens deshalb nicht gleich im Stich! Halt sie noch fester, stell dein Ego zurück und überlege, was du tun kannst, damit eure Beziehung wieder funktioniert. (Noch ein kleiner Tipp: Ist dir das die Mühe nicht wert, ist es auch nicht dein Dharma.)

Denk immer daran: Du kannst nur scheitern, wenn du aufgibst. Du lebst dein Dharma garantiert, wenn du dich ihm nur widmest. Natürlich ist es leichter, den negativen Lärm zu hören, weil wütende Menschen immer lauter sind als glückliche. Und außerdem sind Menschen, die ihr Dharma leben, damit beschäftigt ... na ja, ihr Dharma zu leben, und so hören wir von ihnen weniger oft als beispielsweise von deinem Onkel, der mal mit 'ner Band auf Tournee gehen wollte, was aber nicht geklappt hat. Was ihn jedoch eigentlich verletzt hat, war das Aufgeben. Hätte er Kurs auf seine Wahrheit gehalten, hätte das mit der Tournee vielleicht trotzdem nicht geklappt – vielleicht wäre er dann aber Musikmanager, Musikproduzent oder Trommellehrer geworden, irgendetwas, bei dem er noch immer seine Talente hätte einsetzen können.

Eine hilfreiche Faustregel lautet: Die wahre Liebe ist immer expansiv, die Angst immer kontraktiv. Will jemand wirklich dein Bestes, ermutigt er dich. Doch häufig will uns unser Umfeld dort halten, wo wir sind: in seiner Nähe. Hinterfrage die Beweggründe hinter den Ratschlägen. Deshalb ist es so wichtig, sich auf der Suche nach dem Dharma einer Ratschlagsentgiftung zu unterziehen. Jeder Mensch trägt eine neue Sichtweise an uns heran, die uns aus der Bahn werfen kann. Tausch dich mit anderen erst dann über dein Dharma aus, wenn du genug an deine Bestimmung im Leben glaubst und auch dann noch in ihr ruhst, wenn andere versuchen, sie niederzutrampeln.

Von wem holst du dir Rat?

....

....

Lebt derjenige sein Dharma?

....

....

Ermutigt er dich dazu, das deine zu leben?

....

....

Gibt er dir Ratschläge in der Hoffnung, dich damit in seiner Nähe zu halten?

....

....

Es ist ein Irrtum zu glauben, eines Tages würde man plötzlich aufhören, Angst zu haben, und anfangen, endlich aktiv zu werden. Nein, du musst dir mit zitternder Stimme deinen Weg durch die Angst bahnen, da sein, wenn du am liebsten fliehen würdest, und vortreten, wenn du dich am liebsten unsichtbar machen würdest. **Seinem Dharma zu folgen bedeutet, durch die Angst aktiv zu werden.** Ohne Angst gäbe es keinen Mut. Und wer immer wieder aktiv wird, spürt die Angst irgendwann nicht mehr. Das Lampenfieber beim Sprechen legt sich, die Unbeholfenheit gegenüber Fremden lässt nach, ebenso wie das flaue Gefühl im Magen, wenn du anderen deine Arbeit zeigst – aber nur, wenn du trotz der Angst weitermachst. Unsere Ängste führen uns zur Freiheit.

Der Weg des geringsten gegen den des größten Widerstands

Um den Weg des geringsten Widerstands zu gehen, müssen wir manchmal den des größten Widerstands gehen. In einer perfekten Welt wären wir alle *immer* dabei unterstützt worden, Entscheidungen im Einklang mit unserem Dharma zu treffen. Nun leben wir aber schlicht nicht in einer perfekten Welt. Die meisten Menschen sind so sehr vom Kurs ihres Dharma abgekommen, dass sie sich in einem Netz von Konstrukten verfangen haben, die ihnen nicht mehr dienlich sind. Um wieder auf den Weg des geringsten Widerstands zurückzugelangen, müssen wir den Pfad beschreiten, der uns am meisten widerstrebt, weil er sich am entgegengesetzten Ende dessen befindet, wo wir heute sind. Manchmal ist der Weg des anscheinend geringsten Widerstands nur der Weg der Stagnation: Wir finden uns mit Umständen ab, die unserer höchsten Entwicklung nicht förderlich sind. Dieser Weg kann sich ausgesprochen bequem anfühlen, doch auch das ist Täuschung, *Maya*. Es bedeutet lediglich, dass wir Umstände akzeptieren, die wir aus Angst nicht verändern wollen.

Stell dir vor, du wärst an einem Strand und wolltest aufs offene Meer hinausschwimmen. Dafür musst du dich durch Strömungen kämpfen, die dich immer wieder an die Küste zurückwerfen. Erst wenn du gelernt hast, durch die Strömungen durchzutauchen, und kräftiger geworden bist, wirst du es in tiefere Gewässer schaffen, dorthin, wo auch dein Dharma ist. Das ist nicht immer leicht. Alles, wovor du Angst hast, wird dir auf dem Weg begegnen, und so wird es dir als Weg des geringsten Widerstands erscheinen, aufzugeben, dich von den Wellen wieder an den vertrauten Strand spülen zu lassen, von dem du gekommen bist, und so zu tun, als hättest du niemals aufs offene Meer hinausschwimmen wollen. Damit allerdings belügst du dich selbst. Nur wenn du gegen den Strom schwimmst und gegen einschränkende Glaubenssätze sowie gesellschaftliche Konditionierung ankämpfst, wirst du es zu deinem Dharma schaffen.

Der Punkt ist, dass jedoch auch die schwierigste Option nicht immer die richtige ist – folge dem, was dir die größte Expansion, die größte Ausdehnung, die größte Erweiterung deiner Fähigkeiten und deines Bewusstseins bringt. Wenn du weißt, dass diese Phase des Widerstands dich unweigerlich zur Expansion führen wird, dann nimm sie in Angriff. Du wirst es durch sie hindurch schaffen, und am Ende wird es jede Unebenheit auf dem Weg wert gewesen sein. Entscheidest du dich aber aus reinem Hang zum Märtyrertum für den größtmöglichen Widerstand, wird dich das nicht ans Ziel führen. Wähle den Weg des größten Widerstands nur, wenn er in den des geringsten mündet. Auch ein Flugzeug braucht den Luftwiderstand, um abzuheben.

- Welchem Widerstand begegne ich?

- Warum empfinde ich ihn als Widerstand?

- Wohin würde es mich führen, würde ich den Widerstand überwinden?

- Will ich dorthin?

Begegnest du auf deinem Weg zum Dharma Ängsten, betrachte sie voller Dankbarkeit. Wenn du Hindernisse als göttliche Lektionen in dem eigens auf dich zugeschnittenen Lehrplan siehst, wirst du erkennen, welch ein Geschenk sie sind. Du hast schon so viele Hindernisse überwunden – was sollte dich jetzt noch aufhalten können?

Beende die folgenden Satzanfänge, entweder mündlich oder schriftlich.

Ich bin heute für die folgenden zehn Dinge dankbar:

....

....

*Ich bin dankbar dafür, dass meine Eltern mir beigebracht haben
zu ...*

....

....

Ich bin dankbar dafür, als Kind gelernt zu haben zu ...

....

....

*Ich bin dankbar dafür, von meinem Partner / meiner Partnerin
oder meinem Ex-Partner / meiner Ex-Partnerin gelernt zu haben
zu ...*

....

....

Ich bin dankbar dafür, ich zu sein, weil ...

....

....

*Ich bin dankbar für die Situation, in der ich mich momentan
befinde, weil ...*

....

....

Ich bin dankbar dafür, dieses Buch zu lesen, weil ...

....

....

Ich wäre nicht hier, wenn ... nicht ...

....

....

Ich weiß, dass das Universum mein Dharma unterstützt, weil ...

....

....

Denke nun über Folgendes nach:

Was ist dir beim Beenden der Satzanfänge durch den Kopf gegangen?

....

....

Hat dich etwas davon überrascht?

....

....

Hat dir etwas daran widerstrebt?

....

....

Was davon hast du überwunden?

....

....

Wie hat dies dazu beigetragen, dich besser zu fühlen?

....

....

Übe dich täglich in Dankbarkeit. Ich tue das als Erstes jeden Morgen, und Dankbarkeitsübungen sind neben meinen anderen allmorgendlichen und allabendlichen Übungen auch Teil meines *Yogic Path Reflective Journal,* meiner schriftlichen Überlegungen zu meinem yogischen Pfad. Halte regelmäßig Rücksprache mit dir und aktualisiere die Antworten auf die obigen Fragen immer wieder. Dies wird dich daran erinnern, dein Herz zu öffnen, während du deine Dharma-Reise fortsetzt.

Lass dich auf das Gute ein

Weißt du, warum die meisten Menschen ihr Dharma nie leben? Weil sie es von sich weisen. Wir lassen uns ablenken, schieben die Dinge auf die lange Bank und geben allem eine höhere Priorität als dem einen, das wirklich zählt: unserer Bestimmung im Leben.

Stell dir vor, ich käme mit einem Geschenk zu dir und sagte: »Das wirst du LIEBEN! Es ist das Geschenk deiner TRÄUME, von dem du noch nicht einmal wusstest, dass du dein ganzes Leben lang darauf gewartet hast!« Würdest du es erst einmal beiseitelegen und »irgendwann später« öffnen wollen? Würdest du erst einmal ausgiebig auf deinem Smartphone herumscrollen? Würdest du das Öffnen des Geschenks auf deine To-do-Liste setzen und es dann tatsächlich nie öffnen? Natürlich nicht! Du würdest mir das Geschenk aus der Hand nehmen und das Papier sofort aufreißen. Warum also machen wir das nicht auch mit unserem Dharma, DEM Geschenk unseres Lebens? Um es zu bekommen, müssen wir nur eins tun: gegenwärtig bleiben.

Wir schrecken vor unserem Dharma zurück, wenn wir Angst vor der Verantwortung und der Macht haben, die es mit sich bringen wird. Wir zaubern eine Ausrede nach der anderen aus dem Hut, warum wir gerade jetzt keine Zeit für unser Dharma haben – bis es sich schließlich nie erfüllen wird, weil wir schlicht nicht zulassen, dass es sich erfüllt. **Wie würde dein Leben aussehen, würdest du ganz ins Rampenlicht deiner Bestimmung treten?** Welche Veränderungen würdest du dafür vornehmen müssen? Von welchen Menschen würdest du dich lösen müssen? Von welchen Gewohnheiten würdest du dich verabschieden müssen? Seinem Dharma zu folgen ist echt, und es sorgt dafür, dass alles, was nicht hundertprozentig echt ist, wie ein welkes Blatt vom Baum fällt. Hin und wieder aber hängen wir so sehr an unserem welken Laub, dass wir das Sprießen frischer grüner Blätter verhindern.

Glaubst du, du bist es wert, das Leben führen zu dürfen, das du dir wünschst und das du dir so gestaltest, dass es dir gefällt? Glaubst du, dass du deine Bestimmung leben kannst? Glaubst du, dass du alles hast, was es braucht, um anderen ein Beispiel dafür zu sein, was möglich ist? Weil all das nämlich stimmt. Du hast es nur noch nicht erlebt. Wenn du bloß deine Macht erkennen würdest! Dann würdest du dir selbst dafür in den Hintern treten, dass du auch nur einen Augenblick an alldem gezweifelt hast!

Hast du auch schon einmal an einem Projekt gearbeitet, das dich richtig glücklich gemacht hat – und plötzlich, kurz vor einem Durchbruch, wurde dir alles zu viel? Dann war es auf einmal wichtiger, mal eben in den Kühlschrank zu sehen oder das

Handy zu checken oder irgendetwas anderes zu tun, egal was, Hauptsache, es hat dich abgelenkt. Das war dein Ego, das dich von deinem Dharma fernhält. Das Ego weiß immer gern, wohin die Reise geht. Es hatte in deinem Leben schon immer das Sagen. Widmest du dich also einer Sache, die dermaßen über dich hinausgeht – deinem Dharma –, versucht dein Ego, dich klein und damit auf vertrautem Terrain zu halten. In diesem Augenblick dehnst du deinen energetischen Körper aus, deshalb fühlt sich das Ganze so überwältigend an, und plötzlich kann dein Ego mit dem Ausmaß dessen, zu dem du dich entwickelst, nicht mehr umgehen. Deshalb lockt es dich von deiner Aufgabe weg und sorgt dafür, dass du dich von ihr distanzierst und schließlich vor der Größe deiner eigenen Seele zurückweichst.

Genau in diesen Augenblicken, wenn du dir nichts sehnlicher wünschst als davonzulaufen, dich stattdessen aber dafür entscheidest, in der Ausdehnung deiner selbst gegenwärtig zu bleiben – in diesen Augenblicken wird dir der Weg zu deinem Dharma geebnet. Dein Ego mag sich dann überfordert fühlen, weil es einen Blick auf das neue Ausmaß deiner Seele werfen konnte. Du kennst nur einen Bruchteil dessen, was du bist. Überlässt du deiner Seele das Steuer und folgst ihr in die Tiefen deines Bewusstseins, landest du an Orten, die dein Ego nie für möglich gehalten hätte.

Auf deine Seele zu hören bedeutet, zu deiner Macht zu erwachen. Dann können wir unsere Gaben und Stärken nicht länger ignorieren. Die Zeit ist gekommen, uns daran zu erinnern, wer wir sind, und unsere Seelenmission zu erfüllen. Nichts geschieht zufällig, und du bekommst nie eine Aufgabe, der deine Seele nicht gewachsen wäre. Ziel ist es nicht, es leicht zu haben; Ziel ist es, es leicht zu machen. Je weiter du aufsteigst, desto mehr kommen die Dinge in Fluss. Dies jedoch kann sich nur durch stimmige Handlungen manifestieren. Erinnerst du dich an die Wahrheit dessen, wer du bist, wird dir auch wieder bewusst, warum du hier bist. Und dieser Augenblick der absoluten Klarheit ist das wunderbarste Gefühl auf Erden. Plötzlich ergibt alles einen Sinn. Du bist göttlich. Dein Dharma ist göttlich. Es klärt alle noch verbliebenen negativen Glaubenssätze und erinnert dich daran, dass einzig die Wahrheit zählt und sie der alleinige Grund dafür ist, warum wir hier sind. Stehen wir zur Wahrheit, gelangen wir zu unserer höchsten Entfaltung.

Ich kann dir nur sagen: Vertraue darauf. Du bist, wo du bist, weil du bisher nicht darauf vertraut hast. Wie würde der Weg aussehen, würdest du darauf vertrauen, dass der einzige Schlüssel zur Verkörperung deines glückseligsten Selbst in dem Glauben liegt, dazu fähig zu sein?

Glaube an dein verdammtes Selbst. Vertraue auf dein verdammtes Selbst. Liebe dein verdammtes Selbst. Werde um deines verdammten Selbst willen aktiv. Denn wenn du das tust, dienst du der ganzen Menschheit. Und wie kannst du das tun? Es ist nur eine Entscheidung. Die Entscheidung, dieses Leben für dich zu leben, was gleichzeitig die Schwingung des Planeten erhöht. Damit forderst du die Souveränität zurück, die du aufgegeben hast.

Um eine wirklich große Lebensumwandlung zu erfahren, musst du in kein Schweigekloster eintreten und dich von keinem Mönch segnen lassen. Manchmal sind es die beschissensten Momente im Leben, die uns erwecken. Du erwachst, wann immer du es dir gestattest zu erwachen. Dann wird es scheinen, als hätten sich Schleusen geöffnet und alles, was sich nicht im absoluten Einklang mit deiner Wahrheit befindet, würde weggeschwemmt. Dir wird schwindlig werden, so schnell dreht sich alles um dich, speiübel wird dir sein, und du wirst das Gefühl haben, mit dem Kopf voran an eine Mauer zu knallen. Doch damit bereitest du dich auf das vor, was kommt: dein Dharma zu leben.

Du erkennst die Wahrheit und damit auch die Wahrheit dessen, wer du bist. Und alles, was dieser Wahrheit nicht entspricht, wird sich anfühlen, als hätte man dich in ein Einmachglas gestopft. Du bist dazu bestimmt, Raum einzunehmen, deine Stimme zu erheben, deine Gaben zum Wohl anderer einzusetzen. Alles Geringere ist ein schlechter Dienst an der Menschheit.

Denk immer daran: Deine Seele ist uralt – sie ist in puncto digitales Marketing oder allem anderen, was du in diesem Leben googeln musst, vielleicht nicht auf dem neuesten Stand. Dafür aber hat sie eine tief verwurzelte, uralte Bestimmung, eine Bestimmung, die so alt ist, wie die Archetypen zeitlos sind. Wir alle sind uralte Seelen, die in modernen Körpern wohnen. Der Kern dessen, was du bist, das Ethos, aufgrund dessen du hier bist, der Stoff deines Daseins – all das ist in dir drin, ist Teil deiner Seele. Vertraue auf sie. Geh voran. Und lebe dein Dharma, Sonnenwesen.

Alle zusammen fürs Dharma

Stell dir dein Dharma als den Schatz vor, dein Leben als die Schatzkarte und jeden Menschen, dem du begegnest, als einen Hinweis darauf, wo du den Schatz finden kannst. Einige Hinweise zeigen dir, was du willst, andere zeigen dir, was du nicht willst, aber alle zusammen ergeben sie den einzigartigen Code, der dich zu deinem Dharma führen wird. Als ich dieses Buch schrieb, fiel mir auf, dass ich in genau die richtigen Gespräche verwickelt wurde, »zufällig« auf genau die richtigen Botschaften stieß und genau die richtigen Zitate entdeckte, die mir zu den Erkenntnissen verhalfen, die du in diesem Buch liest. Mit anderen Worten: Der Geist hat mittels all der Menschen, die hinter den Gesprächen, Botschaften und Zitaten stehen, die Samen der Ideen für dieses Buch gesät. **Jeder Mensch, dem du in diesem Leben begegnest, kann dir einen wichtigen Hinweis auf dein Dharma geben.**

Ist es dir auch schon einmal so ergangen, dass die Ideen nur so sprudelten, als du in ein Gespräch vertieft warst, sich deine Gedanken aber im Kreis drehten, als du allein warst? Das liegt daran, dass wir uns als Menschen im Feedback der anderen spiegeln. Sind wir miteinander ins Gespräch vertieft, kommen wir durch den gegenseitigen Energieaustausch in den Flow-Zustand. Um unser Dharma zu verkörpern, brauchen wir den Resonanzboden unserer Umgebung. Von den Erfahrungen anderer zu hören, verleiht uns außerdem eine Tiefe, aus der heraus wir die eigenen Erfahrungen besser verstehen können. Jeder Mensch, dem du begegnest, gibt dir die Gelegenheit, den jeweiligen Archetyp zu begreifen und schließlich zu erkennen, wie die Welt funktioniert.

Wir alle brauchen Unterstützung, und anderen zu helfen hilft uns. Diese Unterstützung kann vielerlei Gestalten annehmen: Sie kann von einer Freundin oder einem Freund kommen, von einem Familienmitglied, aus der Community, von einer Mentorin oder einem Lehrer etc. Eine meiner Lieblingsformen der Unterstützung ist der sogenannte Dharma Circle, der Dharma-Kreis. Ich treffe mich mit meinem Dharma Circle virtuell alle zwei Wochen; dann bringen wir uns gegenseitig auf den neuesten Stand, erzählen uns, woran wir jeweils arbeiten, und tauschen uns darüber aus, wie wir uns gegenseitig helfen können. Das Ganze ähnelt einer Mastermind Experience, außer, dass bei uns der Fokus nicht darauf liegt, uns gegenseitig Geschäftsstrategien an die Hand zu geben, sondern darauf, einander zu unterstützen, damit jeder seine Wahrheit und Ausdrucksform findet und an ihr feilen kann. Der Dharma Circle war mir extrem nützlich, als ich gerade dabei war, hinsichtlich meines Dharma eine grundlegend neue Richtung einzuschlagen. Ich habe nicht nur viel von den anderen Frauen im Dharma-Kreis gelernt, ich konnte außerdem dadurch, dass ich mich mit anderen über meine Fortschritte ausgetauscht habe, diese besser erkennen.

SO FUNKTIONIERT DER DHARMA CIRCLE

1. Verschicke an mehrere Freundinnen die Einladung zu einem Dharma Circle oder poste diese in deiner Community. Ich empfehle, das virtuelle Treffen auf eine Stunde und die Gruppe auf vier Personen zu beschränken; so kann jeder Teilnehmerin eine Viertelstunde Zeit gewidmet werden. Entweder sind alle in der gleichen Phase der Dharma-Reise oder in verschiedenen; Letzteres hat den Vorteil, dass dabei unterschiedliche Perspektiven zum Zuge kommen. (Du brauchst noch Teilnehmerinnen? In der »Dharma Support«-Gruppe im Mitgliederbereich meiner Community, Rose Gold Goddesses, findest du sie!)

2. Beginne die Sitzung mit einer Meditation oder einem Gebet, um eure Absicht festzulegen. Du kannst gern auch meine Worte dafür verwenden:

Schließt die Augen und stellt euch vor, wie ihr euer Dharma lebt. Ihr steht jeden Morgen auf und wisst, dass ihr das Leben an diesem Tag genau so lebt, wie ihr es leben sollt. Tag für Tag schöpft ihr aus euren einzigartigen Gaben. Ihr heilt die Welt, allein indem ihr eure Schwingung aussendet. Ihr fühlt euch erfüllt, inspiriert und seid aus tiefstem Herzen dankbar. Ihr seid von einer unglaublichen Community Gleichgesinnter umgeben, die ebenfalls im Einklang mit ihrem Dharma leben. Ihr lebt in Fülle, genau so, wie ihr es euch wünscht. Ihr habt die volle Freiheit, eure Zeit exakt so zu verbringen, wie ihr sie verbringen wollt. Ihr berührt das Leben so vieler anderer Menschen. Spürt die Freude, die Begeisterung, die Dankbarkeit, die Ehre. Legt die Hände aufs Herz und spürt die Freude, die es bringt, im Einklang mit seinem Dharma zu leben.

Wenn ihr so weit seid, bitte die anderen, die Augen wieder zu öffnen.

3. Nun hat jede Teilnehmerin rund zehn Minuten, um den anderen davon zu berichten, woran sie gerade arbeitet und wobei sie Unterstützung gebrauchen könnte. Anschließend wird die Diskussionsrunde für die Gruppe eröffnet, die Gedanken und Vorschläge einbringen und weiterführende Fragen stellen kann. An manchen Tagen hat man vielleicht mehr zu erzählen und an anderen lediglich eine Frage, zu der man gern die Meinung der anderen hören würde. Achte aber darauf, dass die Teilnehmerinnen ihre insgesamt fünfzehn Minuten nicht überschreiten, so bleibt die Energie in Bewegung. Frag am Ende jeweils: »Fühlst du dich ausreichend wahrgenommen?«, um sicherzustellen, dass jede auch das bekommen hat, was sie brauchte.

4. Zum Schluss wiederholt jede einzelne Teilnehmerin die folgende Affirmation: »Ich bin unendlich dankbar dafür, in diesem Leben [DER JEWEILIGE NAME] zu sein. Ich bin unendlich dankbar dafür, mein Dharma zu leben.« Beende die Sitzung mit einer kurzen Meditation und spüre der Frequenz nach, die ihr gemeinsam erzeugt habt! Du hast Unterstützung beim Leben deines Dharma, Sonnenwesen!

Suche dir Frentoren

Die besten Mentoren, die ich je hatte, sind eigentlich Frentoren – Mentoren, die gleichzeitig Freunde sind, zwei Individuen, die eine wechselseitig nützliche Freundschaft pflegen, in der beide Parteien den jeweils anderen unterstützen und begleiten, um persönlich, spirituell und beruflich wachsen zu können. Du findest solche Freunde vielleicht im Rahmen des Netzwerkens oder kennst sie auch schon länger. Sie müssen nicht notwendigerweise die gleiche berufliche Laufbahn eingeschlagen haben wie du, aber ihr könnt euch gegenseitig Ratschläge geben und neue Perspektiven eröffnen.

Meine Frentoren also bieten mir Unterstützung und Führung an, und ich revanchiere mich bei ihnen, indem ich das Gleiche für sie tue. Dadurch wiederum kann ich selbst ungeheuer viel lernen, es lehrt mich eine Menge über meinen eigenen Weg. Häufig spiegeln sich unsere Erfahrungen gegenseitig, und so bringt es mir meist ebenso viel, sie zu unterstützen, wie von ihnen unterstützt zu werden. Wir bringen uns gegenseitig zum Leuchten! Bei der Frentorenschaft steht niemand auf irgendeinem Sockel, und man hat keine Angst, authentisch und verletzlich zu sein. Ich bin davon überzeugt, dass Frentoren die Mentoren des neuen Paradigmas sind.

Ebenso wichtig wie sich mit Frentoren zu umgeben ist es, sich von Freinden – als Freunde getarnte Feinde – zu lösen. Mit dem Entdecken deines Dharma provozierst du unweigerlich Menschen, die ihres noch nicht entdeckt haben. Dein Licht leuchtet viel zu grell für diejenigen, die selbst noch nicht leuchten. Doch lass dich dadurch nicht vom Leuchten abhalten! Dein Leuchten wird diese Menschen irgendwann dazu inspirieren, das auch zu tun. Sie fühlen sich von dir provoziert, weil sie sehen, dass du einen Teil von dir zurückerobert hast, den für sich selbst zurückzuerobern sie noch nicht den Mut hatten. Es ist nicht deine Aufgabe, sie ihr eigenes Licht sehen zu lassen – es ist deine Aufgabe, dich um dein Licht zu kümmern, das wiederum ihres reflektiert.

Werde Mitglied bei Rose Gold Goddesses. Dort wirst du von Tausenden anderer Göttinnen unterstützt, die entschlossen sind, ihr Dharma zu leben, und mit wöchentlichen Workshops, ausführlichen Webinaren und von mir zur Verfügung gestellten Hilfsmitteln zu ihrem höchsten Selbst erblühen. Wenn du auf der Suche nach einer ausgesprochen hochschwingenden spirituellen Schwesternschaft mit höchsteigener App bist, dann besuche uns auf rosegoldgoddesses.com! Mein zehntägiger »Discover Your Dharma«-Kurs und viele Meditationen warten dort auf dich.

Besuche Workshops im Zusammenhang mit deinen Interessen und unterhalte dich dort mit den anderen Teilnehmerinnen und Teilnehmern. Denn du weißt ja bereits, dass ihr zumindest ein gemeinsames Interesse habt, und wer weiß, vielleicht sind es auch noch viele weitere. Scheu dich nicht, andere anzusprechen; nur so gelangst du an deinen ganz persönlichen Dharma-Code.

Versende eine Direktnachricht. Kontaktiere jemanden in den sozialen Netzwerken, der dich inspiriert. Das muss keine große Influencerin sein, sondern einfach jemand, dessen Posts dich ansprechen. Ich habe die meisten meiner besten Freunde im wahren Leben auf Instagram kennengelernt und bin aus tiefster Seele dankbar dafür, dass ich auf ihre Direktnachrichten geantwortet habe.

Erinnere dich an diese coole Person, der du mal begegnet bist, mit der du später aber nie Kontakt aufgenommen hast. Schicke ihr eine Nachricht. Lade sie zu einer Veranstaltung oder auf eine Tasse Kaffee ein. Das wird garantiert nicht merkwürdig ankommen, selbst wenn inzwischen ein

Jahr vergangen sein sollte – die Person wird sich geschmeichelt fühlen, dass du sie nicht vergessen hast!

Starte einen Podcast. Ich habe beim Podcasten unglaublich viele meiner Freunde kennengelernt. Dort kannst du wirklich tiefgründige Gespräche führen, die du im »normalen« Leben vielleicht nicht führen würdest. Podcaster tauschen ihre Gäste oft gegenseitig aus; du kannst also nicht nur deine Botschaft verbreiten, sondern lernst dabei auch noch jede Menge neue Leute kennen!

Gib etwas zurück. Viele Menschen verbringen gern Zeit mit anderen, von denen sie etwas lernen können. Was kannst du anderen beibringen? Vielleicht hast du schon Veranstaltungen organisiert und damit deinen Lebensunterhalt verdient oder du bist Grafikerin – und vielleicht können andere von genau diesem Wissen profitieren. Wer Wertvolles gibt, wird Wertvolles bekommen. So sind wir nun einmal geschaffen.

Das Universum ist dein größter Fan

Vor allen Dingen aber bekommen wir IMMER Unterstützung vom Universum – wir können uns immer an das Universum wenden, wenn wir energetische Unterstützung brauchen. Wenn ich mich überfordert fühle, sage ich eine meiner Lieblingsaffirmationen auf: *»Ich bekomme die Unterstützung, die ich brauche, damit ich meine Energie darauf verwenden kann, meinem Dharma zu folgen.«* Mit dieser Erklärung öffnest du dich der grenzenlosen Unterstützung durch das Universum, sei es nun in Form eines Menschen, der dir einen Hinweis auf dem Weg zu deinem Dharma gibt, oder in Form einer Idee, die dir durch dein Kronenchakra eingegeben wird.

Fühlst du dich verwirrt, hilft auch die folgende Affirmation: *»Universum, bitte mach das, was für mich bestimmt ist, deutlich* *für mich.*« Ob es dabei nun um eine Entscheidung geht oder die Frage, ob der Kandidat für die zu vergebende Stelle der richtige ist – die Affirmation bestätigt dem Universum, dass du dir klare Führung wünschst.

Stehst du vor einer schwierigen Aufgabe, versuche es mit folgender Affirmation: *»Möge ich im Kriya, im Flow und voller Leichtigkeit zu meinem Dharma geleitet werden.«* Sie verlagert die Energie vom Hecheln, um mit dem Leben Schritt zu halten, zum lockeren Joggen. Das Universum hört zu. Wir müssen ihm nur sagen, was wir wollen.

FÜR ÜBERFLIEGER
KURZ ZUSAMMENGEFASST

Du bist bereit, dich den Vibes deines Dharma hinzugeben? Dann mach dich ans #werk! Das Dharma steht so gar nicht darauf, wenn wir uns zieren. Du musst es wissen lassen, dass du dabei bist, und zwar hundertprozentig! Das bedeutet auch, nicht aufzugeben, wenn's mal hart auf hart kommt, und von Zeit zu Zeit wird es hart auf hart kommen, darauf kannst du dich verlassen. Genau dann aber musst du noch stärker an deinem Dharma festhalten, denn hast du diese Straßenblockaden erst hinter dir gelassen, hast du eine GANZ ANDERE Ebene erreicht. Wenn du am liebsten davonlaufen, aufgeben oder dich still und heimlich aus dem Staub machen würdest, dann erinnere dich daran, warum du das alles tust. Hast du nur noch einen Gedanken: »Warum nicht aufgeben?«, dann hol dir Unterstützung von anderen, einem Dharma Circle oder von deinen Frentoren; so weißt du wieder, warum.

10

Zu Diensten sein

Ich muss dir etwas sagen und weiß nicht genau, wie du es aufnehmen wirst, aber wer seinem Dharma folgen will, muss gewissermaßen im Service tätig sein wollen. Das klingt jetzt nicht gerade sexy und hört sich eher nach Bedienung im Restaurant an, doch lass mich ausreden. Der Service, das Zu-Diensten-Sein, das Anderen-von-Nutzen-Sein ist tatsächlich der großartigste Teil des ganzen Unterfangens.

Wer anderen zu Diensten ist, schöpft aus dem Vollen, und damit meine ich Downloads vom Universum, ultimative Unterstützung, grenzenlose Inspiration, endlose Energie, strahlende Klarheit, überwältigenden Mut und unaufhörliche Erkenntnisse. Und das alles nur, weil du mit dem Universum im selben Team spielst.

Wenn du deine Taten mit den Bedürfnissen der Welt in Einklang bringst, ist *prana* dein Treibstoff, die ewig während Lebenskraft, die zwischen Kosmos, Chakras und Erde zirkuliert, von oben nach unten und wieder zurück.

Zu dienen, zu Diensten zu sein, ist die höchste Form des Heilens. Es befreit dich aus deiner eigenen Geschichte und hebt dich auf eine höhere Daseinsstufe – das wahre Wohlbefinden. Wenn ich zurückblicke und mir ansehe, wie ich mich selbst von meinen furchtbaren gesundheitlichen Problemen geheilt habe, dann weiß ich jetzt, dass ich das nur konnte, weil es einem Zweck diente, der mich bei Weitem überstieg.

Es gibt zwei Arten von Menschen: Die einen denken jetzt: »Hey, ich arbeite für Mutter Erde!«, und die anderen: »Oh, mein Gott, warum habe ich dieses Buch nur bis hierher gelesen?« An alle Letzteren: **Zu dienen muss nicht bedeuten, Opfer zu bringen.** Im Gegenteil – im Einklang mit dem Dharma zu dienen, ist die ultimative Win-win-Situation. Du hast doch sicher auch schon einmal einer Freundin beim Lösen eines Problems geholfen, und das hat dir selbst so viel Klarheit verschafft, dass es dir auch im eigenen Leben weitergeholfen hat. Von dieser Art von Dienst spreche ich hier. **Vom Dienst durch Freude.**

Folgst du deiner höchsten Freude, bist du von ganz allein zu Diensten, weil du diese Liebe ausstrahlst. Du triffst bessere Entscheidungen, dir fallen bessere Lösungen ein, du wirst Teil derjenigen, die die Welt voranbringen. Ich habe einst gedacht, die einzige Möglichkeit für mich, der Welt zu dienen, sei es, mein Leben zu opfern. Ich dachte, ich würde mich dem Friedenskorps oder Mutter Teresas Mission anschließen müssen, wenn ich anderen helfen wollte, denn das waren die Beispiele, die ich vor Augen hatte. Ich besuchte sogar die George Washington University, um Anwältin für internationales Menschenrecht zu werden. Irgendwann jedoch wurde mir klar, dass das nicht im Einklang mit meiner Wahrheit stand und ich auf die Welt gekommen war, um ihr auf andere Weise zu dienen und mich auf andere Weise auszudrücken.

Ich erkannte, dass ich die Welt verändere, indem ich die Welt erschaffe, die ich mir wünsche. Ich begann mit einem Blog, der sich zu einer Laufbahn als Gesundheitscoach entwickelte, die sich zu der einer Autorin entwickelte, was sich zu Onlineprogrammen weiterentwickelte und Vorträgen und Podcasts und einer Membership Community und einer Bewegung, die Menschen dazu erwecken will, als ihr höchstes Selbst zu erstrahlen, und, und, und …

Es dehnt sich noch immer weiter aus. Ich hatte mir nie vorgenommen, irgendetwas davon zu tun – ich folgte nur immer weiter meiner Freude und teilte sie mit anderen.

Wenn du teilst, was dich bewegt hat, bewegst du andere. Das nimmt uns eine enorme Last von den Schultern: die schwerwiegende Verantwortung, der eine Superheld zu sein, der alle Probleme der Welt löst. Das kann unmöglich ein Mensch allein schaffen, das *soll* auch keiner allein schaffen. Du sollst in dem, was du bist, so hell erstrahlen, dass dies andere dazu inspiriert, das ebenfalls zu tun. **Deine Aufgabe ist es nicht, dem Dienst dein Leben zu opfern; deine Aufgabe besteht darin, deinen höchsten Selbstausdruck zu deiner Art zu dienen zu machen. Wenn du deine Welt veränderst, veränderst du die Welt.**

Das neue Paradigma zu dienen ist das Dienen durch Freude. Wenn du die Freude wählst, folgt alles andere im Welleneffekt. Und die Freude steht uns in jedem Augenblick unseres Lebens zur Verfügung, nicht nur dann, wenn wir alle Probleme bereits gelöst haben. Die Freude zu wählen bringt dich ja gerade an diesen Punkt.

Du kannst anderen nicht zu Diensten sein, wenn du dich selbst und deine Gaben nicht feierst. Die Zeit, als du dein Licht unter den Scheffel gestellt hast, ist endgültig vorbei. Indem du dich selbst feierst, ermunterst du andere dazu, sich ebenfalls zu feiern. Das ist wie eine einzige große Geburtstagsparty – alle haben Spaß.

Märtyrer brauchen wir nicht mehr. Ebenso wenig wie ausgebrannte Menschen, die so sehr versuchen, die Welt zu retten, dass sie selbst leiden. **Das Paradigma des verletzten Heilers ist an seinem Ende angelangt.** Das neue Paradigma braucht selbstmächtige, ausgeglichene Heiler, die so voller Lebenskraft stecken, dass sie sie unweigerlich auf andere ausdehnen wollen. Dabei geht es nicht nur um das, was sie tun – allein ihre Energie hat schon eine heilende Wirkung.

Deine Schwingung ist der ultimative Akt des Dienstes und die

Grundlage deines Aktivismus. Befindest du dich im Einklang mit deinem authentischen Code, strahlst du Positivität aus, und die ist verdammt ansteckend. Deine Taten, deine Worte, deine Energie, dein Mitgefühl, deine Umarmung, dein Song, dein Tanz – sie verändern die Welt. Jede dieser Selbstausdrucksformen auf Mikroebene ist dein ultimativer Akt des Dienstes. Und das Beste daran: Das ist noch nicht einmal anstrengend!

Wenn du dein Dharma wahrhaftig verkörperst, gehst du ganz natürlich von der Ich- zur Wir-Mentalität über. Dann fühlt es sich nicht wie ein Opfer an, anderen zu Diensten zu sein, sondern wie das größte Privileg überhaupt. Du erkennst: Je mehr du gibst, desto mehr *moksha*, Befreiung, spürst du in dir. Die höchste Form der Freiheit besteht in dem Wissen, in diesem Leben alles gegeben zu haben.

Einigen Menschen ist es Antrieb, der Menschheit zu Diensten zu sein, anderen der Gemeinschaft und wieder anderen der Familie. Erkenne dies an. Vertraue darauf. Das ist dein Code. Du bist dazu bestimmt, so zu Diensten zu sein, wie du zu Diensten sein möchtest. Wir brauchen Menschen aus allen Bereichen.

Im Einklang mit dem Dharma zu Diensten zu sein ist pure Lust. Als würde dich eine Freundin bei einem Thema um Hilfe bitten, von dem du besessen bist – du kannst alles darüber erzählen. Bist du hingegen nur zu Diensten, weil du das Gefühl hast, du solltest es sein, funktioniert das Ganze nicht.

Stell dir ein Dorf vor, in dem jeder auf seine Art zu Diensten ist: Es gibt Medizinfrauen, Mystiker, Hebammen, Priesterinnen, Krieger, Verwalter, Ratsvorsitzende und Künstlerinnen. Wir würden nicht wollen, dass sich die Krieger um die pflegebedürftigen Menschen kümmern oder die Mystiker die Schlachten austragen. Wir wollen, dass jede und jeder in ihrem und seinem Element ist. Und du bist *Teil* dieses Dorfes – du musst nicht alle Rollen auf einmal spielen. Teile der Welt deine Seelensignatur mit und lade andere dazu ein, die ihre mit dir zu teilen.

Doshas + Dienst

Jedes Dosha ist auf seine ganz eigene Art zu Diensten, auf der Basis seiner angeborenen Energien. Jedem von uns wurden alle drei Doshas in unterschiedlichem Ausmaß mit auf den Weg gegeben, und so können wir auch auf unsere jeweils einzigartige Weise zu Diensten sein. Da die Bedürfnisse des Universums so vielfältig sind, sind unsere Talente ebenso vielfältig. Wir brauchen Menschen, die direkt mit anderen Menschen arbeiten, andere, die mit Medien arbeiten, wieder andere, die mit Technologie arbeiten, und nochmals andere, die juristisch tätig sind. Alle gemeinsam sind wir eine Wechselmannschaft aus farblich unterschiedlichen Power Rangern, die hier sind, um die Menschheit zu erheben.

Ginge es beispielsweise darum, die Ozeane zu schützen, könnte der Vata-Typ Bildmaterial dazu beschaffen, der Pitta-Typ das Fundraising organisieren und der Kapha-Typ eine entsprechende Diskussionsrunde moderieren. Teamwork ist Dreamwork, und wir alle sollten uns auf unser ureigenstes Genie konzentrieren.

DIE VATA-ART ZU DIENEN

Die Vata-Art, zu Diensten zu sein, besteht in den Ideen. Vata ist Luftenergie und gedeiht mit dem Ungreifbaren: mit der Spiritualität, der Kreativität, den Künsten, den Erfindungen. Die Superkraft des Vata ist die Kreativität. Die Frage, die sich der Vata-Typ immer stellen muss, lautet: Wie kann ich meine Kreativität dazu nutzen, um zu Diensten zu sein? Einige von ihnen werden vielleicht das Gefühl haben, nicht wirklich zu Diensten zu sein, wenn sie anderen Menschen nicht direkt helfen, aber das stimmt nicht. Es müssen nicht alle in der Obdachlosenunterkunft arbeiten. Es müssen auch manche Ideen haben, wie man auf die Bedürfnisse von Obdachlosen aufmerksam machen kann. Die Vata-Art zu helfen betrifft in der Regel das Gesamtbild, und so fühlen sich Vata-Menschen meist zu den größeren Angelegenheiten hingezogen, etwa zum Umweltschutz oder zum Erhöhen des globalen Bewusstseins.

Die Vata-Energie bringt neue Möglichkeiten in das Zu-Diensten-Sein. Ich habe erst kürzlich an einer Demo teilgenommen, bei der wir auf den Straßen im Zentrum von L. A. vor Banken tanzten. Diese Banken investieren in Firmen, die für die Abholzung im Amazonasgebiet verantwortlich sind. Statt unserer Wut freien Lauf zu lassen, malten wir uns die Gesichter bunt an, tanzten Samba und baten Stammesälteste aus der Region darum, etwas über das Ehren der Natur zu erzählen. An solch einer Demo würde ich gern jedes Wochenende teilnehmen.

Die Vata-Energie ermöglicht es uns, über den eigenen Tellerrand hinauszusehen. Der Social-Media-Account »Humans of New York« beispielsweise wurde von einem Fotografen ins Leben gerufen, der die Menschen in all ihren Eigenheiten auf der Straße fotografierte und sie dann bat, ihre Geschichte zu erzählen. Allein dieser Account hat Tausende von Leben gerettet und die Aufmerksamkeit der Öffentlichkeit darauf gelenkt, was normalerweise gern mal unter den Teppich gekehrt wird. Du musst nicht aufgeben, was du leidenschaftlich gern tust, um zu Diensten zu sein. Eher umgekehrt: Du bist durch das, was du leidenschaftlich gern tust, zu Diensten.

DIE PITTA-ART ZU DIENEN

Die Pitta-Art, zu Diensten zu sein, besteht darin, zu führen und Ideen in die Tat umzusetzen. Die Feuerenergie Pitta will spezifische Probleme auf greifbare Weise lösen. Der Pitta-Typ läuft dann zur Höchstform auf, wenn er ein klares Ziel vor Augen hat. Dinge wie »die Umwelt retten« etwa sind ihm viel zu wenig greifbar, da er bei ihnen keine Fortschritte messen kann. Pitta-Typen konzentrieren sich lieber auf ein Schlüsselziel, beispielsweise darauf, den

Plastikmüll des Viertels bis zum Zeitpunkt X um fünfzig Prozent zu reduzieren. Das hält sie eher bei der Stange, weil ihnen das Ziel konkrete Aktionsschritte bietet und der Erfolg in Zahlen gemessen werden kann. Haben sie sich erst ein konkretes Ziel gesetzt, kann nichts und niemand sie mehr davon abbringen, wohingegen etwas so Allgemeines wie »die Umwelt retten« rasch an Schwung einbüßt.

Den Pitta-Typen geht es in erster Linie um Zukunftsfähigkeit, und sie wissen, dass es keine langfristige Lösung sein kann, sich Geld und Zeit von anderen zu borgen. Sie gehen nicht von Tür zu Tür und sammeln Spenden – sie kreieren eigene Businesslösungen. Man findet sie häufig als ausgesprochen sozial eingestellte Unternehmer, die soziale Bedürfnisse mit nachhaltigen Geschäftsideen in Einklang bringen. Sie sind die reinsten Automationsanlagen und wenn sie das mit Dienen verbinden, profitiert die Welt. Die gelungensten Pittas sind diejenigen, die ihr Leben darauf ausgerichtet haben, zu Diensten zu sein. Sie verdienen Geld, um etwas zurückzugeben (und ein bisschen natürlich auch für sich selbst). Hier geht es nicht nur um den Gehaltsscheck – hier geht es darum, was dieser Gehaltsscheck für die Welt tun kann.

DIE KAPHA-ART ZU DIENEN

Die Kapha-Art, zu Diensten zu sein, besteht in individuellem Kontakt. Die Erdenergie Kapha strahlt eine liebevolle, mitfühlende Wärme aus, die ihre Umgebung aufmuntert und ein wenig heller macht. Der Kapha-Typ meldet sich als Freiwilliger für die Schule, die Obdachlosenunterkunft oder das Pflegeheim, wo alle von seiner herzlichen und erdenden Energie profitieren. Er kann verwurzelt bleiben, auch wenn die Menschen um ihn herum Schmerz erleiden, und sehr viel in sich aufnehmen. Er ist geduldig und beharrlich und bleibt präsent, während die Menschen sich ihm anvertrauen. Deshalb findet man Kapha-Typen oft als Coaches, Krankenschwestern, Lehrer, Betreuer oder auch Eltern wieder. Ohne den zwischenmenschlichen Kontakt hat ihr Leben keinen Sinn.

Die Kapha-Energie ermöglicht es uns, politischen Angelegenheiten eine menschliche Dimension zu verleihen. Der Kapha-Typ interessiert sich nicht für Zahlen – er interessiert sich für Menschen. Er erkundigt sich nach der Lebensgeschichte der Menschen, denen er hilft, er schließt Freundschaft mit den Menschen, denen er zu Diensten ist. Er ist ausgezeichnet darin, schwierige Situationen zu entschärfen oder anderen bei ihrem Durchbruch zu helfen. In unserer Welt der Wut, des Chaos und des Hasses gehört die Kapha-Liebe zu den Dingen, die wir am meisten brauchen.

Mit welchem Dosha bist du zu Diensten?

Wie arbeitest du am liebsten?

A: Im Team, dort, wo ich andere managen kann

B: Allein, ganz in meinem Element

C: Im direkten Kontakt mit anderen Menschen

Wofür bekommst du die meisten Komplimente?

A: Für meine Fähigkeit, ein Team zu führen und Projekte zum Leben zu erwecken

B: Für meine kreativen Ideen und die Fähigkeit, das Gesamtbild zu sehen

C: Für meine Geduld und mein Mitgefühl

Jemand bittet dich um Hilfe. Welche Art von Hilfe bietest du ihm an?

A: Ich höre ihm erst eine Weile zu und biete ihm dann eine Strategie, wie er sein Problem lösen kann.

B: Ich sage ihm, dass sich seine Seele das Problem aus einem bestimmten Grund ausgesucht hat und dass er die Kraft hat, das Problem selbst zu lösen.

C: Ich gebe ihm Raum, sein Herz auszuschütten, und stelle ihm Fragen, die ihm dabei helfen, das Problem selbst zu lösen.

Du bist bei einem Dreh dabei. Wie würdest du dich gern daran beteiligen?

A: Als Produzentin – ich würde mir gern das Budget ansehen und dann entscheiden, welche Szenen wie und mit wem gefilmt werden.

B: Als Regisseurin / Kostümbildnerin / Hairstylistin / Make-up-Artist – ich würde mir das Drehbuch bildlich vorstellen und gern die entsprechenden künstlerischen / dramaturgischen Akzente setzen.

C: Ich würde gern mit den Schauspielerinnen und Schauspielern den Text durchgehen und sicherstellen, dass jeder sich gut fühlt und seine gesamten Emotionen in die Rolle hineinlegen kann.

Du willst dem Hunger in der Welt ein Ende setzen. Wie würdest du das anstellen?

A: Ich würde einen gewissen Prozentsatz meines Gewinns einer Organisation spenden, die hungernden Menschen Essen verschafft.

B: Ich würde ein aufrüttelndes Video über den Hunger in der Welt drehen.

C: Ich würde mich in der Suppenküche vor Ort freiwillig zum Kochen melden.

Was begeistert dich am meisten?
A: Ein Unternehmen aufzubauen, das Leben verändert
B: Die Denkweise der Menschen zu verändern
C: Menschen im Herzen zu berühren

A = PITTA

B = VATA

C = KAPHA

Im Grunde kann jedes Dosha jedes der genannten Dinge tun, sie würden es aber aus unterschiedlichen Blickwinkeln heraus tun. Ein Vata-Coach inspiriert die Menschen dazu, sich mit ihrem höheren Selbst zu verbinden; ein Pitta-Coach motiviert sie dazu, aktiv zu werden; und ein Kapha-Coach erinnert dich daran, auch dich selbst zu lieben. Ein Coach kann also jedes der drei Doshas verkörpern, das Dosha gibt seiner Arbeit aber jeweils eine andere Richtung. Alle drei Doshas erteilen dir die volle Erlaubnis, du selbst zu sein.

Welchem Dosha fühlst du dich verbunden, wenn du anderen zu Diensten bist?

Der Pfad, der dich
zu deinem Dharma führt

Du hast Angst, den »falschen« Weg zu deinem Dharma einzuschlagen? Keine Sorge. Wenn du auch nur eines aus diesem Buch mitnimmst, dann das: Alle Wege führen zu deinem Dharma – vorausgesetzt, du befindest dich im Einklang mit deiner Wahrheit. Du kannst hier gar keinen Mist bauen, vorausgesetzt, du hörst auf dich selbst. Und selbst wenn du einmal die falsche Abzweigung nimmst, wirst du automatisch wieder auf den richtigen Weg geleitet, sobald du dich wieder mit deiner Wahrheit verbindest. Die Wege zu deinem Dharma kreuzen sich und sind alle miteinander verflochten. Sie erinnern an ein komplexes Autobahnnetz, führen am Ende aber alle zum selben Zielort.

Auf den Pfad zum Dharma zu gelangen, ist nicht immer leicht. Auf der Suche nach ihm wird dir deine Umgebung einreden wollen, du seist völlig bekloppt. Warum die gut beleuchtete, gut ausgebaute Straße verlassen, die der Rest der Menschheit benutzt, und sich stattdessen abseits auf unübersichtlich erscheinende Wege zu begeben, die noch nie zuvor ein Mensch betreten hat? Weil genau dann dein inneres GPS anspringt. Statt Siri hörst du deine eigene innere Stimme, der wir oft genug nicht trauen, weil wir so sehr daran gewöhnt sind, dass *andere* den Weg für uns wählen. **Doch was, wenn du auf deine Intuition ebenso sehr vertrauen würdest wie auf die Meinungen anderer?**

Wie also gelangst du auf den Weg zu deiner Wahrheit?

Wahrheit bedeutet, sich die schwierigen Fragen zu stellen … und zu akzeptieren, dass man die Antworten darauf nicht kennt. Wahrheit bedeutet, die eigene Begeisterung so zu ehren, als sei sie ein kostbares Juwel, das uns vom Göttlichen geschenkt wurde.

Wahrheit bedeutet, sich für den tückischen, schlammigen Weg zu entscheiden und ihn für diejenigen zu ebnen, die nachfolgen werden.

Wahrheit bedeutet, an seiner Vision festzuhalten, auch dann, wenn sie in anderen Missbilligung und Zorn hervorruft.

Wahrheit bedeutet, sich klarzumachen, dass die einzige Aufgabe, die wir in diesem Leben haben, darin besteht, wahrhaftig wir selbst zu sein.

Ich glaube nicht, dass es auf der Welt auch nur einen einzigen Menschen gibt, der stets seine volle Wahrheit gelebt hätte. Die Wahrheit ist wie ein Irrgarten – dort weiß man auch nur, dass man den falschen Weg eingeschlagen hat, wenn man in eine Sackgasse gerät. Und dann hat man immer die Möglichkeit, die Richtung zu wechseln. Wir verändern uns ständig. Alles im Universum ist in Bewegung: Unser Planet, unsere gesamte Galaxie rotiert, dehnt sich aus und bewegt sich. Und weil wir Teil dieser Galaxie sind, dehnen auch wir uns ständig aus und entwickeln uns ständig weiter. Selbst wenn es den Anschein hat, als stünden wir still, bewegen wir uns dennoch vorwärts – vorausgesetzt, wir stehen zu unserer Wahrheit.

Als ich mein Dharma entdeckte, wurde mir zuerst bewusst, was ich *nicht* wollte: mir mein Leben von anderen diktieren lassen, einen sinnlosen Job, den ich nur des Geldes wegen ausübte und bei dem die Gaben, die ich zweifellos hatte, nicht zum Einsatz kommen konnten. Und ich ahnte, was ich stattdessen wollte: Spiritualität, schreiben, Gemeinschaft, Tanz. Wie sich das alles entwickeln würde, wusste ich nicht, doch ich bewegte mich weiter in Richtung dessen, was ich wollte. Schließlich ergab sich alles wie von selbst, und es entfaltet sich auch heute noch weiter, es dehnt sich aus und entwickelt sich. Aber das hatte ich am Anfang unmöglich wissen können. Und das ist in Ordnung. Räum dem Universum so viel Platz ein, dass es dich immer wieder überraschen kann. Grüble nicht zu viel darüber nach, was dein Dharma sein könnte, und verbringe stattdessen mehr Zeit auf dem Pfad, der dich dahin führt, was sich im Augenblick expansiver anfühlt.

Ich kenne das Gefühl, alles auf einmal tun zu wollen und gleichzeitig nicht zu wissen, wo man anfangen soll. Mein bester Rat diesbezüglich ist: Verwirkliche erst eine Vision, bevor du dich der nächsten zuwendest. Gestatte es einem Dharma, geboren zu werden, laufen zu lernen und eine Weile zu leben, bevor du das nächste zu dir einlädst. Das wird dich darauf vorbereiten, die beste Dharma-Mama für alle Dharmas zu sein, die da kommen wollen.

Die Entwicklung deines Dharma

Das Dharma ist der Ausdruck deiner Seele – es ist ewig und unveränderlich. Wie es sich in diesem Leben manifestiert, kann jedoch stark variieren. Dein Dharma ist gewissermaßen die Firmenphilosophie, die du auf deiner Website vertrittst, wenngleich einzelne Rubriken wie beispielsweise »Über mich«, die Fotos oder auch die Gestaltung der Seite sich im Laufe deiner Weiterentwicklung ändern können. Nehmen wir einmal an, dein Dharma sei es, Schönheit in diese Welt zu bringen. Als Kind könntest du dein Dharma durch Malen erfüllen, später dann als Haarstylistin oder in einem Nagelstudio, später vielleicht als Raumausstatterin und noch später als Grafikdesignerin und Illustratorin. Das Dharma ist immer das Gleiche – es kommt nur jeweils unterschiedlich zum Ausdruck.

Mein Dharma ist es, das Bewusstsein zu erhöhen und andere dazu zu befähigen, zu ihrem höchsten Selbst zu erblühen. Seine Ausdrucksformen haben sich im Laufe der Zeit jedoch verändert.

Ich kann mein Dharma erfüllen, indem ich Bücher schreibe, Podcasts aufzeichne, Events organisiere, eine Community aufbaue, Social-Media-Inhalte generiere, Heilung und Embodiment durch Tanz lehre und, und, und. Die Ausdrucksformen sind jeweils andere, das Dharma ist immer dasselbe.

Dein Dharma ist der rote Faden, der sich durch all die Stadien deines Lebens zieht, die dich zu deiner Macht gebracht haben. Dein Dharma ist es vielleicht, das verletzte Weibliche zu heilen, und du kannst es erfüllen, indem du zuerst Therapeutin wirst, dann mit den Mondphasen arbeitest und schließlich als Beziehungscoach tätig bist. Vielleicht ist es auch dein Dharma, dem Planeten heilende Klänge zu schenken, und du kannst es erfüllen, indem du ein Instrument spielst, Musik produzierst, singst oder Songwriterin wirst. Es kann aber auch sein, dass dein Dharma darin besteht, dich um andere zu kümmern, sodass sie sich gesehen und geliebt fühlen; dieses Dharma kannst du erfüllen, indem du Lehrerin, Mutter oder Pflegerin wirst. Das Dharma ist ewig, seine Ausdrucksformen sind fließend.

Die Doshas offenbaren uns den roten Faden unseres Dharma.

Die Menschen, die mehr Vata-Energie besitzen, sind meist mit mehreren Projekten gleichzeitig beschäftigt, weil ihre Energie so dynamisch ist. Sie sind schnell gelangweilt, haben sie tagein, tagaus immer das Gleiche zu tun, und ziehen die Freiheit beständiger Veränderung vor. Sie sind ausgesprochen vielseitig und wechseln mehrmals im Leben drastisch die Gestalt, weil dies schlicht Bestandteil ihres Dharma ist. Ihre Dharma-Aufgabe besteht darin, ihre hehren Visionen Wirklichkeit werden zu lassen, damit auch andere sie erleben und von ihnen profitieren können.

Menschen mit mehr Pitta-Energie konzentrieren sich lieber auf ein Projekt nach dem anderen, damit sie ihre gesamte Energie darauf verwenden können. Sie sind entschlossen und ehrgeizig und sie wissen, dass ihr Fokus unscharf wird, wenn sie an mehreren

Dingen gleichzeitig arbeiten. Sie haben zwar immer noch zahl-reiche andere Geschäftsideen im Hinterkopf, widmen sich diesen aber erst, wenn ihr momentanes Projekt auf einem guten Weg ist und auch von Mitarbeiterinnen und Mitarbeitern weitergeführt werden kann.

Menschen mit mehr Kapha-Energie spielen in der Regel nur eine oder maximal zwei große Rollen in ihrem Leben. Sie bleiben lieber bei dem, was sie gern tun, und vertiefen sich darin, vor allem dann, wenn dabei ihre natürlichen Nährerqualitäten zum Einsatz kommen. Ihr Dharma ist auf ihre zwischenmenschlichen Bezie-hungen gerichtet. Sie definieren sich meist nicht darüber, was sie tun, sondern darüber, was sie bei anderen innerlich bewegen. Im Dharma von Kapha-Menschen ist die Elternschaft häufig beson-ders wichtig, und es kommt nicht selten vor, dass sie darüber auch ihre berufliche Lebensaufgabe finden.

Die verschiedenen Dharma-Archetypen können jeweils zu un-terschiedlichen Zeitpunkten in unserem Leben in Erscheinung treten. Bei vielen Menschen tut sich beispielsweise der Akti-vist*in-Archetyp eher in jüngeren Jahren hervor, und später geht ihm durch zu viel Bürokratie gewissermaßen die Puste aus. Dann lösen wir uns von dieser Seite unserer Persönlichkeit, und andere Archetypen übernehmen. Sind wir aber vollkommen ehrlich zu uns selbst, wissen wir, dass die Aktivistin noch immer in uns steckt und sich jetzt nur auf andere Weisen ausdrückt – vielleicht mittels politisch bewusster Social-Media-Posts oder mittels Engagement in der Lokalpolitik.

Wenn wir beginnen, unser Dharma voll und ganz zu leben, vereinigen wir uns wieder mit den fehlenden Teilen unserer Persönlichkeit, die wir außer Acht gelassen hatten, um dazuzu-gehören. Doch mittlerweile ist uns bewusst, dass wir ja gerade dazu bestimmt sind herauszuragen. Wir werden schließlich zu dem Menschen, der zu werden wir zu beschäftigt, zu ängst-

lich, zu eingeschüchtert waren. Und genau die Aspekte unserer selbst, die »keinen Sinn ergaben« und verdrängt wurden, stehen dann im Mittelpunkt. Wir erinnern uns wieder an die Leidenschaft, mit der wir uns als Jugendliche für das Wohl der Tiere eingesetzt haben, an die Stunden, die wir damit verbracht haben, mitreißende Romane zu lesen, an die Begeisterung, mit der wir uns in der Gemeinschaft engagiert haben – und all das bringen wir vom Standpunkt der höheren Erkenntnis aus nun in unser Leben zurück.

Sein Dharma zu entdecken bedeutet nicht, dass wir aufhören, uns zu verändern, wenn wir es entdeckt haben. Es bedeutet lediglich, dass wir dann aus unserem vollsten Selbstausdruck heraus handeln und den Weg dafür geebnet haben, dass sich alle Teile von uns sicher zeigen und wir so in Erscheinung treten dürfen, wie wir bestimmt sind, in Erscheinung zu treten. Im Einklang mit dem Dharma zu leben, ist eine Frequenz, ein Schwingungsmuster – der vollständige Ausdruck dessen, wer wir in diesem Augenblick sind. Gleichzeitig bedeutet es auch, offen für das zu bleiben, wozu wir uns entwickeln werden.

FÜR ÜBERFLIEGER
KURZ ZUSAMMENGEFASST

Beim Dharma geht es ums Dienen, und dabei macht das Dienen auch noch Spaß. Denn das wahre Zu-Diensten-Sein ist kein Opfer – es ist die höchste Form der Freude. Die Welt braucht nicht noch mehr verletzte Heiler. Sie braucht erleuchtete, ekstatische Sonnenwesen, die so begeistert sind von dem, was sie tun, dass sie alle um sich herum gleich mit erleuchten wollen. Wenn du wahrhaft aus dieser Erkenntnis schöpfst, kannst du gar nicht anders, als dein strahlendes Selbst mit der Welt zu teilen; es ist einfach zu viel Licht, als dass man es irgendwo einsperren könnte.

Die Vata-Art zu dienen ist die innovative, das Pitta will Ergebnisse und das Kapha verleiht all denen, für die wir uns einsetzen, ein Gesicht. Folgst du dem Pfad zu deinem Dharma, schließt sich der Kreis. Du erkennst den roten Faden, der dich durch alle Phasen deines Lebens geleitet hat, immer in Richtung deines Dharma. Du erkennst, dass du die Erfahrungen, die du gemacht hast, machen musstest, denn nur so kannst du das Sonnenwesen, das zu sein du geboren wurdest, wahrhaft verkörpern.

11

Alle Wege führen zum Dharma

Wenn bei dir jetzt immer noch Verwirrung darüber herrscht, was dein Dharma ist, will ich es dir endlich verraten. Die Wahrheit ist: Wir haben alle ein gemeinsames Dharma. Jeder Einzelne von uns ist aus dem exakt selben Grund auf die Welt gekommen. Ja, wir haben unterschiedliche Talente und Stärken und Arten, uns auszudrücken. Doch unser Daseinsgrund ist universell. Du willst ihn hören? Also gut: Dein Dharma – mein Dharma – unser Dharma ist es, anderen dabei zu helfen, ihr Dharma zu leben.

Das war's. So einfach ist das. Wir alle sind auf diesem Planeten, um uns gegenseitig in unserer einzigartigen Weise zu aktivieren. Wenn du jemand anderem dabei helfen kannst, Klarheit zu gewinnen, Mut zu finden und zielgerichtet seinem Dharma zu folgen, dann lebst auch du dein Dharma. Es ist gar nicht so kompliziert, wie wir immer denken. Du erinnerst dich noch an den Dominoeffekt, von dem ich zu Beginn dieses Buchs sprach? Wir sind alle durch ein kosmisches Netz an Energie miteinander verbunden, und wir können nur so weit voranschreiten, wie die Welt voranschreitet. Das Leben ist wie ein Potluck: nur so gut wie die Zutaten und die Energie, die jeder dazu beiträgt. Und wenn du dein Dharma lebst, machst du die Welt ein kleines bisschen schmackhafter.

Das Dharma ist keine bloße Theorie, es ist etwas, das erfahren werden soll. **Und die Inspiration ist eine Einladung deines Dharma.** Mit der Begeisterung will dir deine Seele sagen: »Achtung – ich hab da etwas ganz Besonderes für dich.« Deine Aufgabe ist es dann herauszufinden, was dieses Besondere ist, und zu erkunden, was dich auf der anderen Seite erwartet.

Das Dharma klopft an deine Tür und wartet darauf, dass du es hereinbittest. Stell dir vor: Du greifst hinauf, berührst ein Stück des Kosmos und ziehst es nach unten zur Erde. Du erweckst etwas zum Leben, das noch nie zuvor existiert hat, bildest die Brücke zwischen zwei Dimensionen. Du verwandelst das Nichtgreifbare ins Greifbare, das gemeinsam mit anderen erlebt werden kann. Jetzt musst du nur noch zielgerichtet aktiv werden.

Und genau da bleiben viele Menschen stecken, insbesondere Mitglieder der spirituellen Community. Beim Meditieren haben sie eine klare Vision vor Augen, wie man dem Hunger in der Welt ein Ende setzen könnte, und dann trinken sie einfach ihren Smoothie und überlassen es Elon Musk, eine Lösung zu finden. Doch die Idee ist zu ihnen gekommen, weil sie diejenigen sind, die sie zur Welt bringen sollen. Sie sind das perfekte Gefäß, um sie umzusetzen. Dazu müssen sie nur eins tun: Vertrauen zu sich selbst haben.

Die Idee wurde dir geschenkt, doch die Maßnahmen, die dafür zu ergreifen sind, musst du selbst herausfinden. Dieses Herausfinden ist dein Training, den Teil solltest du nicht überspringen. **Der einzige Pfad zur Klarheit führt durch das Handeln.** Wo genau du anfangen sollst, musst du gar nicht wissen. Während du einen Schritt nach dem anderen machst, wird immer ein Stückchen Pfad mehr sichtbar. Fang einfach an zu tanzen – die Choreografie ergibt sich dann von ganz allein.

Stell dir dein Dharma als Gebirgskette vor. Um zum ersten Gipfel zu gelangen, musst du losgehen. Durch das Wandern wirst du allmählich kräftiger, du lernst, mit deiner Energie zu haushalten, erkundest das Terrain. Und hast du den ersten Gipfel dann schließlich erreicht, siehst du, dass es noch viele weitere zu entdecken gibt. **Beim Dharma geht es nicht ums Ziel; das Dharma ist die Reise, das zu verkörpern, was du in jedem einzelnen Augenblick wahrhaftig bist.**

Jedes große Dharma beginnt ganz klein. Häufig sind wir von der Ungeheuerlichkeit unseres Dharma so erschlagen, dass wir ins Stocken geraten, weil wir nicht wissen, wo wir weitermachen sollen. Dieses Weitermachen kann in einer Meditation, einem Gespräch, einem Gedanken, einer Mail, einem Vorsprechen, einer Neugier bestehen. Auf dieser Basis entfaltet sich dann der nächste Schritt. Und die Begeisterung wird dir immer den Weg weisen, auch wenn du den nächsten Schritt mit weichen Knien gehst.

Du bist dazu bestimmt, durch deine Chakras Ideen vom Kosmos auf die Erde zu holen. Du bist der Kanal. Sieh dir jedes Mal, wenn du ins Stocken gerätst, an, welches Chakra blockiert ist, und bring die Energie dort wieder zum Fließen.

- Ist dein Wurzelchakra blockiert und fühlst du dich nicht geerdet, verbinde dich wieder mit deinem Gefäß. Verbringe Zeit in der Natur und lauf vorzugsweise barfuß, damit du die negativ geladenen Ionen der Erde in dich aufnehmen kannst. Schalt dein Handy aus, um aus deinem Kopf in deinen Körper zu kommen. Führe die Übung zum Dharma-Embodiment aus Kapitel 8 durch.
  Wiederhole die Affirmation: »Es ist vollkommen sicher für mich, mein Dharma zu leben.«

- Ist dein Sakralchakra blockiert und kannst du keine Freude empfinden, kultiviere das Vergnügen. Spüre das Vergnügen in allen Dingen, die Sonne, die deine Haut wärmt, der Geschmack der köstlichen Schokolade, die Lust der heiligen Intimität. Lass dieses Vergnügen deinen gesamten Körper durchströmen und gib dich dem wahrhaften Empfangen hin. Du verdienst es, Glückseligkeit zu empfinden. Bauchtanz, Tantra und taoistische Übungen sind extrem heilsam für das Sakralchakra.

Wiederhole die Affirmation: »Mein Dharma bereitet mir das größte Vergnügen.«

- Ist dein Nabelchakra blockiert und hast du eine kleine Identitätskrise, übe dich darin, Ja und Nein zu sagen. Sag Ja zu den Gelegenheiten, die dein Bewusstsein weiten, auch wenn sie dir zunächst Angst machen. Sag Nein zu den Gelegenheiten, die dich einschränken, auch wenn sie zunächst sinnvoll erscheinen. Setz dir selbst Grenzen, damit sich auch andere an diese Grenzen halten können. Du kannst übrigens auch Nein sagen, ohne erklären zu müssen, warum du das tust.

Wiederhole die Affirmation: »Meine Jas und Neins sind mir heilig.«

- Ist dein Herzchakra blockiert und fühlst du dich nicht mit deinem Dharma verbunden, halte dich in der Nähe von Tieren und geliebten Menschen auf. Spüre die Schwingung der Liebe in deinem Herzen. Eye-Gazing, Berührungen und zwischenmenschliche Verbindung sind außerordentlich wirksam, um das Herzchakra zu öffnen. Auch die Yogaübung der Rückbeuge ist ein ausgezeichneter »Herzöffner«.

Wiederhole die Affirmation: »Mein Dharma ist es, Liebe zu verkörpern.«

- Ist dein Halschakra blockiert und fällt es dir schwer, deine Gedanken in Worte zu fassen, schreibe etwas, auch wenn es chaotisch ist. Schreibe, ohne den Text gleichzeitig im Kopf zu redigieren. Ganz allmählich wird sich die Wahrheit in deinen Worten manifestieren.

Wiederhole die Affirmation: »Ich bin ein kreativer Kanal für mein Dharma.«

- Ist dein Stirnchakra blockiert und kannst du nicht klar denken, visualisiere. Stell dir dich als dein höchstes Selbst vor: das Leuchten deiner Augen, das Strahlen deiner Haut, die Zuversicht, die du verströmst. Frage dich: »Was würde mein höchstes Selbst jetzt tun?«, und gestatte es dir zu empfangen. *Wiederhole die Affirmation: »Ich sehe mein Dharma ganz deutlich mit meinem dritten Auge.«*

- Ist dein Kronenchakra blockiert und fühlst du dich vom Universum abgeschnitten, meditiere.
Schaffe Raum. Atme. Lass die heilige Pause zu. Hier bedarf es keiner Worte.

Ich fühle mit dir. Wir fühlen alle mit dir. Wir brauchen dich, Sonnenwesen.

Es ist *nur* dein Dharma

Am Ende dieses Buchs möchte ich dich daran erinnern, dass dir das Entdecken deines Dharma zwar wie das Wichtigste und Überwältigendste in deinem Leben erscheinen mag, du es aber trotzdem nicht zu ernst nehmen solltest. Wenn du dich allzu sehr an dein Dharma klammerst, schreckst es nur ab und stürzt dich möglicherweise in etwas, das gar nicht dein Dharma ist.

Natürlich ist das Dharma tatsächlich das Wichtigste, das du in diesem Leben tun kannst, aber es ist eben nur *dieses* Leben. Deine Seele war schon viele Male zuvor hier, sie wird über Ebenen, Dimensionen und Galaxien hinaus fortbestehen und sich so lange inkarnieren, bis du dein Dharma verkörperst. Klappt es also in diesem Leben nicht, dann mach dir nichts draus. Du kommst wieder. Setz dir aber dennoch auch in diesem Leben dein Dharma zum Ziel.

Der erste Schritt dazu besteht in dem Wissen, dass es da ist. Du siehst es aus dem Augenwinkel auf dich zukommen. Richte nun deine Aufmerksamkeit nach innen. Rufe dein höchstes Selbst auf und zeige dich als dieses höchste Selbst, damit ihr – du und dein Dharma – euch begegnen könnt. Du musst die Energie der Leichtigkeit, der Verspieltheit und des Flusses in dein Leben lassen, um deinem Dharma die Chance zu geben, dich zu finden. Dafür musst du es wahrhaft verkörpern, nicht nur so tun, als hättest du »Spaß«, während du gleichzeitig deinem Dharma hinterherschleichst wie eine Stalkerin.

Die Energie der *Anspannung* ist niemals die der *Manifestation* und des *Schöpferischen*. Die Anspannung hält dich nur davon ab, das Offensichtliche zu sehen. Die Leichtigkeit wird es dir ermöglichen, dich deinem Dharma zu öffnen, das direkt vor deinem dritten Auge liegt. Nur das Ego drängelt – das höchste Selbst ist immer geduldig.

Das Beste, das du nun mit all diesem Wissen anfangen kannst, ist, es leise köcheln zu lassen. Lass die Vorstellungen in diesem Buch wirklich bei dir ankommen; lies dir die, die dich angesprochen haben oder bei denen du dir noch nicht sicher bist, noch einmal durch. Dein Unterbewusstsein wird mit ihnen arbeiten, gib ihm also den Raum, den es braucht, um sich zu entwirren und zu entfalten. Nimm dann von diesem Standpunkt des höheren Gewahrseins aus die Anzeichen wahr. Sie waren die ganze Zeit über da, du bist jetzt nur besser auf ihre subtile Schwingung eingestimmt. Nimm die Synchronizitäten wahr, die sich in den kommenden Wochen ereignen werden: welche Sätze dir plötzlich ins Auge springen, welche Podcasts dir über den Weg laufen, welche Gelegenheiten sich bieten, wofür du Begeisterung entwickelst. **Es**

bedarf lediglich einer Verlagerung des Bewusstseins, und der ganze vor dir liegende Weg ist plötzlich erleuchtet. Vielleicht begegnest du einem bestimmten Menschen, begibst dich an einen bestimmten Ort oder liest etwas, das dein gesamtes Dasein verändert. Vertraue ihm. Folge dem Pfad, den dein Dharma dir ebnet, lass dich von all den kleinen, aber wachsenden Pflänzchen der Begeisterung leiten. Je mehr du dich dem Flow hingibst, desto mehr wächst du. Gehe immer in Richtung dessen, was sich expansiv, was sich weit anfühlt.

Beachte, dass ich »expansiv, weit«, nicht »gut« gesagt habe – das ist nicht immer dasselbe. Die vorherrschende Emotion beispielsweise, die sich einstellt, wenn du einen verhassten Job kündigst, kann Nervenanspannung oder Angst sein; beim Kündigen wird sich aber definitiv auch ein Gefühl der Weite einstellen. In eine neue Stadt zu ziehen, mag sich zunächst kontraktiv, einengend anfühlen, wird dann aber zu weiterer Ausdehnung führen. Sich den Erwartungen der eigenen Familie zu widersetzen, mag zunächst Schuldgefühle auslösen, wird dir letztlich aber sicherlich dabei helfen, dich zu weiten.

Wie fühlt sich Weite für dich an? Für mich fühlt sie sich an wie das Ausstrecken in der Natur, in dem Wissen, dass ich allen Raum und alle Freiheit der Welt habe. Es ist aber auch das Verlassen der Komfortzone, weil nur das meine Sicht dessen weitet, was für mich und andere möglich ist. Expansiv fühlt sich an, wie Ja zu einem Projekt zu sagen, bei dem ich Schmetterlinge im Bauch habe, und es dann in die Tat umzusetzen. Wie Nein zu einer Bitte zu sagen, die sich derzeit nicht im Einklang mit meiner Seelenmission befindet. Wie mich beim Tanzen zu zeigen, auch wenn ich mich dabei befangen fühle. Es fühlt sich an wie das Weiten der Normen, die meine Vorfahren und bislang auch mich eingeschränkt haben.

Wie fühlt sich Weite für dich an, in körperlicher, geistiger und emotionaler Hinsicht? Wann hast du dich geweitet gefühlt?

Und wie fühlt sich Enge für dich an? Für mich fühlt sie sich an, wie viel zu lange in einem Flugzeug zu sitzen, begierig darauf, meine Beine ausstrecken zu können und richtig durchzuatmen. Sie fühlt sich an, wie mich wieder und wieder zu wiederholen, statt die neuen Gedanken in meinem Kopf durchdringen zu lassen. Wie ein Gespräch über das Wetter mit Leuten, die nur Konversation machen wollen. Eingeengt fühlte ich mich, als ich versuchte, mich davon zu überzeugen, dass ich das, was ich liebend gern tue, nicht beruflich machen müsste, sondern als Hobby fortführen könnte. Einengend fühlt es sich an, wenn du dich selbst belügst. Wenn du dich von dem entfernst, was das Beste für deine Seele ist. Die gute Nachricht allerdings ist: Du kannst dich jederzeit wieder dafür entscheiden, dich erneut auszudehnen, und die Lektion dazu nutzen, dich voranzubringen. **Die Expansion, die Ausdehnung, die Weite ist deine göttliche Natur.**

Kontraktiv, einengend	Expansiv, weitend
Es fühlt sich zwar nicht richtig an, ich bleibe aber trotzdem dabei, denn das tun andere auch.	Ich durchlaufe gerade eine schwierige Phase, die mich jedoch meiner höheren Wahrheit näherbringt.
Ich habe zwar kein Ziel, unternehme aber die Schritte, die andere von mir erwarten.	Ich weiß noch nicht, welche Schritte genau nötig sein werden, aber ich weiß, dass ich mich in die richtige Richtung bewege.
Warum geschieht mir das?	Was lerne ich daraus?
Ich bezweifle, dass das mit meinem Dharma verbunden ist.	Ich vertraue darauf, mich im Einklang mit meinem Dharma zu befinden.

Wenn du dich weitest, kann sich das anfühlen, als würdest du von einem hohen Gebäude springen und wärst dir nicht sicher, ob du deine Schwingen ausbreiten kannst. Du hast schon gesehen, wie andere das getan haben, doch ein Teil von dir zweifelt immer noch daran, dass auch du fliegen kannst. Und dieser Zweifel ist genau das, was *verhindert*, dass sich deine Schwingen ausbreiten. Das ist so, als würdest du sagen: »Zeig mir einen Beweis für die Spiritualität, dann glaube ich auch an sie.« Du musst an sie glauben, um den Beweis zu sehen. Du kannst nicht sagen: »Ich werde mich weiten, wenn du dieses oder jenes Ergebnis garantieren kannst.« Unser eigenes konstriktives Denken ist es, das uns von der Expansion abhält. Den Beweis, den Plan, die Schritt-für-Schritt-Anleitung – all das gibt es nicht. Dafür gibt es unendlich viele Wege, die du einschlagen kannst, und jeder wird dir verschiedene Dinge zu unterschiedlichen Zeiten erschließen.

Die eine Herangehensweise ans Entdecken des Dharma gibt es nicht. Ja, es stimmt, dass alles aus einem bestimmten Grund geschieht, es stimmt aber auch, dass *du dieser Grund bist*. Wir wandeln auf dem schmalen Grat zwischen Bestimmung und freiem Willen; es gibt zwar einen großartigen Plan für uns, doch finden wir die Schatzkiste in diesem Leben nur, wenn wir dies zu unserer Priorität machen. Du bist ein souveränes Wesen mit einem freien Geist – und so musst du dein Dharma nicht leben, wenn du das nicht willst. Ich glaube zwar nicht, dass du zu dieser Art Mensch gehörst, denn immerhin liest du gerade dieses Buch, doch vielleicht gehört ein Familienmitglied, ein Freund oder eine Freundin dazu und vielleicht schmerzt dich das. Dann aber denk bitte daran: Es ist ihre Reise. Das Beste, das du in einer solchen Situation tun kannst, ist es, dein Dharma zu leben und mit gutem Beispiel voranzugehen.

Welche Gestalt dein Dharma auch annimmt, es ist immer dazu bestimmt, ein Licht in dieser Welt zu sein. Du bist dazu bestimmt, so hell zu erstrahlen, dass die Welt durch dich zu einem helleren Ort wird. Deine Vollkommenheit braucht die Welt nicht – sie braucht deinen vollsten Selbstausdruck.

Heute ist genau der richtige Zeitpunkt in der Geschichte der Menschheit, um dein Dharma zu leben, denn wir erleben heute ein globales Erwachen. Es gibt so viel Unterstützung, die nur darauf wartet, dass du Ja sagst, und so viele Anliegen, die auf deine Unterstützung warten. Wir leben in einer Zeit der äußersten Dualität, in einer Zeit der höchsten Höhen und tiefsten Tiefen. Einfach ausgedrückt ist genau das der Grund, warum sich unsere Seelen inkarniert haben. Wir sind Teil des Putztrupps, der hier ist, um aufzuräumen und die Menschheit zu erheben. Die Welt ist an einem Punkt angelangt, an dem wir uns gegenseitig und den Planeten verletzen, ohne zu erkennen, dass wir alle miteinander verbunden sind. Wir sind hier, um das Gleichgewicht wiederherzustellen.

Immer mehr alte Seelen kehren wieder, mit der Erfahrung und dem Mut, sich diesen Problemen mit Stärke und Weisheit zu stellen. Die Menschen erwachen, hinterfragen ihre lebenslangen Glaubenssätze und erkennen, dass sie eine wichtige Rolle beim Heilen der Menschheit zu spielen haben. Es ist nie zu spät oder zu früh. **Dein Erkennen ist eine Einladung, aktiv zu werden, jetzt.** Und der Wunsch zu dienen ist die einzig notwendige Voraussetzung dafür. Wir erinnern uns an die uralten Weisen, den Körper zu heilen, den Geist zu erwecken und uns mit unserer Seele zu verbinden, denn diese Werkzeuge werden heute mehr denn je gebraucht. Es ist an der Zeit für uns zusammenzukommen, Generationsgrenzen zu überschreiten und uns gegenseitig an unserer Magie teilhaben zu lassen, um gemeinsam die Schwingung des Planeten zu erhöhen.

Wir sind mehr als menschliche Wesen. **Wir sind Sonnenwesen, auf die Welt gekommen, um die Energie der lebenssprühenden Sonne zu verkörpern.** Leben wir unser Dharma, laden wir den Rest der Welt dazu ein, die Strahlkraft in sich ebenfalls zum Leuchten zu bringen. Je mehr wir unser Licht erstrahlen lassen, desto mehr breitet sich seine Leuchtkraft aus. Treffen unsere erhebenden Strahlen auf andere, entfachen sie auch in ihnen das Feuer der Sonne und wir reichen uns als Sterne am Himmel die Hand. Es ist an der Zeit, unser Licht weit aufzudrehen, damit es auch die Planeten im Hintergrund erreicht, die sich noch nicht daran erinnert haben, dass auch sie strahlen können.

Die Erde ist unser Leib, das Wasser unser Blut, die Luft unser Atem, das Feuer unsere Leidenschaft, der Äther unser Geist. Alle zusammen erschaffen wir die fünf Elemente, die drei Doshas und die neun Archetypen, jeder mit seinem eigenen, einzigartigen Dharma-Plan, mit dem wir das Bewusstsein erhöhen.

Ich fordere alle Vatas, Pittas, Kaphas, Lehrer*innen, Nährer*innen, Visionär*innen, Unternehmer*innen, Künstler*innen, Aktivist*innen, Unterhalter*innen, Forscher*innen und Krieger*innen sowie alle Arten von Sonnenwesen dazu auf, sich zu erheben, ihre Gaben zu teilen und in ihrem prächtigsten Glanz zu erstrahlen. Die Welt kann nur wieder ins Gleichgewicht gebracht werden, wenn wir alle unser vollstes, höchstes Selbst verkörpern. Und das Beste daran: Das kann auch noch ungeheuer viel Spaß machen!

In Wahrheit haben du und ich dasselbe Dharma: das Bewusstsein zu erhöhen und anderen dabei zu helfen, ihr Dharma ebenfalls zu entdecken. Nun, da du dich an dein Dharma erinnerst, *wollen wir gemeinsam die Welt erwecken.*

DANKSAGUNG

. . . .

Zuallererst möchte ich der universellen Weisheit des Urgrunds allen Seins dafür danken, dass sie mich durchströmt und es mir ermöglicht, die Worte in diesem Buch in die Welt hinauszutragen.

Ich danke auch der dreiundzwanzig Jahre jungen Frau in mir, die nicht aufgegeben hat. Ich danke dir für deinen Mut in einer Zeit, als er am wichtigsten war. Ich bin hier, weil du beharrlich weitergemacht hast.

Ich danke allen Menschen, die ihr Dharma leben und denen ich in diesen umwälzenden Jahren auf Bali und in Indien begegnet bin. Ihr habt mir gezeigt, dass es auch mir möglich ist, mein Dharma zu leben. Ich danke meiner schamanischen Lehrerin Malaika dafür, dass sie mich daran erinnert hat, dass dies meine Reise ist, auf die ich mich mit vollem Engagement, in völliger Freiheit und ohne jegliche Schuldgefühle begeben darf.

Ich danke meinen Eltern dafür, dass sie mir die Chance des Lebens gegeben und sowohl für die lebensverändernden Möglichkeiten als auch für die »Hindernisse« gesorgt haben, die es mir gestatteten, mein Dharma zu verkörpern. Ohne eure Unterstützung und sogar ohne eure Missbilligung wäre ich heute nicht dort, wo ich bin.

Ich danke meinem Mann dafür, dass er immer mit gutem Beispiel vorangeht. Er lebt sein Dharma mit derselben Leidenschaft wie ich, und ermutigt mich dazu, in noch größeren Dimensionen zu denken.

Ich danke Deepak Chopra dafür, dass er schon an mich geglaubt hat, als mein erstes Buch noch nicht einmal erschienen war, sowie dafür, mir ein lebenslanges Vorbild zu sein.

Ich danke meiner Cheflektorin Cara und dem Team von Chronicle Prism dafür, dass sie an das Konzept dieses Buchs geglaubt haben. Ich danke Jen für das Redigieren und Kürzen meiner viel zu vielen Worte, und ich danke Brandi und dem UTA-Team fürs Unterstützen meiner Vision.

Ich bin allen sichtbaren und unsichtbaren Wesen, die mir beim Schreiben dieses Buchs geholfen haben, unendlich dankbar.

Atma Namaste – willkommen, spirituelle Wesen.